AF813054

WARKOP

Main-main Jadi Bukan Main

Main-main Jadi Bukan Main

Rudy Badil & Indro Warkop (Ed.)

Jakarta:
KPG (Kepustakaan Populer Gramedia)
Bekerja Sama dengan Aquarius dan Warkop DKI

Warkop: Main-main Jadi Bukan Main

Hak penerbitan pada KPG

KPG 920 04 10 0382

Cetakan Pertama, November 2010
Cetakan Kedua, Desember 2010

Editor
Rudy Badil
Indro Warkop

Penulis
Rudy Badil
Budiarto Shambazy
Johannes Soerjoko
Eddy Suhardy
Denny Sakrie
Arianto Toegiyo
Frans Sartono
Dahono Fitrianto
Mohamad Sobary

Ilustrasi
Didie SW
Toni Malakian/Joker Syndicate

Tata Letak Sampul
Wiko
Wendie Artswenda

Tata Letak Isi
Wiko
Wendie Artswenda

BADIL, Rudy & Indro Warkop (Ed.)
Warkop: Main-main Jadi Bukan Main
Jakarta; KPG (KPG (Kepustakaan Populer Gramedia), 2010
xxxiv + 278; 19 x 24 cm
ISBN-13: 978-979-91-0288-1

Dicetak oleh PT Gramedia, Jakarta.

Daftar Isi

Bagian 2

Bagian 3

Bagian 4

Bagian 5

Prakokat

Rudy Badil dan Indro Warkop

Kikuk juga saat mencari pembukaan kata untuk buku ini. Jangankan isi, mencari judul "kata pengantar" pun bisa pusing. Sampai akhirnya kami menemukan kata yang tepat: Prakokat. Sebagian Anda pasti mafhum ini pasti sejenis bahasa prokem; kata ganti "prakata".

Satu urusan selesai, tinggal urusan kedua. Biasanya dalam halaman "sekapur sirih" seperti lazimnya "kata sambutan" buku-buku lainnya, kami harus membuka dengan puji syukur segala macam. Namun hati kecil terusik saat mengenang saat-saat manis dan konyol peristiwa lalu, saat di muka corong Radio Prambors. Pas di saatnya Orde Baru yang lagi keras-kerasnya sensor ini-itu, namun kami sempat jadikan bahan olok-olokan khas kampus.

Kasino Hadiwibowo yang belum bernama dagang Kasino Warkop, berkali-kali mengulas cerita "ibu PKK" kabupaten dengan kebaya seragam dan sanggul sasak tinggi-tinggi, membuka pidato peresmian dengan kata-kata pembukaan: "As-we-we, ibu dua bapak dua esdeer miring esdeeri... merdeka!" Hadirin bingung dan panitia pun pucat pasi dan macet kepribadiannya.

Menurut kilah Kasino di tengah tahun 1970-an itu, pidato itu kira-kira begini: Ibu Bupati yang bukan istrinya Pak Pati itu tidak salah. Dia membaca persis seperti tulisan di kertas contekan. Rupanya di kertas kecil itu tertulis kalimat pembukaan seperti ini: Ass WW yang maksudnya pasti assalamu'alaikum warahmatullahi wabarakatuh, tapi dibaca sesuai singkatan catatan menjadi "as-we-we". Sedangkan catatan ibu-ibu dan bapak-bapak yang disingkat menjadi "ibu2" dan "bapak2", ya dibaca persis tulisan menjadi "ibu dua" dan "bapak dua". Juga "Sdr/Sdri" diucapkan Ibu Bupati menjadi "esdeer miring esdeeri". Untung tulisan "merdeka" ditulis lengkap, tidak diplesetkan menjadi "belum merdeka".

Kembali ke konteks "sapaan awal" buku ini, kami yang tersisa dua personel ini, terus terang tidak akan mampu mengulas panjang lebar dari sebagian sisi-sisi kenangan selama bergaul, bertukar pikiran, berkomunikasi dan ber-ber-ber lainnya, hingga kelompok lima sekawan ini menjadi tiga sekawan yang tangguh di dunia hiburan, khusus hiburan sehat sebagai komedian yang katanya kocak *ngocol* dan mungkin juga *jayus* alias kurang lucu.

Lepas dari kadar ha-ha-he-he ini, sebagai kelompok Warkop yang mampu bertahan sejak 1978 sampai beberapa waktu belakangan ini, mau tidak mau kami harus berbagi pengalaman dan rasa hati apa saja yang kami rasa dan berkata-kata selama Warkop sibuk di panggung hiburan dan di balik kamera. Terutama pergaulan selaku teman biasa, di samping sebagai teman seprofesi. Ya kami profesional, sebab sejak 1979 Warkop sudah bertekad menjadi kelompok profesional.

Masa berlalu cepat. Nanu Mulyono (1983), Kasino Hadiwibowo (1997) dan "Dono" Wahjoe Sardono (2001) sudah tutup usia. Namun ingatan dan catatan "batin" selama kami bergabung sebagai teman pergaulan sekampus, kawan di studio radio dan ruang rekaman, sahabat main sepanggung dan juga pasangan di arena *shooting* film dan sinetron, kenangan manis masih terasa gurih berikut pahit getirnya cekcok dan saling silang pendapat.

Dari sisa ingatan kami yang berdua orang ini, justru sangat terbantu dengan kehadiran teman seputaran pergaulan kini, karena dari obrolan kawan-

kawan itu selama persiapan penyusunan buku ini, seperti Ook Soerjoko, Eddy Suhardy, Budiarto Shambazy, Denny Sakrie, Arianto Toegiyo, Dahono Fitrianto beserta kawan-kawan harian *Kompas*, Kepustakaan Populer Gramedia, FISIP Universitas Indonesia dan Mapala UI lainnya. Mereka semua memberikan nyala suluh ingatan kami tentang peristiwa yang tadinya gelap—maklumlah sudah lewat nun 35-an tahun berlalu. Dukungan Telkomsel juga amat kami hargai.

Sajian buku ini tentunya mampu tersaji baik dengan sisipan cakram rekaman Warkop Prambors, karena bantuan dan keterlibatan pihak lain yang merasakan perlunya kehadiran dokumentasi cetakan berwujud buku kertas, berikut rekaman suara banyolan anggota Warung Kopi semasa masih utuh empat personel. Kami selaku penanggungjawab isi buku ini, hanya mengangkatkan tadahan telapak tangan ke atas, sebagai penghormatan kepada ketiga sobat Nanu, Kasino, dan Dono yang berada di sana.

Buat Anda yang memegang buku ini, terimalah sapaan awal dan salam hormat dari Nanu-Kasino-Dono yang tidak sempat ikutan menulis—kecuali menyertakan rekaman suara banyolannya 30-an tahun lalu.

Bagi kawan-kawan yang mengenal dan ingin mengenal lebih jauh perihal Warkop sejak 1973 itu, kami merundukkan kepala seraya bekata: terima kasih.

Salam takzim,

Rudy Badil dan Indro Warkop

Warung "Happening Arts" Kita

Budiarto Shambazy

ENTAH kenapa, Wahjoe Sardono alias Dono Warkop suka nekat. Dari petang sampai lewat tengah malam, pelawak yang mantan dosen sosiologi FISIP UI itu berada di tengah pusaran sebuah kekerasan politik yang terjadi di sekitar Kampus UAJ (Universitas Katolik Atma Jaya di Jalan Jenderal Sudirman, Jakarta). Sejak senja di hari Jumat tanggal 13 November 1998 itu, Jakarta ibarat bisul pecah. Itulah hari terakhir Sidang Istimewa MPR, benteng terakhir rezim Orde Baru yang sudah hampir roboh. Setelah Presiden Soeharto *lengser ing keprabon*, gerakan reformasi sepanjang bulan November 1998 itu memasuki babak yang menegangkan dan menentukan. Mahasiswa berjuang lebih garang dibandingkan dengan Angkatan '66 atau Angkatan '74. Penyakit nekat Dono kambuh gara-gara Pamswakarsa. Dengan metromini, ratusan orang berwajah garang dan bersenjata tajam itu coba menyerang Kampus UAJ dari arah pusat. Mungkin karena honornya besar dan ramai-ramai seperti semut, mereka tak kenal rasa takut.

Eh, ternyata ada lawan sepadan. Ratusan pengojek, penganggur, tukang bikin stempel, preman, penjual teh botol, atau pejalan kaki yang kebetulan lewat di kaki lima, semuanya solider kepada mahasiswa untuk menghadang bahaya. Maka Pamswakarsa pun "disambut" dengan senjata macam-macam, mulai dari batu sampai pisau pemecah es. Nyali Pamswakarsa ternyata tak seujung jari, mereka berlarian tunggang-langgang. Sebagian lolos dari kejaran massa, namun ada beberapa yang mati konyol. Salah satu korban tewas berkulit hitam legam terkapar di halaman Hotel Le Meridien. Saya bersama seorang bule manajer hotel itu terpaksa mengangkat jenazah korban itu ke lobi hotel sambil menunggu ambulans.

Tatkala jarum jam menunjukkan tepat pukul empat sore, datanglah bala bantuan untuk Pamswakarsa berupa delapan panser militer. Massa yang ribuan jumlahnya sudah geram dan menutup jalan. Apa boleh buat, panser-panser baja pun "balik kanan" alias *ngibrit* ketakutan. Tak lama kemudian, barangkali karena merasa kehormatannya diusik mahasiswa, ratusan aparat bersenjata lengkap berkendaraan truk menyerbu Kampus UAJ seperti pasukan Amerika Serikat (AS) masuk ke Baghdad. Saat 934 anggota MPR bersidang di dalam ruang mewah Graha Sabha Paripurna, sekitar 5.000 mahasiswa yang berlindung di Kampus UAJ menjadi sasaran amarah tentara. Gas air mata, peluru hampa, dan peluru tajam dilepaskan dengan sasaran para mahasiswa yang tak punya senjata.

Mereka berlindung di kampus yang luasnya sekitar dua hektar itu. Selama enam jam kami ditembaki. Seperti Pamswakarsa, kini giliran kami yang tunggang-langgang ke belakang mencari perlindungan, kecuali Dono dan segelintir yang "maju tak gentar" karena lebih memilih menyongsong serbuan tentara. Rentetan tembakan yang terpanjang tercatat selama sekitar satu jam, sejak pukul 20.30 sampai 21.30. Segelintir mahasiswa di halaman depan kampus tak mau kalah, dengan bersenjatakan semprotan selang raksasa yang menyedot air dari hidran, batu, serta bom molotov.

Dono memang nekat. Setiap kali berondongan senjata diarahkan ke kampus, dia malah menantang badai. Dengan wajah melas tapi kocak, dengan barisan giginya yang "maju tak gentar", Dono dinobatkan mahasiswa menjadi penyemprot utama selang raksasa. Ayo, mari kita ramai-ramai semprot tentara! Meskipun tak pernah jadi petugas pemadam kebakaran, kedua tangan Dono ternyata lincah memainkan selang seperti dirigen memimpin orkes. Semprotan air diarahkan dengan lincah ke kerumunan-

kerumunan tentara di bagian kanan jalan jalur lambat itu. Sesekali ke kiri, atau ke tengah, berpindah-pindah dengan cepat. Saya sempat melihat sebagian prajurit geleng-geleng kepala sambil tersenyum melihat ulah Dono.

Itulah sekilas ilustrasi yang menggambarkan sosok Dono yang tak pernah stop memberontak terhadap kekuasaan yang sewenang-wenang. Apalagi Dono, sebagai salah seorang Ketua Iluni FISIP UI, salah seorang tokoh kunci yang ikut menggerakan Reformasi dari kampus. Sejak awal 1998 sampai Sidang Umum MPR 1999 jiwanya terus bergolak, inspirasi politiknya aneka ragam, dan aktivitas fisiknya agak kelewat dipaksa. Kebetulan Dono berbakat besar sebagai illustrator, karena saat mahasiswa terus mengisi rubrik kartun di koran *Salemba* dan terbitan-terbitan UI lainnya. Tema kartun dia yang paling populer bergambar sepatu lars tentara, pertanda kekurangsukaan dia terhadap Dwifungsi ABRI. Bukan kebetulan sejarah Reformasi 1998 diawali oleh konflik internal antara beberapa jenderal. Saya masih ingat, suatu kali dalam diskusi informal tentang situasi politik di Kampus UI Depok tahun 1999, Dono terus memojokkan Kepala Staf Teritorial TNI Letjen Susilo Bambang Yudhoyono, yang akhirnya menyerah sambil tersenyum karena tidak kuasa mengimbangi Dono mengemukakan argumen-argumennya.

Dono menjadi aktivis politik yang ikut membidani kelahiran Reformasi 1998. Mobilitas politik dan fisik dia pada hari-hari menjelang kejatuhan Presiden Soeharto dan setelah itu amat tinggi. Nyaris tiap hari dia mengurus Iluni FISIP UI menyiapkan berbagai acara perlawanan mahasiswa dan alumni terhadap Orde Baru. Ia menyiapkan TOR (*terms of references*) untuk seminar-seminar, membuat jargon-jargon untuk spanduk-spanduk mengelu-elukan Reformasi, mengatur kunjungan ke DPR RI, mencarikan makanan untuk mahasiswa yang menduduki Kompleks MPR, menyiasati demo-demo mahasiswa, dan lain sebagainya. Suatu kali ia bahkan memasang pengeras suara besar di atas mobilnya untuk sebuah demonstrasi. Nyaris setiap hari ia "mengganggu" rekan-rekan pengurus Iluni FISIP UI (waktu itu ketuanya Arianto Toegiyo) untuk menanyakan apa rencana hari itu? Kami sempat kewalahan karena stamina Dono terlalu kuat untuk aktivitas yang memang menguras tenaga dan pikiran pada hari-hari menjelang kejatuhan Presiden Soeharto tersebut.

Waktu baru masuk FIS UI tahun 1976 saya diajari Dono untuk mata kuliah "Pengantar Sosiologi". Ia salah seorang asisten Pak Selo Soemardjan, guru besar yang kami hormati. Dono dan Pak Selo satu tipologi: manusia Jawa

Tengah yang amat menghormati tradisi-tradisi lama. Ia mahasiswa yang tergolong serius menempuh pendidikan di Kampus Rawamangun, dan karena itulah setelah lulus mau membantu Pak Selo. Ia "anak asrama" karena menetap di Asrama Daksinapati, Rawamangun. Di kalangan mahasiswa junior, Dono sangat populer sebagai asisten dosen. Caranya mengajar unik karena memadukan teori-teori ilmiah dengan kenyataan sehari-hari dengan bahasa verbal maupun nonverbal yang kocak. Kami selalu menunggu-nunggu saat Dono mengajar di kelas karena lawakan-lawakan dia. Kelas yang berlangsung selama satu setengah jam itu selalu penuh derai tawa mahasiswa yang tak kuasa menahan rasa geli mendengarkan kuliah Dono yang segar dan mudah ditangkap.

Serupa dengan Dono, Nanu Mulyono juga mahasiswa Departemen Ilmu Sosiologi. Namun, berbeda dengan Dono yang "tembak langsung" dari Solo, Nanu yang kami panggil "Tulo" besar di Jakarta. Kalau boleh jujur, saya berpendapat Dono dan Nanu adalah mahasiswa-mahasiswa yang kemampuan intelektualnya di atas rata-rata. Jika Dono lebih konsentrasi ke bidang keilmuan sebagai asisten dosen, Nanu teman diskusi yang menyenangkan. Ia tergolong sosok yang "terlalu banyak tahu". Soal apa saja, Nanu pasti tahu. Mau berbicara masalah-masalah sosial, politik, hobi, film, fotografi, sepak bola, musik, apa saja dikuasainya. Salah satu kelebihan Nanu yang saya kagumi adalah permainan gitar dan suaranya. Ia pemain gitar akustik yang, menurut pengakuan dia, sering mengikuti kontes sejak remaja. Sebagai vokalis Nanu juga terlatih. Sebagian dari kami suka meledek dia dengan panggilan "Mick Jagger" karena bibirnya yang dower.

Sayang, waktu berlalu cepat bagi seorang Nanu. Ia memang menderita sakit sejak kecil karena, setidaknya menurut pengakuan dia, "sering sakit kuning". Pada bulan-bulan selama penyelenggaraan Piala Dunia 1982—atau sekitar setahun sebelum wafat—kami hampir tiap pekan kontak untuk ketemu, ngobrol tentang sepak bola. Ketika itu saya baru saja bergabung dengan harian *Kompas* dan sering menulis tentang Piala Dunia 1982 yang berlangsung di Spanyol. Dan, saat itu Nanu sudah "*solo career*" alias tak bergabung lagi dengan Warkop. Sesekali ia secara spontan menyampaikan rasa sesal mengapa sampai "pecah kongsi" dengan rekan-rekan Warkop yang sekampus, Dono serta Kasino. Kalau dia sudah mulai menyesali, saya selalu buru-buru memotong dan mengalihkan obrolan ke topik-topik lain. Di hari-hari pada bulan Juni 1982 itu Nanu sudah tidak terlalu aktif lagi dalam

Dok. Arianto T

Dono di antara para pakar. Dari kiri-kanan: Selo Soemardjan, Juwono Sudarsono, Dono Warkop, dan Djafar Husin Assegaff.

kegiatan-kegiatan lawak maupun perfilman. Hidupnya sudah termasuk santai, seperti memotret apa saja yang menurut dia menarik untuk diabadikan.

Seperti Dono dan Nanu, Kasino Hadiwibowo tergolong mahasiswa yang cerdas, cepat akrab, dan kocak. Mungkin perbedaannya, Kasino mampu menempatkan diri sebagai "kakak" bagi Nanu dan Dono. Bagi kami para mahasiswa junior, ia memang lebih "galak" dibandingkan Nanu dan Dono. Tetapi ia tetap sabar dan malah cenderung suka memberikan nasihat. Setidaknya kami teman-teman yang junior lebih "segan" jika bercanda dengan Kasino dibandingkan dengan Nanu atau Dono. Kasino juga lebih aktif berpolitik di Senat Mahasiswa FISIP UI dibandingkan Nanu dan Dono. Sekalipun aktivis, Kasino sama sekali bukan mahasiswa yang "sok genting" mau mengurusi soal-soal politik semata-mata.

Pada pertengahan 1970-an Kasino, Nanu, dan Dono terkenal sangat aktif saat FISIP UI menerima mahasiswa baru. Merekalah yang menjadi "seksi repot" yang membantu Fakultas dan Senat Mahasiswa menyiapkan berbagai acara dalam rangka perpeloncoan. Tentu bukan cuma mereka bertiga saja yang mengurusi hal-hal teknis perpeloncoan, masih banyak lagi. Kami para mahasiswa junior sering bergurau menyebut Kasino, Nanu, dan Dono serta geng mereka dengan "Rombongan Sirkus". Tentu saja masih ada "anggota" Rombongan Sirkus, yakni para senior kami seperti Salim Hutajulu, Arianto Toegiyo, Mukti Hanggono, Benyamin Damanik, Yuhardi Ridwan, Basora Sukaton, Iwan Ngantung, dan banyak lagi. Merekalah yang menjadi tokoh-tokoh di balik penyelenggaraan mapram kami para junior. Mereka anak-anak yang seumur-umur tinggal dan bergaul di Jakarta, bahkan sudah saling kenal sebelum masuk FIS UI. Merekalah kelompok yang pas disebut sebagai mahasiswa yang akrab dengan "buku, pesta, dan cinta".

Saya tak akan pernah melupakan bagaimana Nanu, Kasino, dan Dono "*ngerjain*" saya waktu mapram. Mereka memberikan nama kecil atau julukan "Snacky" untuk saya, yang artinya "begituan". Lalu saya disuruh mengecek tarif pelacur di kompleks pelacuran Kebon Sayur, tugas yang tentu saja tidak saya kerjakan. Keesokan harinya mereka menagih apakah saya sudah ke Kebon Sayur, saya jawab sudah. Tetapi, mereka tahu saya bohong sehingga saya akhirnya terkena hukuman *push-up* sepuluh kali. Sehabis dihukum, mereka mengajak saya ke sebuah sudut ruangan. Sembari terkekeh-kekeh, Nanu mengatakan, "Rasain lu!" Tiba-tiba ia mengeluarkan rokok, "Yuk, *ngerokok* sebatang dulu...." Mungkin ia merasa hukuman itu terlalu keras atau barangkali Nanu cuma ingin sekadar membuat heboh. Apapun, yang jelas sejak itulah saya merasa akrab dengan Nanu. Dan, tak mungkin ada mahasiswa yang tidak cepat akrab dengan Nanu, Kasino, serta Dono. Mereka tergolong mahasiswa berperilaku biasa saja, tak ada yang istimewa atau unik.

Rombongan Sirkus "Malari"

Begitulah, setiap kali FIS UI mengadakan mapram maka Nanu, Kasino, dan Dono menjadi "*event organizer*" yang mengatur keseluruhan acara. Rangkaian acara yang mereka atur selalu menarik, heboh, dan kocak. Sebuah hal yang juga penting, mereka bertiga menekankan sekali aspek musikalitas dari acara setiap mapram. Justru dari musik inilah mereka mengembangkan kreativitas yang belakangan menjadi sajian utama Warkop. Mereka bukan hanya pandai menyuguhkan lagu-lagu pop Indonesia, tradisional, daerah, maupun Barat yang tenar pada saat itu, tetapi juga ahi dalam memelesetkan lagu-lagu tersebut yang diubah menjadi guyonan yang mengundang tawa.

Contohnya *Tukang Kayu*, lagu wajib yang mesti kami nyanyikan bersama-sama lengkap dengan peragaan atau adegan begituan pada bait "lihat, lihat, anakku/beginilah caranya membuat kamu". Atau lagu *Tirtonadi* yang diterjemahkan asal-asalan ke dalam bahasa Jawa yang penggalan liriknya berbunyi: *Tirtonadi Mas Bei/dhuwe anak loro lanang wedhok/sing lanang ngising ora cewok/sing wedhok ora nganggo kathok*!

Daya tarik mapram ala Rombongan Sirkus ini membuat kampus FIS UI bagaikan magnet yang mengundang mahasiswa dari fakultas-fakultas lain untuk menghadirinya. Bahkan tak jarang pula Fakultas Psikologi, Sastra, atau Hukum mengundang cikal-bakal Warkop ini untuk mentas di mapram fakultas masing-masing. Kegiatan Rombongan Sirkus memelonco mahasiswa baru tidak terbatas hanya di kampus saja. Sebagian besar dari mereka adalah anggota Mapala UI, sehingga tidak mengherankan aktivitas perpeloncoan kadang kala "diperpanjang" ke perkemahan di gunung atau pantai.

Kebetulan pula Rombongan Sirkus mencapai masa keemasan pada saat Kampus Perjuangan Orde Baru dibungkam penguasa pascakerusuhan Malari (Malapetaka 15 Januari 1974). Sebagian dari tokoh Malari yang dipenjarakan berasal dari FIS UI, termasuk Salim Hutajulu. Bersama Arianto Toegiyo, Salim Hutajulu yang kala itu Ketua Senat FIS UI juga aktif di Dewan Mahasiswa UI. Sebagian dosen FIS UI, termasuk Juwono Sudarsono serta sejumlah mahasiswa, juga aktif mengelola GDUI (Grup Diskusi UI) yang kritis terhadap pemerintah. Wajar jika mapram FIS UI juga menjadi semacam wadah untuk melampiaskan aspirasi antipemerintah. Sikap kritis tersebut juga disampaikan melalui acara mapram ala Rombongan Sirkus. Sentilan-sentilan terhadap Presiden Soeharto dan keluarganya, ABRI, Golkar, maupun PNS, sering terdengar saat mapram berlangsung.

Salah seorang mahasiswa UI yang menjadi korban penangkapan gara-gara Malari adalah Salim Hutajulu. Ia tidak tahu mengapa Jakarta tiba-tiba rusuh. Kerusuhan Malari yang sampai sekarang gelap latar belakang politiknya itu memakan korban 11 orang tewas, 685 mobil hangus, 120 toko hancur dan rusak, serta 128 korban luka berat dan ringan. Proyek Senen yang ketika itu diperkirakan bernilai sekitar Rp2,6 miliar terbakar habis. Peristiwa berawal dari apel ribuan mahasiswa dan pelajar yang berlangsung dari Kampus UI di Jalan Salemba menuju Kampus Universitas Trisakti di bilangan Grogol pada tengah hari. Di situ mahasiswa dan pelajar memaklumatkan Apel Tritura 1974, yang meminta pemerintah menurunkan harga-

harga, membubarkan aspri (asisten presiden), dan menggantung koruptor-koruptor. Setelah apel bubar, para mahasiswa dan pelajar itu membakar patung Perdana Menteri (PM) Jepang Kakuei Tanaka. Lalu mereka menuju ke istana dan coba menerobos masuk. Istana ketika itu menjadi tempat pertemuan antara Presiden Soeharto dan PM Kakuei Tanaka, yang bertamu sejak 14 Januari 1974.

Entah siapa yang memulai, demonstrasi murni antidominasi ekonomi Jepang di Indonesia itu berubah menjadi kerusuhan massal. Saya, yang ketika itu masih SMU, melihat sendiri kepala seorang korban tewas di dekat Kampus UI Salemba yang terbelah bagaikan durian ditembus peluru. Pada petang hari, Proyek Senen praktis hangus dilalap api yang tidak pernah padam sampai pagi esok harinya. Penjarah ada di mana-mana. Mereka mengambil perhiasan emas dan permata, barang-barang elektronik, sampai pakaian atau mebel. Di sepanjang Jalan Kramat Raya, puluhan mobil dibakar massa. Gedung Astra di Jalan Jenderal Sudirman rusak berat dilempari berbagai macam benda. Kerusuhan juga terjadi hampir di sebagian besar jalan di sepanjang Jalan Gajah Mada serta Hayam Wuruk. Salim dijebloskan ke penjara selama 22 bulan sejak 17 Januari 1974 tanpa pernah tahu kesalahannya. Dalam proses pengadilan, dia hanya menjadi saksi untuk pengadilan terhadap Ketua Dewan Mahasiswa (Dema) UI Hariman Siregar yang akhirnya divonis penjara enam tahun.

Pengadilan Jakarta Pusat, yang dipimpin hakim ketua BH Siburian SH, tidak banyak mengungkap apa yang sesungguhnya terjadi kecuali bahwa para mahasiswa dan cendekiawan yang ditangkapi terbukti melakukan tindak subversi. Bahkan, aktivis-aktivis yang cuma berkiprah di GDUI, termasuk Dorodjatun Kuntjoro-Jakti dan Sjahrir, ditangkap pula. Salim benar-benar tidak tahu apa yang sesungguhnya terjadi. Menurut Salim, beberapa bulan terakhir sebelum Malari, situasi politik tegang karena aktivitas mahasiswa di kampus ditunggangi kepentingan politik kelompok/orang tertentu. Hari itu dia bersama Arianto, Wakil Ketua SM FIS UI, naik motor dari Salemba ke Universitas Trisakti untuk ikut Apel Tritura 1974. "Ah, kita sih enggak *ngapa-ngapain*. Kita enggak tahu ada kerusuhan waktu apel belum selesai," kata Salim dan Arianto berbarengan.

Soeharto ketika itu mempunyai aspri. Ada Aspri Bidang Khusus Mayjen Ali Murtopo, Aspri Ekonomi Mayjen Sudjono Humardani, Aspri Keuangan Letjen Soeryo, dan Aspri Pengamanan Kepresidenan Mayjen Tjokropranolo.

Mahasiswa mengkritik beberapa aspri yang dianggap terlalu berkuasa. Lalu ada juga Wakil Pangab/Panglima Kopkamtib Jenderal Soemitro yang dianggap berseberangan dengan beberapa aspri tersebut.

Ucapan Soemitro mengenai "jenis kepemimpinan baru" dan mobilitas geografis ke beberapa tempat di daerah ketika itu bisa jadi dianggap sebagai tindakan yang "menantang" Soeharto. Menurut pengakuan Soemitro, salah seorang aspri minta perlindungan dan sembunyi ketakutan di bawah meja Soemitro di Jalan Merdeka Barat ketika kerusuhan pecah.

Setelah Malari, Soemitro mengundurkan diri dari jabatan Panglima Kopkamtib, yang diambil alih Soeharto, dan tetap bertahan sebagai Wakil Pangab. Setelah pensiun, Soemitro beberapa kali ditawari jabatan bergengsi, tetapi menolak. Soeharto juga membubarkan lembaga aspri. Ali Murtopo dikembalikan sebagai Wakil Kepala Bakin, begitu juga Sudjono (anggota DPR/MPR), Soeryo (Direktur Utama PT Hotel Indonesia International), dan Tjokropranolo (Sekretaris Militer Presiden). Pelajaran pertama tragedi Malari adalah betapa mudahnya kekuasaan Orde Baru menenggelamkan setiap orang hanya dengan tuduhan-tuduhan semu dan represif, seperti subversi, makar, atau kekiri-kirian. Seperti kata Lord Acton (1834-1902), "*Power tends to corrupt and absolut power corrupts absolutely*." Pelajaran kedua, dibentuknya lembaga seperti aspri menciptakan budaya "KISS" (Ke Istana Sendiri-Sendiri) yang membuka peluang berkembangnya rasa saling curiga di sekeliling kepresidenan. Selain Soemitro, Soeharto yang dihasut beberapa kali sempat curiga kepada orang-orang seperti Pangab Jenderal M Jusuf, KSAD Jenderal Widodo, bahkan sempat juga kepada Gubernur DKI Jakarta Letjen (KKO) Ali Sadikin.

The Roaring Seventies

Malari merupakan peristiwa politik penting yang menjelaskan mengapa lawakan Warkop sejak awal mengandung *political protest*. Kekecewaan mahasiswa terhadap otoritarianisme Orde Baru tersalurkan melalui komedi politik ala Warkop. Orde Baru dianggap tidak lebih baik daripada Orde Lama. Ada sedikit penyesalan di kalangan sivitas akademika terhadap apa yang telah dilakukan oleh para mahasiswa UI yang ikut menumbangkan Orde Lama seperti Akbar Tandjung, Fahmi Idris, Cosmas Barubara, dan lain-lainnya yang ikut "berjasa" mendirikan rezim Orde Baru, yang ternyata tidak demokratis serta membungkam kebebasan. Berbeda misalnya dengan tokoh

UI lainnya, Soe Hok-gie, yang kadung kecewa terhadap Orde Baru meskipun ia menjadi salah satu tokoh yang membidaninya. Jika kelompok Akbar Tandjung dengan cepat bergabung dengan kekuasaan Orde Baru, kelompok Hok-gie justru emoh ditaklukkan. Mereka bahkan menarik garis yang jelas yang berseberangan dengan Orde Baru.

Setelah sejumlah dosen dan mahasiswa UI ditangkap dan dipenjarakan Orde Baru pasca-Malari, muncul sikap apatis di kalangan kampus. Memang sempat muncul protes besar-besaran juga oleh sejumlah kampus, terutama UI dan ITB, tahun 1978 terhadap Mendikbud Daoed Joesoef yang memaksakan sterilisasi politik kampus lewat konsep NKK (Normalisasi Kehidupan Kampus) dan struktur BKK (Badan Koordinasi Kemahasiswaan), tetapi skala dan bobot politis yang ditimbulkan tidak sebesar Malari. Betul Malari disusupi pihak-pihak ketiga yang memancing di air keruh, tetapi posisi para mahasiswa UI sampai kini tetap dianggap netral memperjuangkan aspirasi murni mayoritas rakyat. Peranan UI secara kelembagaan juga amat menonjol, tidak seperti protes 1978 di mana UI hanya menjadi salah satu pusat perjuangan kampus bersama universitas-universitas lainnya.

Indonesia tahun 1960-an sampai dan medio 1970-an bagaikan bunga yang sedang merekah. Istilah kerennya, *the roaring seventies*. Generasi mudanya acuh, tantenya girang, omnya senang. Anak-anak remajanya mandi narkoba, para pemimpinnya mandi uang, tentaranya mandi kekuasaan, dan sipilnya mandi *beneran* karena tidak punya pamor politik. Semua mesti serba steril bak ruang operasi di rumah sakit. Tidak ada yang berhak untuk mempertanyakan mengapa mendadak ada Dwifungsi ABRI, ada Trilogi Pembangunan, dan ada Kopkamtib. Juga tidak layak mengkritik mengapa semua pejabat latah mengikuti kebiasaan Presiden mengenakan jas safari, mengucapkan semua "kan" menjadi "ken", atau mengobral kata "daripada". Kasihan pejabat yang kurus kering jika mesti memakai jas safari. Lebih kasihan lagi pegawai negeri yang basah keringatan karena wajib upacara tujuh belasan, yang membuat kemeja Korpri mereka menjadi luntur dan tidak biru lagi.

Pada 1971 diselenggarakan pemilu demokratis yang terakhir, sebelum partai-partai nasionalis dan partai-partai Islam dipaksa menjalani fusi, atau bergabung menjadi satu. Malari 1974 menjadi prototipe kerusuhan ala Melayu yang disebabkan oleh persaingan ketat antarjenderal ABRI. Untung generasi mudanya mudah dibuat lena. Toh ada Bina Ria, Jakarta Fair, Lomba Lagu Cipta Remaja, atau stasiun radio Prambors yang katanya menjadi tempat anak muda *nongkrong*. Untuk kategori masyarakat modern, Indonesia tahun 1970-an termasuk maju. Ketika Malaysia belum membangun sirkuit Formula Satu, lomba otomotif sudah marak di Ancol.

Jangan salah, ketika itu sudah ada industri berbagai mobil cangkokan dari Jepang. Bangsa Indonesia pun bangga memiliki kelompok Mafia Berkeley yang katanya hebat sekali kalau diberikan tanggung jawab membangun ekonomi. Kini banyak orang yang ribut soal peningkatan ekspor nonmigas. Padahal, dulu Pertamina menjadi sangat ahli dalam menyulap ekspor migas yang menyuburkan korupsi terbesar di abad lalu. Banyak yang tertegun tidak percaya ketika Apollo 13 mendarat di Bulan. Padahal, wakil presiden negara ini sempat membanggakan teknologi "bayi ajaib" yang menggemparkan dunia itu. Rekayasa teknologi memang tidak ada kamusnya di Indonesia. Yang ada justru rekayasa politik seperti bagaimana menciptakan Manusia Pancasilais yang Seutuhnya, atau Pers yang Bebas dan Bertanggung Jawab.

Dan, Jakarta adalah Indonesia dalam bentuk kecil. Periodisasi sejarah politik Ibu Kota DKI ini terdiri atas empat era. Pertama, Era Kolonialisme (sampai 1945), kedua Era Kemerdekaan (1945-1967), ketiga Era Bang Ali (1967-1977), dan keempat Era Stagnasi (1977-kini). Dalam Era Kolonialisme, Jakarta, atau Batavia, menjalani masa yang relatif stabil, damai, dan berciri klasik berkat perencanaan tata kota yang teratur yang dikendalikan oleh Belanda. Dengan jumlah penduduk yang masih sedikit, pengelolaan Batavia mungkin tidak terlalu kompleks sehingga tidak menimbulkan gejolak-gejolak sosial, politik, maupun kultural. Seperti halnya sekarang, pada 1960-an Jakarta terbagi atas lima kota madya: Pusat, Barat, Timur, Selatan, dan Utara. Tentu saja kota madya yang paling berkembang Jakarta Pusat. Sentra politik, sosial, dan ekonomi terpusat di wilayah ini. Tempat-tempat strategis pemerintahan, misalnya, berada di Jakarta Pusat. Mungkin kalau disederhanakan, terdapat wilayah pemerintahan dan permukiman yang tergolong "klasik" di Jakarta Pusat yang mencakup sekitar Jalan Thamrin, Menteng, Monas, sampai sekitar Tanah Abang.

Secara sosiologis maupun politis, apa yang terjadi di Jakarta akan dilihat, didengar, bahkan tak mustahil ditiru pula oleh provinsi-provinsi lainnya di negeri ini. Jakarta terlalu vital untuk dicederai oleh berbagai bentuk ancaman ideologis, politis, maupun fisik yang dilancarkan oleh berbagai kalangan yang tidak bertanggung jawab atas kemaslahatan bangsa. Jakarta tidak boleh mengalami instabilitas sosial dan politik yang mengganggu harmoni kebangsaan karena sebuah ibukota, di mana pun di dunia ini, merupakan jantung yang menentukan degup politik, urat nadi ekonomi, dan jiwa kultural yang wajib bersih dari penguasaan musuh dari dalam maupun dari luar negeri. Kondisi sosial, politik, dan ekonomi bangsa yang kurang menguntungkan akan selalu mengakibatkan demoralisasi Ibukota sebagai benteng terakhir yang menaungi kehidupan sosial bangsa dan negara ini. Lihat saja bagaimana demonstrasi-demonstrasi meluluhlantakkan rasa solidaritas, sistem keamanan, dan juga kepedulian sosial antarsesama warga. Lihat pula bagaimana pemerintah pusat menerapkan politik pembiaran yang mengancam keselamatan warga Jakarta yang masih mengalami trauma akibat terjadinya kerusuhan pada Mei 1998, Malari 1974, dan upaya kudeta bulan September 1965.

Dalam Era Kemerdekaan, Jakarta dengan sendirinya menjadi simbol politik yang paling penting ketika republik baru mulai dipimpin oleh bangsa sendiri. Ibukota tempat lahirnya kemerdekaan, sentra perjuangan diplomasi, dan juga pusat pengembangan birokrasi nasional. Dapat dibayangkan, semangat kebersamaan atau persaudaraan warga Jakarta relatif masih subur karena berkobarnya semangat kebhinekaan. Dalam Era Kemerdekaan ini Presiden Sukarno sebagai seorang ahli tata kota mengendalikan pengembangan Jakarta dengan membangun sejumlah sarana yang menjadi simbolisasi kebangsaan. Adalah Bung Karno yang membangun Tugu Monas dengan memanfaatkan alun-alun di depan Istana Merdeka, meniru apa yang pernah dilakukan oleh raja-raja di Nusantara pada masa kolonialisme. Selain meminjam kultur politik tradisional itu Bung Karno tentu juga mencontek penataan kota yang di negara-negara modern seperti Washington DC (Amerika Serikat), Moskwa (Uni Soviet), dan sebagainya. Di kota-kota itulah lokasi pusat pemerintahan nasional di Gedung Putih atau Kremlin juga ditempatkan di antara ruang-ruang publik yang luas.

Bung Karno membangun pula Hotel Indonesia/Tugu Selamat Datang, Jalan Sudirman, dan Kompleks Olahraga Senayan dalam rangka persiapan penyelenggaraan pesta olahraga Asian Games dan Ganefo. Simbol politik persatuan GNB (Gerakan Nonblok) lewat wadah KAA (Konferensi Asia-Afrika) diwujudkan Bung Karno dengan membangun pula Gedung MPR/DPR, yang pada awalnya dirancang untuk menjadi tempat berlangsungnya Conefo (Conference of the New Emerging Forces), sebuah wadah baru bagi KAA untuk menentang dominasi PBB. Bung Karno juga peletak dasar pengembangan Jakarta dengan membangun kota satelit Kebayoran yang konsepnya sudah dimatangkan oleh Belanda sebelum kemerdekaan. Di Jakarta Timur ia berhasil menekan Washington DC untuk membangun jalan raya "Jakarta by pass" yang merupakan *outer ring road* pertama di Ibukota. Jangan dilupakan pula jasa Bung Karno yang memprakarsai pembangunan Masjid Istiqlal yang merupakan rumah ibadah terbesar bagi umat Muslim di Asia. Dan masih banyak lagi peranan Bung Karno dalam upaya menjadikan Jakarta sebagai Ibukota berkelas dunia yang menjadi pusat politik, ekonomi, dan budaya bangsa.

Peranan politik seorang kepala negara seperti Bung Karno amat dibutuhkan untuk memberdayakan Ibukota. Itu pula yang dilakukan oleh pemimpin sejak ditemukannya konsep "negara kota" pada masa Yunani Kuno atau Romawi sampai periode Abad Pencerahan di Eropa. Oleh sebab itulah para pemimpin modern di abad ke-20 seperti Kanselir Jerman Adolf Hitler merasa bangga dengan gengsi Berlin yang melebihi Paris atau London, sementara Perdana Menteri Malaysia Mahathir Mohamad berhasil memodernisasi Kuala Lumpur menjadi metropolitan dan membangun Putrajaya sebagai ibukota baru yang super canggih. Menurut saya, tidak seorang pun presiden setelah Era Kemerdekaan yang mau melanjutkan peranan historis Bung Karno. Sesungguhnya Gubernur Ali Sadikin, yang akrab disapa Bang Ali, memahami apa yang dikehendaki Bung Karno. Semua pasti sependapat bahwa Bang Ali adalah gubernur terbaik yang pernah memimpin Jakarta sejak Proklamasi 17 Agustus 1945. Dengan segala hormat, gubernur-gubernur yang menggantikan dia belum mampu melebihi prestasi yang ditorehkan oleh Bang Ali selama memimpin sekitar sepuluh tahun. Warga merasa hidupnya tergolong aman, nyaman, dan sejahtera. Di atas segala-galanya setiap warga Ibukota hidup rukun, damai, sejahtera, dan memiliki *sense of belonging* terhadap kotanya sebagai "anak Betawi".

Warkop adalah "anak Betawi asli". Ia lahir dari konteks Jakarta yang sedang bergolak setelah masa peralihan politik yang amat penting dari Orde Lama ke Orde Baru. Warkop adalah grup lawak yang elitis karena menginterpretasikan perubahan politik itu dengan cara-cara protes melalui kampus sebagai wadah. Belakangan Warkop merambah ke wadah-wadah lainnya, termasuk radio dan TVRI, dengan menjual satir politik. Satir politik merupakan upaya untuk mengambil elemen-elemen hiburan dari politik. Seringkali satir politik dimanfaatkan untuk kegiatan-kegiatan subversif untuk melawan rezim yang otoriter. Satir politik berbeda dengan protes politik, karena tidak harus mempunyai agenda-agenda tertentu untuk mempengaruhi proses politik. Tujuannya semata-mata menghibur, sekalipun terkadang kala satir yang ditawarkan sesungguhnya memiliki makna yang sejatinya dapat mempengaruhi proses politik tersebut. Penguasa yang dikritik biasanya tidak gerah dengan satir politik, termasuk Orde Baru yang sering menjadi obyek satir-satir politik Warkop ketika mulai merambah ke media elektronik.

Amat banyak—barangkali bahkan terlalu banyak—bahan yang dapat dimanfaatkan Warkop untuk menyajikan satir politik, yang diambil dari berbagai peristiwa politik. Misalnya mencontoh sekaligus memelesetkan makna ucapan-ucapan Presiden Soeharto atau Jenderal Ali Murtopo dengan bahasa Jawa yang "supermedhok". Bisa juga mengguyonkan pengumuman pemerintah tentang "penyesuaian" (makna sebenarnya kenaikan) harga BBM atau sembilan bahan pokok. Mereka bisa meniru gaya Menteri Pertambangan Subroto yang memang bergaya unik (antara lain selalu memakai dasi kupu-kupu) karena mengumumkan kenaikan harga BBM sembari tertawa-tawa di layar TVRI. Contoh lain orisinalitas satir politik Warkop adalah mempopulerkan kalimat khas Pak Harto "jika rakyat menghendaki" menjadi metafora politik yang dipakai untuk menyindir kekuasaan Orde Baru yang sesungguhnya justru kerap tidak berkehendak mengikuti kemauan rakyat.

Akan tetapi, *avenue* yang paling efektif bagi Warkop untuk menyampaikan satir politik adalah melalui musik. Nanu, Kasino, Dono, dan juga Indro memiliki bakat-bakat musikalitas yang memadai untuk mengeksplorasi musik sebagai kendaraan satir politik mereka. Sekali lagi, kebetulan pula sejarah politik berpihak kepada mereka. Perubahan politik dari Orde Lama ke Orde Baru ditandai pula oleh perubahan musikalitas: protes antikemapanan musik Barat ditelan mentah-mentah oleh generasi Jakarta, termasuk Warkop. Musik Barat yang tadinya dilarang didengar oleh rezim Orde Lama, tiba-tiba mudah didapatkan di mana saja, kapan saja, oleh siapa saja. Salah satu wadah yang paling efektif menyalurkan musik Barat adalah radio amatir yang tumbuh subur bagaikan jamur sejak medio 1960-an di Jakarta.

The British Invasion

Dekade 1960 menjadi amat bersejarah karena dunia Barat digunjang-ganjing perubahan. Ia bermula dari "Beatlemania" di awal 1960-an yang antikemapanan. John Lennon, Paul McCartney, George Harrison, dan Ringo Starr memelopori pula *"The British Invasion"*. Ratusan musisi dan band Inggris setiap tahun melakukan ritual tur ke AS, yang dianggap sebagai prestasi pamungkas. Pertukaran gagasan dan pengaruh musik, gaya hidup, serta pandangan politik trans-Atlantik inilah yang memicu kelahiran generasi bunga. Generasi bunga AS mulai melancarkan protes sosial sejak invasi ke Indochina yang dimulai oleh Presiden John F Kennedy sampai Richard M Nixon. Mereka menggugat pula transparansi dan akuntabilitas institusi-institusi pemerintah, terutama di bidang pertahanan dan keamanan, sejak kegagalan di Teluk Babi, Kuba, dan pembunuhan Presiden Kennedy serta Martin Luther King. Perang Dingin dan lomba senjata melawan Uni Soviet dianggap sebagai bisnis yang hanya menguntungkan industri militer.

Kritik generasi bunga terhadap kekuasaan memuncak ketika sejumlah kampus bergolak sehingga diserbu aparat keamanan yang represif tahun 1967-68. Padahal, protes mereka berlangsung damai. Belasan mahasiswa tewas. Sekitar tahun itulah musik The Beatles mulai berubah dari pop menuju ke psikedelik lewat album *Sgt Pepper's Lonely Hearts Club Band*. Musik blues kulit hitam semakin populer dan musik protes tradisional dinaikkan harkatnya oleh Bob Dylan. Jika artis-artis Inggris melancarkan *"The British Invasion"* ke AS, maka AS mengekspor unjuk rasa antiperang Vietnam ke London, Amsterdam, dan Paris. Protes damai generasi bunga terhadap kekuasaan di Eropa Barat terekam dengan sangat pas melalui lagu The Beatles, *Revolution*, hit Rolling Stones, *Street Fighting Man*, dan karya Lennon, *Give Peace a Chance*. Maka cinta, perdamaian, dan rock'n'roll menjadi ideologi cair yang diusung oleh generasi bunga.

"Musicana Indonesia" dekada 1960-an itu awalnya juga bermula dari musik tradisional yang dibawa budak-budak Afrika Barat ke AS sekitar pertengahan tahun 1800-an. Musik tradisional itu merupakan campuran dari musik klasik Eropa dengan musik gereja yang akrab disebut dengan gospel. Dalam periode sekitar 1910-1915 ratusan ribu budak *numplek* ke Delta Mississippi yang menjadi tempat kelahiran blues, ibu yang melahirkan rock'n'roll. Blues tak lebih daripada gospel yang dinyanyikan di luar gereja oleh para budak untuk menghibur diri sekaligus melupakan tekanan hidup mereka yang serba miskin. Dari Delta Mississippi blues pindah lagi ke Chicago pada saat kehidupan para budak itu sedikit membaik. Dalam proses transisi antarkota inilah lahir artis-artis terkenal seperti Muddy Waters,

Chester "Howlin' Wolf" Burnett, dan BB King. Mereka bersuara indah dan multi-instrumentalis sejati yang merupakan penemu R&B (*rhythm and blues*) yang masih akustik dan berpengaruh cukup luas sampai ke Los Angeles atau New Orleans. Musik mereka kemudian "di-elektronik-kan" oleh artis-artis dari luar Chicago seperti Little Richard dan Chuck Berry, yang secara perlahan-lahan mengubah R&B menjadi rock'n'roll.

Rock'n'roll tumbuh subur di AS setelah Perang Dunia Kedua walaupun masih didominasi oleh artis-artis kulit hitam. Namun, daya tariknya menyedot perhatian jutaan generasi muda kulit putih. Mereka terpukau menyaksikan gaya BB King bernyanyi sambil memainkan gitarnya atau Little Richard berteriak sembari memencet jari-jari di pianonya dengan lincah. Daya tarik itu menjadi massal, antara lain berkat siaran radio dan televisi. Selain itu label-label raksasa mulai memberikan peluang untuk setiap artis hitam atau putih merekam rock'n'roll yang ternyata amat laku di pasaran. Dari kalangan kulit putih muncullah nama-nama beken seperti Pat Boone dan, akhirnya, Elvis Presley.

Elvis, remaja miskin asal Tupelo di Mississippi, melancarkan revolusi rock'n'roll melalui nomor *That's All Right, Mama* yang dirilis oleh Sun Records bulan Juli 1954. Saat lagu ini diperdengarkan di berbagai stasiun radio, penjualan singelnya membludak sampai laku ribuan keping hanya dalam waktu beberapa hari saja. Saat Elvis manggung untuk pertama kalinya di DeLeon (Texas) 4 Juli 1955, para penonton langsung histeris. Baju Elvis dirobek-robek, sepatunya dibuka dengan paksa, dan beberapa bagian tubuhnya memar. Sukses Elvis diikuti oleh kelahiran sejumlah artis kulit putih lainnya seperti Jerry Lee Lewis yang mencetak hit *Whole Lotta Shakin' Going On*, Carl Perkins yang tenar dengan *Blue Suede Shoes*, atau Johnny Cash yang *ngetop* dengan *I Walk the Line* yang singelnya laku sampai jutaan keping. Dan sukses Sun Records pun diikuti pula oleh kelahiran perusahaan-perusahaan rekaman lainnya, termasuk Decca Records. Mereka mengandalkan artis-artis seperti Bill Haley and The Comets yang mencetak hit *Rock Around the Clock* atau Buddy Holly yang membentuk Crickets yang melahirkan hit *That'll be the Day*.

Sedangkan Cadence Records sukses dengan Everly Brothers yang di Indonesia terkenal berkat *Bye Bye Love*. Imperial Records mengandalkan Fats Domino dan Ricky Nelson, sementara Liberty Records memiliki Eddie Cochran yang dikenal sebagai pencipta hit *Summertime Blues* yang menjadi lagu tema generasi muda AS yang frustrasi. Namun, semua artis dan label itu tak mampu menyaingi Elvis "Sang Raja" yang pada akhir 1950-an mulai merambah ke dunia film Hollywood. Berkat Elvis-lah penjualan album meningkat dari 189 juta dollar AS tahun 1950 menjadi 600 juta dollar sepuluh tahun kemudian. Pada akhir dekade 1950 terdapat sekitar 5.000 label di AS dan empat di antaranya (RCA Victor, Columbia, Decca, dan Capitol) menguasai 75 persen pangsa pasarnya. Rock'n'roll di AS diperkaya oleh dua aliran terpenting yang lahir pada dasawarsa 1960, seperti "surfing USA" yang dinakhodai Beach Boys dan musik protes yang dipelopori oleh Bob Dylan. Jika "surfing USA" hanya mampu bertahan di Negara Bagian California, musik protes berkelana ke berbagai belahan dunia. Musik protes sebenarnya telah lama berurat akar dalam masyarakat antikemapanan yang aktif sebelum Dylan merajai lewat artis-artis macam Woody Guthrie atau Pete Seeger. Namun, Dylan dan generasinya (misalnya Joan Baez atau Phil Ochs) dengan cerdik memaknai *folk songs* dengan lirik-lirik yang indah sekaligus kritis melalui album-album seperti *Bringing It All Back Home* atau *Highway 61 Revisited.*

Pesta Dayak

Dekade 1960 menjadi tonggak terpenting dalam evolusi musik pop rock berkat The Beatles. Ketika John Lennon, Paul McCartney, George Harrison, dan Ringo Starr mendarat di Bandara John F Kennedy tahun 1964, The Beatles sekaligus melancarkan tiga revolusi penting. Pertama, mengawali fenomena "*The British Invasion*" ke pusat kebudayaan Barat di AS. Kedua, meletuskan "Beatlemania" ke seluruh penjuru dunia. Dan ketiga, menyuarakan apirasi politik generasi muda di mancanegara. Tiga revolusi inilah yang berhasil ditangkap, diolah, dan diterjemahkan ke dalam gaya hidup sehari-hari oleh generasi muda yang akhirnya dikenal sebagai "*the flower generation*" di mana-mana, termasuk di Indonesia. Menurut saya, Koes Bersaudara merupakan band pop rock pertama di negeri ini yang menjadi simbol musikal generasi bunga tersebut. Apalagi Koes Bersaudara muncul pada momentum penting sejarah Indonesia, yakni pergantian rezim dari Orde Lama ke Orde Baru. Koes Bersaudara malahan sempat menjadi korban Orde Lama karena ditangkap dan dibui Orde Lama lantaran dianggap mengampanyekan musik "ngak-ngik-ngok" yang tidak berkepribadian Indonesia. Setelah Orde Baru berkuasa, popularitas Koes Bersaudara (kemudian menjadi Koes Plus) semakin berkibar dan jejak langkahnya diikuti oleh artis-artis lain seperti God Bless asal Jakarta, The Rollies dari Bandung, The Mercy's dari Medan, atau AKA dari Surabaya.

Tidak bisa terbantahkan bahwa musik pop rock tahun 1960-an dan 1970-an memiliki ideologi sosial dan politik yang riil dalam bentuk gerakan budaya antikemapanan. Di Indonesia musik pop rock menjadi corong bagi generasi muda untuk menuntut kehidupan yang lebih bebas, yang membolehkan mereka bereksperimen dengan narkoba atau mempraktikkan seks bebas. Apalagi nyaris semua musisi terkenal Barat selama dekade 1960 dan 1970 akrab dengan alkohol, heroin, atau morfin. Satu-persatu terjangkit penyakit kecanduan alkohol atau narkoba seperti Eric Clapton, Brian Wilson dari The Beach Boys, Syd Barret yang pendiri Pink Floyd, atau gitaris Rolling Stones, Keith Richards. Daftar artis Barat yang mati akibat overdosis karena narkoba atau alkohol cukup panjang: penyanyi blues Janis Joplin, Jimi Hendrix, Keith Moon (The Who), Tommy Bolin (Deep Purple), sampai John Bonham (Led Zeppelin). Lennon, Mick Jagger, McCartney, berulang kali berurusan dengan pengadilan gara-gara barang-barang terlarang ini.

Secara sengaja atau tidak, kultur alkohol dan narkoba itu berkaitan dengan proses kreatif dalam pembuatan album mereka. The Beatles memulainya sejak *Tomorrow Never Knows* dalam album *Revolver*, Rolling Stones mengabadikannya dalam *Sister Morphine*, Led Zeppelin memuja-mujanya lewat *Stairway to Heaven*. Dengan meminjam kultur alkohol dan narkoba, popularitas musik pop rock berubah wujud menjadi lebih psikedelik dan progresif. Pengaruh buruk itu juga melanda Indonesia pada 1970-an. Jika pada awalnya generasi bunga muda di Indonesia cuma sekadar membentuk geng, mendirikan stasiun radio, atau *ngebut*, secara perlahan-lahan kultur alkohol, narkoba, dan *free sex* juga merambat ke kehidupan mereka. Fenomena pelajar yang mati karena overdosis atau remaja putri yang hamil karena "kecelakaan", terjadi di kota-kota besar. Gaya hidup "*anything goes*" menjadi sangat subur berkat dekadensi ala "pesta dayak".

Generasi bunga di negeri ini malas bersinggungan dengan politik Orde Baru yang memagar ketat sejarah misterius masa pasca-G30S. Sekalipun sempat menikmati alam demokrasi Pemilu 1971, generasi bunga terlalu sering dikecewakan oleh berbagai skandal politik seperti korupsi di Pertamina, terlalu berkuasanya lembaga Asisten Pribadi Presiden Soeharto, dan kerusuhan Malari 1974. Generasi bunga yang apolitis mengalihkan energinya ke gaya hidup santai, pesta-pora sambil menenggak narkoba atau alkohol, sembari mencicipi seks bebas. Itulah sebabnya band-band pop rock Indonesia tumbuh subur seperti jamur di musim hujan. Secara kebetulan pula mereka mampu menyontek musik maupun gaya band-band Barat yang berdatangan ke Indonesia seperti Deep Purple, Bee Gees, Christie, Shocking Blue, Suzie Quatro, Ike and Tina Turner, sampai Olivia Newton John. Saya ingat sebuah iklan Koes Plus di stasiun televisi TVRI pada awal 1970-an yang menjual sebuah produk minuman ringan botol merek F&N Strawberry Soda Pop. Botol F&N mencerminkan sebuah kepunahan di masa cepat saji ini, strawberry dianggap sebagai simbol psikedelik, dan soda pop sejenis kimia yang—kalau diminum—akan "membakar" tenggorokan. F&N Strawberry Soda Pop merupakan metafora yang cukup pas untuk melukiskan generasi muda di Indonesia.

Tentu saja agak mudah mencatat sejarah musik negeri ini pada dekade 1960 dan 1970 karena masih banyak saksi hidup, media cetak dan elektronik, ataupun media rekam seperti PH (piringan hitam). Lain ceritanya jika Anda ingin mereka-reka bagaimana kehidupan permusikan pada dekade 1940 dan 1950. Setelah Revolusi 1945, orang banyak mengenal lagu-lagu mars perjuangan atau puja-puji kepada nusa dan bangsa. Ismail Marzuki, misalnya, menjadi pencipta lagu-lagu romantisme perjuangan, seperti *Gugur Bunga* (1945), *Halo Halo Bandung* (1946), *Selendang Sutera* (1946), atau *Sepasang Mata Bola* (1946). Setelah itu tidak ada yang mengetahui persis perjalanan musik Indonesia, kecuali merebaknya orkes-orkes keroncong, lagu-lagu daerah, atau paduan-paduan suara. Lebih mudah mencari data film nasional pertama, *Darah dan Doa* (1950) karya Usmar Ismail, daripada menebak apa lagu pop pertama di republik ini. Belum pernah ada data yang merekam apakah partai-partai politik memanfaatkan jasa artis musik dalam kampanye Pemilu 1955. Yang pasti, Bung Karno mulai menggunakan musik untuk kepentingan-kepentingan politiknya setelah dia memaklumatkan Demokrasi Terpimpin tahun 1959.

Manipulasi musik, seperti halnya olahraga, bukanlah taktik politik yang baru. Partai-partai komunis di mana-mana mengenal *Internasionale* sebagai *political anthem* mereka dan Adolf Hitler mewajibkan setiap personel militer mengantongi buku saku berisikan lagu-lagu perjuangan Partai Nazi. Bung Karno memperkenalkan lenso sebagai "tari nasional". Dengan baju kebesaran, Bung Karno menarikan lenso dengan perempuan berkebaya, berpegangan tangan, atau dengan sehelai saputangan diiringi lagu *Mari Bersuka Ria*. Sikap nasionalisme dia yang *chauvinist* terbukti lagi ketika pemerintah tahun 1966 menangkap dan memenjarakan Koes Bersaudara yang dianggap terpengaruh musik "ngak-ngik-ngok" dari Barat. Sebelum itu Bung Karno terus menggelorakan semangat nasionalisme sambil mengintrodusir slogan-slogan kosong melalui musik. Ada dua lagu "ideologis", *Nasakom Bersatu* dan *Re-So-Pim*. Ada lagu konfrontasi, *Maju Sukarelawan*, dan lagu pengultusan *Paduka yang Mulia*. Orde Baru mempolitisasi musik lewat acara "Aneka Ria Safari", yang biasanya berujung pada kampanye Golkar pada setiap pemilu. Di stasiun TVRI ada band Dharma Putra Kostrad dan reog BKAK (Badan Kesenian Angkatan Kepolisian). Untung Orde Baru tak melarang opera rock Ken Arok yang menyentil bibit-bibit militerisme ala Jawa. Namun, Orde Baru senang kepada musik jongisme Koes Plus, *Nusantara* yang berjilid-jilid atau *Indonesia My Lovely Country* (Panbers).

Pada prinsipnya perubahan politik Orde Lama ke Orde Baru menguak kebebasan berekspresi bagi tiap warga Indonesia. Kebebasan berekspresi itu bukan cuma mengejutkan elite politik Indonesia—terutama Jakarta—ketika itu, tetapi juga merembet ke kampus-kampus, termasuk FIS UI yang merupakan fakultas paling sadar politik dibandingkan fakultas-fakultas lain. Kebebasan berekspresi di kalangan sivitas akademika UI pada umumnya, dan FIS UI pada khususnya, sempat terhenti tatkala Orde Baru sekitar empat tahun menjalani kiprahnya. Rezim Presiden Soeharto kembali mengulangi kesalahan-kesalahan yang dilakukan oleh Orde Lama, yakni mulai mengekang demokratisasi. Tak bisa lain terjadilah perlawanan moral yang diawali dengan kritik oleh kaum intelektual UI terhadap korupsi yang merajalela, khususnya ketika Ny Tien Soeharto mulai memanipulasi kekuasaan istana untuk kepentingan pribadi membangun "monumen" bernama Taman Mini Indonesia Indah. Rezim Orde Baru sempat bereaksi positif terhadap merajalelanya korupsi, antara lain membentuk KAK (Komite Anti Korupsi). Tetapi, reaksi tersebut pada akhirnya hanya bersifat semu karena pemberantasan korupsi dilakukan secara tebang pilih. Secara perlahan-lahan terjadilah pembangkangan dari dalam elite pemerintahan, termasuk ketika Kapolri Jenderal Hoegeng mengundurkan diri dari jabatannya dan Gubernur DKI Jakarta Ali Sadikin yang secara langsung berhadapan frontal dengan Presiden Soeharto ketika dicalonkan menjadi presiden awal 1970-an. Tak lama kemudian pecah Malari 1974 yang mengukuhkan sikap oposisi terhadap Orde Baru yang menjadi cikal-bakal terbentuknya Petisi 50 tahun 1980.

Satir Politik

Warkop menjadi elemen yang berperan cukup aktif pula mengkritik Orde Baru walaupun masih dalam batas-batas yang jinak melalui satir-satir politik. Kritik sejenis ini tidaklah terlalu mengganggu kekuasaan, malahan menjadi pelampiasan sosial yang tentu saja diizinkan untuk memanfaatkan media—termasuk Radio Prambors dan TVRI—untuk menyatakan aspirasi mereka atas nama generasi muda Indonesia, khususnya Jakarta. Tak bisa lain, berkat tingkat intelektualitas dan musikalitas mereka, satir-satir politik Warkop dibungkus dengan musik. Radio Prambors menjual musik. TVRI pun menyediakan ruang bagi mereka untuk berkiprah melalui musik yang disajikan lewat hiburan, yang secara politik cukup kritis. Terlebih lagi acara-acara di kampus yang diprakarsai Dono, Kasino, Nanu, dan Indro, termasuk mapram, memakai musik sebagai medium. Namun, musik yang disajikan tetap bernada minor yang mewakili pula aspirasi generasi muda Indonesia yang menjiplak habis musik Barat. Kebetulan, musik Barat ketika itu dianggap sebagai kendaraan yang pas untuk menyatakan ekspresi yang demokratis. Kalaupun tidak, kegagalan pemberontakan generasi muda terhadap kemapanan akhirnya berujung pada rasa apatisme politik. Dan, apatisme semacam ini bukanlah pertanda kekalahan mereka karena "generasi muda Warkop" mengalihkan pertempuran melawan kekuasaan melalui serangkaian *happening arts* yang telah disiapkan oleh Warkop. Mereka "mengalah", bukan "menyerah".

Satu lagi variabel yang cukup menentukan formulasi satir politik ala Warkop adalah keleluasaan "anak-anak muda" Jakarta yang "*selengean*". Anak-anak Betawi dikenal rewel, apa adanya (tidak hipokrit), lugas, dan *straight to the point*. Barangkali kelakuan anak Jakarta bisa dilukiskan lewat jargon Radio Prambors yang amat terkenal, yakni "Tempat Anak Muda Mangkal". Gaya penyampaikan semacam inilah yang digunakan oleh Dono, Nanu, Kasino, dan Indro melalui satir-satir politik mereka yang tanpa tedeng aling-aling, namun tetap tersembunyi apik di balik dialog-dialog intelektual gaya kampus mereka. Rudy Badil, tak pelak lagi, adalah otak di balik layar satir-satir politik Warkop ketika baru saja terbentuk lewat acara Warung Kopi yang heboh itu. Dalam perjalanannya, sekalipun Rudy Badil tidak dapat mengikuti petualangan Prambors karena berbagai alasan, ia tetap dijadikan semacam pembimbing tiap kali Warkop menyiapkan skrip untuk tampil di mana pun. Badil adalah anak Betawi yang mengenal betul latar belakang kultural dan sosiologis Jakarta, mahasiswa dan sarjana yang mendalami segala hal yang berbau *happening arts*—terutama film—dan sudah barang tentu melek politik. Di atas segala-galanya, Rudy Badil amat pandai memanfaatkan tiap jengkal skrip Warkop menciptakan cerita serta dialog untuk satir-satir politik Warkop yang dikenal tajam bagai sembilu namun tetap halus untuk ukuran Indonesia serta selalu dibarengi dengan solusi konstruktif yang mengajak kekuasaan untuk berpikir tentang demokrasi. Penguasaan Badil atas *happening arts* kontemporer Indonesia—musik, legenda, drama, film, dan lain-lainnya—juga amat membantu Warkop mengembangkan kariernya di kemudian hari. Mungkin bisa dikatakan, tanpa Badil tak akan pernah ada Warkop.

Bersamaan dengan itu kepribadian Dono, Nanu, Kasino, Indro, dan Badil kebetulan saling komplementer. Mereka anak Betawi, meskipun Dono "tembak langsung" dari Jawa Tengah. Agak sukar menentukan siapa memancing siapa, yang pasti kalau mereka berinteraksi secara serius maupun guyon, maka keluarlah berbagai macam dialog, anekdot, humor, satir, celetukan, maupun cerita yang dengan mudah bisa langsung disiapkan sebagai skrip. Sebagai perbandingan, kolaborasi mereka mungkin mirip dengan dua komedian AS, Jerry Lewis dan Dean Martin yang sangat sukses sebagai *slapstick humor*. Atau barangkali kekompakan mereka bisa dipersamakan dengan Bing Slamet, Ateng, Iskak, dan Eddy Sud. Betapapun, menurut saya, apa yang dilakukan Warkop jauh lebih lengkap daripada sekadar berkomedi tentang kehidupan sehari-hari, mempertontonkan kepandiran diri sendiri, memelesetkan pornografi, dan sebagainya. Warkop keburu menyandang status sebagai satiris politik yang mengandalkan intelektualitas, dengan gaya *slengean* Betawi, dengan sajian latar *happening arts* yang hidup, dan mewakili aspirasi sebagian besar kaum muda ketika itu. Tidak heran film-film mereka, walaupun lebih banyak mempertontonkan komedi fisik, laris manis mengalahkan tiap genre film di republik ini.

Tentu saja tidak mudah menguraikan evolusi Warkop yang sejarahnya sudah berjalan panjang selama lebih dari 30 tahun. Pertama, kesukaran tersebut berkaitan dengan terbatasnya manuskrip—kecuali film-filmnya dan sejumlah kasetnya—yang dapat dijadikan materi untuk dianalisis. Kedua, dengan sangat menyesal, Nanu, Kasino, dan Dono terlalu cepat meninggalkan kita. Ketiga, tak kalah pentingnya adalah ketiadaan literatur ilmiah maupun populer yang memadai mengenai dunia lawak di negeri ini. Satu-satunya sumber yang dapat dimanfaatkan sebagai *tool of analysis* untuk menulis biografis Warkop hanyalah kenangan berikut dengan berbagai versi interpretasi yang diingat oleh mereka yang bergaul cukup akrab dengan Nanu, Kasino, Dono, dan Indro. Dan, sudah barang tentu interpretasi-interpretasi tersebut tetap mengandung ketidakakuratan serta mengundang pertanyaan-pertanyaan baru. Kami yang berupaya keras menulis buku ini tentu dengan besar hati mau menerima sekaligus menjawab pertanyaan-pertanyaan itu. Bagi kami, proses penulisan buku ini merupakan tantangan yang amat, amat besar dan menantang, yang kami hadapi dengan rasa optimistis bahwa pekerjaan yang berat ini setidaknya berhasil mempersembahkan potret yang cukup memadai untuk mengenal Warkop lebih dekat lagi.

Barangkali agak lebih mudah membagi evolusinya menjadi beberapa tahap. Pertama, tahap reformatif pada saat mereka menyandang status mahasiswa mulai mengorganisasi serta menyuguhkan satir-satir politik dengan memanfaatkan *happening arts* di kampus. Kedua, tahap pada saat Warkop masuk ke Radio Prambors. Ketiga, tahap komersialisasi. Dalam rentang waktu lebih dari 30 tahun, Warkop menjalani pentahapan ini bagaikan pemain-pemain sepak bola yang memulai karier dari bawah sebagai pemain amatir sampai menjadi pemain profesional dengan berbagai suka dan dukanya. Mereka mulai sebagai komedian amatir yang dikerjakan secara cukup serius meskipun belum komersial, yang secara perlahan-lahan meningkatkan kualitas kelawakan mereka untuk menjadi komedian profesional dengan memanfaatkan medium-medium modern seperti panggung, radio, surat kabar, dan film. Menurut saya, dengan segala kerendahan hati, karier mereka selama 30 tahun lebih relatif terus meningkat—setidaknya jikalau diukur dari aspek komersialisasinya.

Lebih daripada itu, Warkop berhasil mewariskan sebuah model pengelolaan bisnis lawak. Mungkin jika dibandingkan dengan Srimulat yang sudah lebih dulu mapan, misalnya, model Warkop relatif lebih "modern". Mengapa? Sebab bahan-bahan lawakan Warkop lebih beragam: kehidupan anak muda, musik, politik, hiburan, seks, gender, ras, dan seterusnya. Sedangkan lawakan Srimulat lebih terfokus pada "melucu gaya Jawa". Andaikan boleh berpendapat lebih ekstrem lagi, komedi yang disajikan Warkop lebih "intelektual" dibandingkan Srimulat yang lebih "tradisional". Tidaklah mengherankan bila diasumsikan bahwa Warkop sesungguhnya telah mengukuhkan diri sebagai pelopor komedi intelektual seperti yang dimaksudkan di atas. Paling tidak Warkop menyuguhkan sebuah komedi alternatif di tengah kekosongan kreativitas kebudayaan/kesenian pada masa Orde Baru yang steril dan mengekang. Dan, ini bukanlah pekerjaan seperti membalikkan telapak tangan, karena dalam tiap satir-satir politiknya Warkop senantiasa harus meniti ombak secara hati-hati dan pas agar tidak bersinggungan dengan berbagai sensitivitas politik, sosial, dan budaya yang disetir oleh cengkeraman kekuasaan yang seringkali membuat cemas masyarakat.

Dalam kenyataannya memang nyaris tidak ada kelompok lawak yang mampu meniru formulasi komedi ala Warkop. Ada sejumlah orang atau grup yang mencobanya, tetapi cuma sebatas menjadi peniru (*copy cats*) yang serba tanggung. Tidak ada yang ketenarannya menjulang seperti Warkop. Barangkali juga ada masalah dengan "pasar" alias para penikmat yang menyukai komedi jenis ini. Kita bukan bangsa Amerika Serikat yang amat mengapresiasi *standing comedy* atau *talk show* yang dituanrumahi oleh komedian atau film-film komedi yang semenjak dulu menjadi industri subur yang melahirkan bakat-bakat baru secara reguler serta mendatangkan keuntungan komersial luar biasa besar. Komedi di Indonesia hanya jadi semacam "profesi sambilan" yang tampaknya makin tahun makin melesu. Andai boleh berandai-andai, kelas sosial komedi di Amerika Serika sudah seperti toko serba ada, sementara di Indonesia baru sekelas warung saja.

Jadi sekali lagi, Warkop merupakan sebuah entitas yang berhasil merangkum konteks sosial politik pada zamannya pada saat peralihan politik sedang terjadi dari Orde Lama ke Orde Baru. Sikap antikemapanan mahasiswa ketika itu, terutama yang kuliah di UI, pada awalnya ditumpahkan sebatas di kampus saja melalui acara-acara internal seperti mapram. Kebetulan Warkop berhasil menangkap perubahan zaman itu dengan memaksimalkan daya pikatnya bagi kalangan anak muda di Jakarta (belakangan juga ke kota-kota lain) dengan gaya Betawi (kemudian diperluas dengan gaya daerah) yang *slengean,* dengan menyuguhkan satir-satir politik bergaya intelektual, dengan memanfaatkan nyaris semua *happening arts*—terutama musik. Sayang sekali warung itu kini sudah sepi ditinggalkan oleh pemilik dan para pelanggan setianya.

Bagian 1

Surat kepada Warkop

Kepada Ytk (yang terkagumi)
Kelompok Warkop
di Tempat

Jakarta, Oktober 2010

Kepada Ytk (yang terkagumi)

Kelompok Warkop

di Tempat

Apa kabar Mas? Baik-baikkah di sana? Semoga begitulah keadaannya. Juga buat Mas Indro dan Bang Badil yang masih di sini, semoga sehat selalu.

Mas, *gini* ya Mas. Entah firasat, entah ramalan. Yang jelas, dulu saya pernah membayangkan bahwa suatu hari saya harus berterus terang juga, kalau saya adalah salah satu fans Warkop yang dulu Prambors dan kemudian DKI. Meski bukan fans fanatik, tapi lumayanlah. Sebab sedari SMP dulu saya sering banget *ngedengerin* lawakan edan saudara-saudara mahasiswa di AM 666 Khz.

Sekadar menyegarkan ingatan, AM 666 KHz bukanlah kode togel. Itu frekuensi sebuah stasiun radio. Tepatnya, Radio Prambors.

Malam Jumat rasanya tiada komplet jika belum mendengar celetukan Sanwani yang *sotoy*, umpan lambung Babe Holil, dan kilah cerdik Mas Slamet yang polos tapi sebenarnya *ngeritik* di Radio Prambors. Atau seringkali si Ubai menyerobot *mic* dengan teka-teki yang ajaib.

Radio saya cuma radio transistor kecil dua *band*, Mas. Mereknya Telesonic, yang menurut lawakan Mas Kasino di kaset, "Telesonic" adalah nama seorang pangeran (adik kandung Pangeran Philips). Radio dibeli dengan harga *ceban* di toko Radio Ong, kawasan Mayestik, Kebayoran, sebagai hadiah naik kelas.

Band pertama si "Telesonic" adalah *amplitudo modulation* (AM). Jikalau tiada pemancar gelap di sekitar rumah, maka acara Warung Kopi pukul sembilan malam akan jernih terdengar. Lain perkara kalau tetangga mulai pada *nge-brik*. Suara keras Nanu Mulyono yang berlogat Batak pun pasti *ketilep*.

Tapi untunglah, akhirnya anak-anak muda pada insaf untuk berhenti *nge-brik*. Mereka juga insaf bahwa mendengarkan Mas Slamet sebagai "Toeti Ajiwirya" siaran, lebih berharga ketimbang mendengar Toeti Adhitama yang pembawa acara Dunia dalam Berita di TVRI. Itulah kegunaan utama radio transistor ber-*band* AM.

Untuk *band* kedua, alias SW (*short wave*) agak jarang digunakan. Kecuali jika ingin mendengar siaran Radio BBC London. Itu pun samar-samar saja, karena pada praktiknya mendengarkan siaran di gelombang SW sama halnya dengan mendengarkan gelombang laut. Kadang suaranya muncul, kadang tenggelam. Lalu akan terdengar suara gemuruh angin saat gelombang dipindahkan ke Radio Beijing yang sumpah mati lagu-lagunya enggak ada yang enak—selain juga kagak *ngerti* arti-nya.

Perlu Mas mengerti, sejak Warung Kopi mengudara pada pertengahan tahun 1970-an, boleh dibilang tiada satu pun anak sekolahan di Jakarta yang tidak *kepengen* mendengarnya. Bahkan bila orangtua *ngotot* minta tolong *dibeliin* Bakmie Boy di seberang Pasar Mayestik pun, kita menawar untuk mengundurkan waktu pembelian. Sekali dicoba, lalu saya "disiksa" dengan omelan: "Warkop, Warkop *apaan*? Kalau beli sesudah siaran Warkop, restorannya pasti *udah* tutup. Hayo sana, beli sekarang."

Akhirnya berangkat jugalah saya. Bukan apa-apa. Saya yakin, melawan orangtua itu dosa. Kagak *barokah*, kata orang Betawi. Untunglah, karena radio dua *band* ini cukup mungil untuk dikantongi, maka tugas mulia itu saya jalankan.

Di jalan saya terus cengar-cengir menikmati lawakan yang disalurkan lewat *earphone* mono berkabel putih. Di depan kasir pun saya masih cengar-cengir tanpa sadar sampai akhirnya sang kasir menegur, *"Yu olang udah gila, ha?"*

Earphone mono untuk radio transistor memang *nggak* bakal terdengar stereo. Meski warnanya putih kayak *earphone* iPod, "colokan" ke kuping cuma satu, bukan dua seperti yang kita maklumi pada hari ini. Kalau mau dengar suara stereo ya harus pakai *headphone*. Adapun *headphone*, kegunaannya–di tempat saya–hanya khusus untuk mendengar lagu dari *tape deck* cap AKAI.

Headphone kagak bisa di-*plug in* di radio transistor cilik sebab ukuran *jack*-nya lebih gede ketimbang lubang colokan yang tersedia. Lagi pula mendengarkan siaran radio dengan *headphone* pada masa itu juga mubazir. Soalnya, hampir semua stasiun radio bersiaran dengan tata suara mono di jalur AM. Jalur FM belum laku waktu itu. Demikian pula dengan jalur *busway*.

Siaran malam Jumat boleh dikata menjadi siaran favorit. Terbukti, besok pagi-pagi saat bersua kawan di sekolah, topik pembicaraannya pastilah berkisar soal lelucon Warkop tadi malam. Begitu *nge-topnya* Warkop, sampai pada suatu malam kami memutuskan untuk menyambangi Radio Prambors. Tujuannya cuma satu: *pengen* melihat kayak apa sih tampang para pelawak yang sedang siaran.

Hanya, begitulah Mas. Berhubung masih anak bawang, kami rada malu-malu juga untuk menegur Mas Dono. Ia waktu itu sempat keluar sebentar dari studio, lalu masuk lagi untuk melanjutkan siaran. Bersama kawan-kawan kami cuma bisa cekikikan. Sebab sesuai dengan prediksi kami, tampang Mas Dono ternyata, maaf ya Mas Dono, memang Jawa banget.

Tahun berganti, sampai suatu ketika TVRI menyiarkan acara *Terminal Musikal: Tempat Anak Muda Mangkal*. Kami bisa dengan jelas melihat tampang personel Warung Kopi, meski TV saya waktu itu belum berkelir. Maka mengalirlah huruf "O" di sepanjang acara. "O, itu Kasino. O, itu Indro. O, itu Nanu."

Saya yakin, "O" yang sama juga mengalir dari mulut atau dalam hati para kawula muda Jakarta waktu itu. Ya. Diskusi di sekolah tentang Warkop betul-betul hit mengalahkan topik sepatu Adidas atau Kickers terbaru. Yang dibahas, tentu saja soal penampilan Warkop yang luar biasa sekali pada waktu itu. Humor, *jokes reading*-nya sungguh cocok buat kami setelah sekian tahun cuma mengenal pola lawakan Joni Gudel, Atmonadi, Bagio *cs*, Reog BKAK, atau Kwartet Djaja.

Selanjutnya beredar rumor bahwa Warkop akan bikin film. Berita ini lagi-lagi bikin kami penasaran. Kalau di panggung sudah segitu lucunya, bagaimana hasilnya jika difilmkan.

Betul saja. Pada akhir tahun 1979 itu Warung Kopi Prambors nongol di film. Antrean lumayan menyemut, tanda animo anak muda sangatlah tinggi. Sampai hari ini saya masih ingat betul bahwa saya kebagian karcis di baris terdepan.Itu pun sudah alhamdulillah, karena nonton film *box office* zaman itu benar-benar menerapkan konsep *survival for the fittest*. Jauh dari slogan yang tertera di oplet: Anda sopan, kami segan. Memang, bangku bioskop sudah bernomor. Tapi apalah arti sebuah nomor. Siapa cepat dia dapat.

Mas Warkop yang masih eksis.

"Purbalingga + 115M".

Begitulah *scene* awal film *Mana Tahaaan...* yang masih saya ingat betul. Kamera *extreme close up* ke papan penunjuk Stasiun Purbalingga. Suasana di stasiun sangat lengang. Hanya ada seorang petugas dan seorang calon penumpang bernama Paijo di sana.

Saat kereta tiba, Paijo segera mengangkat koper. Dengan tampang polos ia memasuki kereta yang sejurus kemudian meluncur lagi. Kereta itu terus bergegas, berlari. Melewati ribuan hektar area persawahan dan mestinya berhenti di beberapa stasiun. Tujuan akhirnya sudah saya duga: Jakarta.

"Purbalingga + 115M".

Terus terang huruf di papan penunjuk itu jadi kepikiran sampai sekarang. Saya memang tidak punya kebiasaan memistik kode buntut atau membaca buku tafsir mimpi. Tapi kalau dipikir-pikir ya Mas, angka "+ 115" itu sebuah pertanda.

Begini rasionalisasinya. Adegan itu ada di film pertama (1). Lalu ternyata Warkop bisa bertahan di dunia film nasional selama lima belas tahun (15). Kalau *dideretin* ya 1 dan 15 jadi "115". Sedangkan simbol plus (+) bisa diartikan popularitas Warkop masih akan terus tahan melampaui 15 tahun. Seperti sebuah ramalan. Betul *nggak*, Mas? Enggak ya? Ya *udah*.

Tetapi jujur saja, melihat *setting* stasiun Purbalingga yang begitu sepi, saya jadi curiga. Jangan-jangan itu bukan stasiun Purbalingga yang sesungguhnya. *Bener* enggak dugaan saya? Enggak, ya? Ya *udah* (lagi).

Mana Tahaaan... menurut saya memang tahan. Sebab boleh dibilang bukan hanya kawan-kawan saya di kota-kota lain yang penasaran. Anak Jakarta pun *pengen* melihat lebih jelas kayak apa tampang anak Warkop yang sesungguhnya. Kami penasaran, seperti judul lagu Bang Haji Rhoma Irama, tapi tidak rajin bergadang. Apalagi bergadang karena penasaran.

Tentang filmnya sendiri, terus terang kami mengingat tampilan Warkop waktu itu mencerminkan dandanan anak-anak mahasiswa akhir tahun 79, yang dalam istilah sekarang disebut retro (kata lain: kok tampangnya pada tua-tua, ya). Hem lengan panjang digulung dan ujungnya masuk ke dalam celana cutbrai. Lalu, tiga kancing dibuka, seperti *prokem*.

Kalau melihat video bajakannya yang ramai beredar di internet akhir-akhir ini, saya bisa kembali ke alam nostalgia 70-80. Stasiun Gambir belum dipugar, taksi President masih *bersliweran*. Pengemudi taksi berseragam dan memakai topi pet. Seperti misalnya dalam adegan Eddy Gombloh mengantarkan Mas Indro dan Mas Dono dengan taksi Corona 1974, ke rumah *indekost*-an.

Lewat beberapa *scene* di dalamnya, saya juga melihat kala itu taksi Bluebird masih memakai mobil Holden Torana. Di jalan dengan mudah dijumpai Toyota FJ (Hardtop), Colt T120, VW Kombi, dan VW Beetle. Atau dalam adegan Om Sugeng-Tante Mira (Kusno Sudjarwadi-Rahayu Effendy) yang baru pulang dari latihan tenis mereka terlihat menggunakan Renault 12TL berlampu kabut merek Hella.

Tahun berganti. Kagak terasa, tahu-tahu sejak itu Warkop makin gila-gilaan memproduksi film. Asal ada Lebaran, *ente-ente* pada nongol di film. Lima belas tahun begitu terus. *Ane* sempat *mikir*, jangan-jangan Warkop itu sejenis rantang.

Iye, pan kalau rantang di hari Lebaran di dalamnya ada ketupat, opor ayam, semur, rendang. Nah kalau rantangnya rantang empat tingkat, salah satunya pasti berisi karcis film Warkop.

Ane mafhum juga sih. Ini memang strategi ya. Tapi sumpah, dengan cara-cara itu *brand* Warkop sungguh *nempel* di jidat, *nancep* di hati sampai zaman *kiwari*.

Wuidih! Coba *bayangin*. Kalau pada tahun 1979 ada anak seumuran saya nonton film Warkop (usia saya 13 persis dengan batasan nonton film Warkop) maka sampai usia 28 tahun saya hidup bersama film-film Warkop.

Belum lagi film-film ente kemudian diputar di stasiun teve swasta. Belum lagi, Warkop juga bikin seri komedi untuk teve. Walhasil, dari generasi ke generasi nama Warkop melekat dalam ingatan. Sampai-sampai jamaah *al fesbukiyah* (maksudnya pengguna Facebook) yang kebanyakan anak-anak yang lahir tahun 1990-an menyebut Warkop sebagai "The Legend". *Gile, lu Ndro....*

Mas Warkop yang budiman.

Kenapa ente saya sebut budiman. Karena kalau ente masih pada muda, pasti *ane* menyapa dengan "Mas Warkop yang budiboy". Haha! Garing!

Tetapi ente memang layak kok disebut budiman. Seenggaknya, sejak acara *becandaan* Warung Kopi tempo hari di radio, di panggung, di kaset, di film, Warkop sudah membagi-bagi kegembiraan dan menularkan *sense of humor* bagi penggemarnya.

Sense of humor itu menurut saya penting bagi ketahanan mental rata-rata penduduk Indonesia dalam menghadapi aneka krisis dari zaman ke zaman. Slogan "Tertawalah Sebelum Tertawa Itu Dilarang" terbukti manjur. Masyarakat akhirnya belajar untuk menertawakan nasib dan keadaannya sendiri. Orang bijak bilang, barangsiapa sudah bisa menertawakan nasibnya, maka kehidupannya akan berlangsung lebih mudah. Slogan itu juga jitu, sebab diperkenalkan pada masa Indonesia dipenuhi aneka larangan. Untungnya kita masih boleh tertawa.

Untungnya (lagi) Warkop tidak mengambil slogan "Memasyarakatkan Tawa, Menertawakan Masyarakat." Sebab, kalau itu yang dipakai, pasti Warkop telah berpihak kepada selain masyarakat.

Ibarat musik, buat saya Warkop adalah *new wave*-nya dunia lawak nasional Indonesia pada saat lahir. Riak dari gelombang itu menurut saya masih saja terus dinaiki kelompok lain

KISAH CERITA DARI PURBALINGGA

sesudahnya. Meski kalau diperhatikan lagi, tidak semua kelompok lawak tahan meniti ombak.

Ada yang bubar karena rebutan rezeki. Ada yang *pengen* eksis sendirian tanpa mempedulikan kelompok. Ada juga yang pecah karena strategi bisnis industri yang membesarkannya. Mungkin mereka kurang paham semboyan *Jalesveva Jayamahe*. Buat Warkop, artinya "di laut kita jaya", buat kelompok yang bubar adalah "di laut kita jangan".

Ah ya, sudahlah. Surat ini bukan surat sindiran. Surat ini cuma sebuah surat apresiasi. Tidak punya tendensi apa-apa. Sekadar suara rakyat kecil, bukannya mau usil (lho, kok jadi lagu *Ngobrol di Warung Kopi?*).

Intinya, sebagai penggemar, saya merindukan masa-masa ketika humor cerdas mengalir dari Warkop lewat corong radio. Celetukan Sanwani, kilah cerdik Mas Slamet, serobotan si Ubai, kerasnya suara Poltak, atau *deheman* Bang Holil sudah ambil bagian dalam pembentukan kepribadian banyak anak muda. Yah, seperti saya bilang tadi, dari sisi *sense of humor*-lah, paling tidak.

Terima kasih Warkop!

Salam,

Penggemar Warkop sedari dulu

Warkop: Main-main Jadi Bukan Main

Rudy Badil

BANYAK orang yang umurnya sudah setengah abad lewat mungkin menganggap tahun 1980-an itu "zaman emas". Namun, bagi kami, paling tidak dalam konteks sebagai anak-anak kelompok Warung Kopi, tahun 1970-an itulah tahun berseminya kelompok pertemanan dari tiga orang menjadi lima sekawan yang katanya kocak-kocak atau konyol-konyol. Juga tahun 1970-an itulah saatnya kami menjadi lima sekawan di Radio Prambors, lalu yang "empat sekawan" (kemudian menjadi tiga sekawan) memutuskan menjadi orang radio, orang panggung, dan orang film, serta berkomitmen menjadi komedian atau pelawak kampus dengan segala risikonya.

Juga tahun 1970-an banyak diketahui dan dirasakan rakyat Indonesia sebagai awal "pembangunan" yang menapak menuju puncak keemasan rezim Orde Baru selama 30-an tahun. Kami yang berbeda-beda usia mau tidak mau tertempa sebagai pelajar dan mahasiswa yang masih mendengar gaung dan merasakan getar semangat Angkatan 66, konon sebagai barisan pembaharu Indonesia menuju pelataran pembangunan.

Sebab, di awal-awal tahun 1970-an itu, beberapa di antara kami mengalami sungguh banyak kejadian yang amat "politis". Bayangkan saja, kami diajak-ajak turun ke jalan dan menyanyikan lagu *She Was So Good and So Kind To Me* dengan lirik: *Minyak minyak oh minyak naik/bikin rakyat miskin tercekik/minyak minyak minyaaak.*

Lalu kami ikutan demo sopan yang tidak bakar ban atau bakar mobil, meski yang kami protes itu soal korupsi, serta demo terhadap proyek mercusuar Taman Mini Indonesia Indah yang isunya supersensitif. Sampai-sampai kawan-kawan Warkop Prambors di masa jahilnya *emoh* membawakan *joke* yang menyangkut peristiwa Taman Mini Indonesia Indah dengan isu *tien percent*—komisi 10 persen dari total biaya sekitar Rp9 miliar pada zaman itu.

Memasuki tahun 1973, boleh dikata kehidupan kampus lagi *rame-rame*-nya. Sebab, pemerintahan Orde Baru yang belajar dari "hangatnya" gerakan mahasiswa tahun 1966 saat itu betul-betul sedang berupaya mendinginkan suasana kehidupan kampus dengan macam-macam upaya. Misalnya, melalui peraturan Departemen Pendidikan dan Kebudayaan mulai menancapkan kebijakan NKK/BKK alias Normalisasi Kehidupan Kampus dan Badan Koordinasi Kemahasiswaan, yang nanti tahun 1977/1978 bikin heboh juga, setelah peristiwa aib nasional Malari 1974.

Kami, sebagai mahasiswa aktivis Universitas Indonesia, saat itu mulai merasakan "tekanan" halus aturan dan kebijakan. Misalnya, sejak tahun 1972, masa prabakti mahasiswa atau mapram, yang sepupuan dengan masa perpeloncoan mahasiswa tahun 1960-an, sudah dilarang dan diganti mereknya dengan gelar orientasi studi (OS) atau orientasi pengenalan studi dan kampus (opspek) dan "os-os" lain sebagainya.

Juga penanaman dan pendalaman mengenai dasar ideologi negara Pancasila. Sebagai persiapan bagi kurikulum massal soal P4 atau Pedoman Penghayatan dan Pengamalan Pancasila, sejak dini sudah menjadi mata kuliah "kewiraan" dengan nilai sistem kredit semester (SKS).

Soal Pancasila yang sakral menjadi obrolan lelucon Warkop di corong radio Warkop Prambors tahun 1975. "Jangan sekali-kali berani bilang Pancasila itu ada lima sila, sebab kemarin kawanku bilang Pancasila itu ada enam silanya, eh digampar Komandan Koramil. Apalagi *lo* berani bilang lima silanya," tutur Dono yang edukatif, tapi provokatif.

Tahun 1973 juga tahun inflasinya gelar kesarjanaan berbau nama asing, karena gelar sarjana itu harus diindonesiakan. Semua gelar menjadi khas Indonesia. Ada sarjana ekonomi, sarjana hukum, sarjana sosial, sarjana sastra, sarjana sains, dan gelar sarjana strata 1 lainnya. Tahun itu hampir semua kampus sudah menjadi kampus Kredit Semester yang diterapkan hingga kini.

Soal gelar-gelar asing yang tidak dipakai lagi pernah menjadi materi *ngocolnya* Kasino saat mengisi acara inaugurasi suatu kampus. "Kami kenalkan rekan kami, Drs Wahjoe Sardono PhD MSc Drg alias Di Rumah Saja Dono yang Ponakannya Haji Dahlan Montir Scooter dan DRG, yah dia rusak giginya," kata Kasino yang memancing tawa hadirin, tapi mancing kekinya Dono yang diejek secara "fisik".

> Jangan sekali-kali berani bilang Pancasila itu ada lima sila, sebab kemarin kawanku bilang Pancasila itu ada enam silanya, eh digampar Komandan Koramil. Apalagi *lo* berani bilang lima silanya.
>
> —DONO

Sebagai anak Jakarta, kami merasakan derit dan jerit pembangunan kota terbesar di Indonesia ini. Dari zamannya Djakarta Raja, di mana ibu kota ini dijuluki "*The Big Village*", hingga kota besar ini diubah nama nya jadi Jakarta Raya sesuai Ejaan yang Disempurnakan tahun 1972. Nanu, Kasino, Indro, dan saya yang gede dan dibesarkan di Jakarta (Dono masih *ngegedein* dirinya di Delanggu—Ed.) merasakan sekali tapak-tapak tegar "kampung gede" ini menjadi sosok kota metropolitan yang daerah khusus dan istimewa.

Dari Jakarta yang selewat tahun Orde Baru 1966 masih tersisa warisan kota yang masih berkutat dengan masalah jalan raya rusak, permukiman kumuh dan kotor, gang becek dan banjir di musim hujan, kebersihan kota, minimnya ruang dan bangunan sekolah, kurangnya pelayanan kesehatan, gangguan keamanan, sulitnya air bersih dan sanitasi kotor dengan got mampet, warga terbentur soal transportasi umum dan mulai tersengat susahnya lowongan kerja.

Sebagai gantinya, Pemda DCI Djakarta Raja, yang kemudian menjadi Pemerintah DKI Jakarta Raya ketika dipimpin dengan tegas oleh tangan Gubernur Letjen (TNI) Ali Sadikin (1966-1977), sepertinya mampu me-

TERJADINYA "ES MAMBO" KONDOM

SOAL pertambahan penduduk menjadi ancaman meledaknya populasi rakyat Indonesia. Pil KB atau kondom masih agak tabu dan pemali menjadi sebutan umum. Kelompok kami memanfaatkan isu KB sebagai kisah segar: "Pantas saja KB gagal karena penyuluhnya orang Jawa dan malu-malu menjelaskan cara memakai kondom. Dia cuma bilang pakainya seperti obat, kayak makan obat. Kalau sudah rasa mau, langsung pakai. Hasilnya, lelaki peserta KB yang pakai 'obat' kondom mengeluh berat karena kesulitan buang air besar, sebab tinja yang keluar waktu BAB kayak es mambo. Semua kotoran itu terbungkus dalam kantong karet kondom," begitu kisah pamungkas Warkop di corong radio dan panggung, rada-rada jorok dan kadang cabul, tapi ilmiah menurut ilmu folklor.

nuntun kota besar ini menjadi sosok ibu kota yang cukup enak buat warganya, tapi berdaya tarik kuat bagi pendatang yang dulu disebut kaum "urbanisasi" dari desa ke kota.

Soal "urbanisasi" ini, kelompok pelelucon Warung Kopi di sekitar tahun 1975 nanti sering mengisahkan betapa kawan mahasiswanya datang ke Jakarta, tapi tembak langsung. "Macam si Tagor. Dia itu *be-te-el*, alias Batak tembak langsung. Maksudku dia dari Siborong-borong, langsung ke Sibolga dan naik kapal dan mendarat di Tanjung Priok. Dia tembak langsung, tanpa sekolah dan *cocokin* dirinya di Medan. Lebih baguslah kusebut *be-te-el*, Batak tembak langsung. Kalau aku panggil si Tagor *tur-po*, matilah dia. Turpo itu turun pohon, langsung ke Jakarta," begitu tutur Nanu Mulyono, salah seorang pendiri Grup Omamat alias Obrolan Malem Jumat di Studio Radio Prambors, zamannya pra-Warkop.

Untuk melengkapi pengalaman bercanda kami dengan pemuda "urbanisasi" lainnya, Nanu fasih pula menuturkan kelakuan dan gaya Baco yang anak Bugis, Utu yang anak Binyo atau Minahasa, si Dul yang asal *Medokur* alias Madura, Tole yang anak Kediri, atau si Cok yang *naak Ba'on* atau anak Ambon. "Si Cok ini muka kereng, tapi hatinya Rinto Harahap. Dia kalau potong ayam *nyebut-nyebut* dulu *pake* doa: *Nyawa voor Tuhan, darah voor tanah air manise, bulu voor anging, daging voor tuan-tuan, tulang voor anjing, en eeeh tahi voor beta*," begitu ucap Nanu yang meliuk-liukkan suaranya biar *ole sio manise*.

Bagi mahasiswa dan remaja seumuran lainnya, Jakarta beberapa tahun lalu dianggap sebagai kota "larangan", kota kumuh yang serba "memblokir" seni budaya dan paham "dunia Barat", karena berlawanan dengan paham pemerintahan ujung Orde Lama yang nyaris identik agak "ke kiri-kirian". Namun, setelah

"ENTE LEPAS ANE TERIAK"

ADA pencopet cantik bahenol, senangnya mencopet saku celana yang penuh berisi dompet dan lainnya. Seorang Arab yang sering kecopetan lalu membolongkan saku celananya dan naik bus kota. Tidak lama, dia merasa ada tangan masuk ke saku bolongnya. Saat melirik, ampun, pemilik tangan itu wanita pencopet cantik afdol. Pak Arab tenang, lalu dengan bernafsu dia mencekal tangan wanita seksi itu yang sudah memegang barang besar dan mengeras. Segera bapak itu berkata, "Ente lepas, ane teriak!"

Canda humor Kasino ini sudah terkenal sebagai kisah lelucon folklorik, serta selalu mendapat aplaus audiensnya.

MATI GARA-GARA PAKAI HELM

ADA lelaki yang sok patuh. Dia selalu pakai helm yang *nutupin* seantero kepala dan mukanya. Suatu ketika, saat hujan deras, pemuda ini pun tetap naik motornya seraya membungkus tubuhnya dengan jas hujan hitam, tapi dipakai terbalik supaya air hujan tidak rembes ke badannya. Namun, malam itu dia sial, motornya menabrak trotoar dan dia terjatuh pingsan. Warga pun berusaha menolong pemuda pingsan ini.

"Lalu penolong itu kaget karena menemukan pengendara motor itu terbalik kepalanya. Lalu sang penolong *rame-rame* memutar balik kepala pemuda pingsan itu, lalu tewaslah orang kelenger itu.

Makanya jangan pakai helm dan pakai jas hujan terbalik, entar *kepale elo* diputar, *mate ho*," ujar Nanu yang selalu anti pakai helm dan pakai jas hujan terbalik. Ihik ihik!

berlalunya peristiwa musibah nasional 30 September 1965, terjadi perubahan di negara yang berpenduduk sekitar 100 juta jiwa itu.

Tahun 1970-1980 populasi Jakarta menapak dari 5 juta jiwa jadi 7,5 juta jiwa. Bukan main, di saat itulah kami menjadi mahasiswa UI yang belum bekerja, kecuali mengerjakan tugas dosen yang terpaksa dilakoni atau *dijabanin* juga. Sudah biasa kami menyaksikan iklan televisi *hitam-putih*, atau seruan di koran dan reklame soal KB, Keluarga Berencana, dengan slogan "dua anak cukup".

Kampus UI di Salemba dan Rawamangun saat itu terasa agak mudah dicapai dengan layanan bus PPD dan bus warna kuning, biru, merah, hijau, tapi belum ada bus metromini yang identik dengan bus demonstran zaman sekarang. Namun, jangan ditanya soal kenyamanan dan keamanan. Kasino memanfaatkan lowongan ini dengan kisah kocaknya soal "ente lepas, ane teriak" yang mengorbitkan namanya sebagai *yellow jacket standing comedian*.

Kendaraan umum kontroversial yang dari dulu sampai kemarin, yakni becak yang beroda tiga, masih sering bikin pusing pejabat De-Ka-Ih. Pengurus kota bikin seribu satu macam aturan. Intinya agar becak yang lambang kemiskinan di mata pejabat kaya harus dihapus pelan-pelan. Sebagai angkutan carteran berdasarkan tawar-tawaran, penduduk sudah

BELAJAR NYUPIR PAKAI "VW-KODOK-M"

KAMI harus akui, geng Warkop ini terinspirasi untuk mengendarai kendaraan roda empat gara-gara kami sering *ngetem* di rumah Pinckey "Jawe" Triputro di dekat Masjid Matraman. Mula-mula Nanu yang gemar sport dan gaul ke mana-mana di kala senggang pasti menyalakan mesin Morris 1000 milik Pinckey, kalau dibawa ke kampus Rawamangun. Nanu mula-mula *nyupir* mundur-maju mundur-maju dulu, sebelum *nyupir* serius keliling kampus yang saat itu masih sepi.

Kemudian Nanu meningkat membawa mobil Morris, yang sosoknya mirip sekali dengan sedan kodok Volks Wagen atau VW yang saat itu *ngetop* sebagai tunggangan anak gaul Jakarta, sampai ke Senayan untuk nonton sepak bola. Sekali waktu, Pinckey mereparasi sedannya, serta mengganti warnanya menjadi warna biru telur asin yang merupakan warna khas VW kodok 1.200 cc.

Suatu hari, Pinckey yang baik hati sempat kaget dan rada dongkol juga. "Siapa *tuh* yang jahil, masa mobil gua *ditempelin* kertas dengan tulisan VW-M dengan tambahan dalam kurung kalimat: (VW Mirip). Sirik ya, padahal berapa orang belajar *nyupir* pakai Morris yang diejek VW-M, VW Mirip, ya memang mirip warna VW kodok asli sih," ujar Pinckey yang kini jadi Guru Besar Ilmu Komunikasi UI, tentunya sudah mampu membeli VW kodok asli, bukan yang M alias mirip.

terbiasa pakai jasa becak, terutama ibu-ibu ke pasar, atau antar jemput anak sekolah.

Populasi becak menurut taksiran sekitar 150.000 unit. Mulailah ada operasi tertib dan razia becak. Ribuan becak itu dipreteli dan dibuang ke laut Teluk Jakarta, biar musnah dan menjadi rumpon untuk sarang ikan. Mulai tahun 1970-an, Jakarta dikagetkan karena wara-wirinya kendaraan lucu. Tiga roda, tapi pakai mesin skuter Lambretta. Bentuknya blasteran antara helikopter dan becak motor. Namanya helicak, rasanya enak tapi aneh, juga mahal buat kantong mahasiswa indekosan.

Sepeda motor juga mulai banyak penunggangnya. Disiplin penunggang kuda besi itu sejak dulu memang sudah brengsek alias tidak kenal aturan. Instruksi dan undang-undang pemakaian helm sudah disiarkan dan diberlakukan sejak 1972, tapi boro-boro diikuti, malah muncul reaksi buruk dari masyarakat hingga membuat Jenderal Polri Hoegeng Iman Santoso frustrasi, sebelum beliau diminta mundur penguasa pemerintahan Orde Baru.

Sepeda ontel dan sepeda jengki (istilah sepeda sport sebelum ada MTB atau sepeda gunung) sungguh tersisa segelintir penggowesnya. Oh ya, sejak awal 1970-an jalan raya bertambah terus dan mulai mulus dengan teknik aspal *hot-mix*. Sebelumnya, di tahun 1960-an, sudah ada seutas jalan Jakarta By-pass yang mulus dan bebas hambatan antara Cawang dan Tanjung Priok buatan Amerika Serikat. Namun, pada 1970-an, Korea Selatan menang tender dan membangun jalan tol Jagorawi alias Jakarta-Bogor-Ciawi. Jalan *By-pass* dan jalan tol yang tarifnya mahal itu sampai sekarang masih oke meski kudu bayar dan naik melulu tarifnya.

Jalan raya dalam kota pun boleh dikata ada pembangunan terus. Masuknya penanam modal asing dari Barat dan khususnya dari Jepang membuat seketika saja rakyat Jakarta menjadi konsumtif. Selain barang elektronik macam TV, radio, pemutar kaset, pompa air listrik, kipas angin, AC, sampai *rice cooker*, juga kendaraan otomotif mobil, truk, dan sepeda motor. Warga pun mulai akrab dengan aneka merek kendaraan bermotor macam Toyota, Mitsubishi, Subaru, Mazda, Datsun, Yamaha, Daihatsu, Toshiba, Seiko, Sanyo, dan lainnya. Juga nama dan merek penyedap makanan Ajinomoto yang masih disebut "mecin" yang dari merek asing Vetsin.

Jalan aspal raya juga makin ramai dengan kendaraan *cling* baru dan mewah. Malah warga mulai tahu istilah mobil mewah itu, antara lain

Mercedes, Holden, VW, Ford, Volvo, Morris, dan Chevrolet. Juga perlahan-lahan pada beberapa perempatan jalan protokol dan jalan raya mulai dipasang *traffic lights* yang lampu merah-kuning-hijau. Tadinya hanya ada di perempatan Jalan Sabang dan Jalan Kebon Sirih, lalu bertambah dan terus ada di mana-mana.

Sekelompok kecil mahasiswa dari kampus UI Rawamangun, entah bagaimana, kok tahu-tahu suka berkumpul serta membuat acara yang dekat dengan kegiatan di alam terbuka, juga beberapa bergabung dalam organisasi Mahasiswa Pencinta Alam UI dan sebagainya. Pilihan berkumpul ini bukan karena mereka "enggak gaul", mungkin karena anak-anak muda itu masih mencari-cari bentuk kelompok inti dan sosok dirinya, sesuai di zaman itu yang mulai "beraninya" mahasiswa mengeluarkan pendapat dan nantinya "meledak" pada peristiwa Malapetaka 15 Januari 1974 atau Malari 74, atau peristiwa "ABRI Masuk Kampus 1978" gara-gara pemerintah menekankan berlakunya NKK/BKK.

"BINA RIA TEPI LAUT..."

UNTUK mengenang zaman Ancol dulu, nantinya kelompok pelelucon Prambors ini sempat menyanyikan koor lagu *Bina Ria* di acara api unggun mapram (dengan irama lagu tari topeng) dengan lirik pelesetan: *Bina Ria tepi laut/siapa suka boleh ikut/ punya duit boleh ngebut/ kagak punya garuk rambut/ Bina Ria tepi laut....*

Sementara hiburan bagi kaum muda dari kota yang lagi memekar menjadi metropolitan, meski televisi masih hitam-putih, lagu hiburan Barat makin menderas dan sejak itu dengan bebas dapat mendengar dan menjiplak nyanyi-nyanyi dan lagu-lagu luar negeri—sementara musisi dan band kelompok pemusik Indonesia makin berkembang. Yang dulunya langka macam lagu-lagu The Beatles yang sempat dilarang di zaman Orde Lama kini hadir dan diterima riuh-rendah dan menjadi bagian dari pembicaraan gaul di kampus.

Grup musik dan penyanyi yang melegenda macam Rolling Stones, Deep Purple, Led Zeppelin, Genesis, Bee Gees, Chicago, Yes, atau artis solo dan kelompok kecil macam Simon & Garfunkel, Creedence Clearwater

Dok. Arianto T

Kasino di lembah Surya Kencana, Gunung Gede. "Biar *pake* tongkat, akhirnya *nyampe* juga gue...," katanya.

Revival (CCR), Blood Sweat and Tears, Percy Sledge, Pocrol Harum, dan lain-lain, mengisi sebagian hiburan musik di radio yang mampu mengalunkan daya imajinasi, bahkan menjadi daya tarik acara pilihan pendengar yang kirim-kiriman lagu.

Malah di zaman lagu-lagu mendayu-dayu dengan penyanyi solo kelas merem melek seperti Nat King Cole, Matt Monroe, Andy William, Tom Jones, Engelbert Humperdink, Jim Reeves, John Denver, dan lainnya itu formulir kirim-kiriman lagu pun laris manis, berikut konteks kalimat dengan istilah dan kata-kata pelesetan di udara radio: "... buat Yayang di malam minggu dingin ini, terimalah salam dari seseorang di pos pemuda roman, salam MPRS—salam mesra penuh rasa sayang. *Suit-suit-suiiit, caile*!"

Gedung dan fasilitas arena hiburan kian banyak dan makin seronok. Jakarta Kota dengan *night club*, *steambath*, panti pijat, dan kamar pijit-pijitan alias *massage parlour*, menjadi daya tarik di sekitaran Mabes alias Mangga Besar. Malah kasino di PIX alias Petak Sembilan dan di kolongnya Jakarta Theater merupakan pusat judi legal yang diawasi pemda, serta menjadi salah satu sumber pendapatan asli daerah buat Jakarta. Lalu bertambah lagi

Dok. Arianto T

Dono *mikir*: "*Gimana* turunnya, ya?"

kasino besar Copacabana di Ancol, serta kasino ilegal swasta yang bebas beroperasi karena dibeking aparat seragam hijau.

Jakarta Pusat memiliki *nite club* dan *minidisco* dengan *hostess* cantik untuk teman dansa dan ngobrol di kamar sempit, misalnya di sekitaran Harmoni yang berdekatan dengan Gedung Setneg sekarang. Tiap daerah wali kota ada gelanggang remaja, berikut ruang kreativitas teater dan lainnya, juga ada kolam renangnya. Juga lomba kreativitas seperti *poetry reading*, *jokes reading*, termasuk teater cerita absurd menjadi sesi tersendiri. Bahkan beberapa media besar membuat kelompok seni budaya dan kelompok bela diri, juga kelompok pencinta alam yang saat itu mulai identik dengan "anak-anak kemping", termasuk juga kelompok nyanyi-nyanyi yang disebut *vocal group* atau *folksong group*.

Di kawasan Cikini pun disediakan Taman Ismail Marzuki dengan kampus calon seniman dan budayawan Lembaga Pendidikan Kesenian Jakarta (kemudian menjadi IKJ), malah Bina Ria di Ancol makin mewah dengan bar dan resto remang-remangnya. Lalu Ancol makin besar dan mengembang dengan bioskop *drive in* yang nonton bioskop dari dalam mobil parkiran, pusat main

KAWIN SURAT, BUKAN KAWIN URAT

YANG namanya Kasino, saat itu badannya masih ceking dan mengaku bodinya mirip atlet lari cepat. "Gua itu pelari cepat kalau diuber anjing gila," begitu pengakuannya. "Mungkin akan lebih cepat lagi kalau yang *nguber* itu calon mertua. He-he, katanya mertua lebih berbahaya dari anjing ya, itu kata orang yang sudah kawin—gue sih *belon* kawin kok, maksud gue belum kawin surat, bukan kawin urat."

bola gelinding boling, tontonan olahraga Hai-Lai yang menjual kupon taruhan, juga ada stadion balap anjing *greyhound* di Senayan. Bahkan setiap tahun ada Jakarta Fair dengan arena permainan *bingo* atau *kim*, selain permainan ketangkasan dengan kupon uang seperti *cap-jie-kie* yang balap kuda-kudaan, rolet besar, tombola yang gelindingan bola pingpong berhadiah, serta hiburan adu untung lainnya, termasuk lempar gelang ke leher bebek.

Panggung hiburan remaja pun tidak kalah semarak meriahnya. Ada panggung ria remaja di sisi selatan Monas, konon sejak 1970-an sudah terkenal mengorbitkan penyanyi nasional Indonesia. Istimewa, beberapa tahun di 1970-an, setiap malam hari ulang tahun Jakarta, Jalan Thamrin ditutup mulai bundaran Patung Selamat Datang HI sampai bundaran Air Mancur BI. Di jalan raya itu disediakan panggung terbuka, lalu ada band anak muda *ngetop* manggung dan *jrang-jreng-jrong* sambil membawakan lagu-lagu asing. Pemuda-pemudi pun sah dan tidak dilarang menari-nari histeris, ya namanya juga *dancing in the street, ajojing yeaah agogo go*!

Sementara di sekitaran Jalan Pramuka dan Matraman, kalau malam ramai dengan istilah zaman sekarang kaum pekerja seks komersial. Uniknya, PSK itu tidak mejeng atau duduk di dalam becak, tapi mereka pura-pura menjual kue baskom, atau membawa baskom yang berisikan kue buat pemancing transaksi esek-esek. Selain di Jalan Raya Abdul Moeis atau Tanah Abang, setiap malam berseliweran wanita ramah-tamah suka tersenyum di becak. Kalau merasa cocok pada penglihatan sekilas, pria nakal pun bisa bertransaksi lewat jasa si abang becak dengan PSK ramah-tamah itu.

Namun, yang hebat di sekitaran Jalan Taman Lawang sampai Jalan Cimahi. Selewat magrib mulai bermunculan kaum wanita adam atau "wadam" atau kemudian menjadi "waria" alias wanita pria yang saat itu mulai dikenalkan sebutan formalnya. Sebelumnya, mereka diejek kata *banci* atau *bencong* yang istilah turistiknya *ladies boy*. *Woow*!

Malah, untuk urusan "esek-esek" di zaman 1970-an, pemerintah meresmikan atau melokalisasi wanita tunasusila di Kramat Tunggak dan beberapa lokasi klasik dari pojok kota sampai ke tepian daerah Menteng. Juga bukan rahasia lagi saat itu ada beberapa panggung khusus jual karcis tontonan tarian striptis yang tanpa baju. Diskotek, juga pub dan bar, juga sudah ada, biasanya di hotel-hotel besar seperti Hotel Indonesia, Hotel Sari Pan Pacific,

"A STAR IS BORN" DI PERKAMPUNGAN UI

UNIVERSITAS Indonesia di tengah tahun 1973. Tiap fakultas memiliki ciri kreativitas masing-masing. Kebetulan pada tahun 1972 ada insiden tertembaknya mahasiswa ITB di Bandung oleh siswa Akademi Kepolisian Sukabumi. Situasi memanas dan khawatir akan meluas. Entah "siapa tipu siapa", tiba-tiba berembus angin surga bahwa mahasiswa FE UI dan FS UI dijadikan "duta mahasiswa" untuk anjangsana ke Kampus Tidar alias markasnya Akabri di Magelang.

Rombongan mahasiswa UI ke sana dan berjumpa, bergaul, dan bertanding lomba dengan taruna Akabri. Ujung-ujungnya acara sukses, pentolan mahasiswa dua fakultas itu pun makin akrab. FE UI dengan pentolan Temmy Lesanpura dan beberapa rekan mahasiswa UI lainnya akhirnya mengusulkan agar membuat "kemping bareng" yang dinamakan Perkampungan UI. Acaranya hura-hura dan menyertakan mahasiswa fakultas lain.

Panitia gabungan FE UI, FS UI, FT UI, FPsi UI, dan FH UI akhirnya terbentuk dengan ketua Iqbal Rahimsyah FE UI dan Benny Pangkarego FT UI. Acara unggulannya api unggun dan "panggung musikal di rakit terbuka" di atas air Situ Cibubur. Ujung kata, Kasino dan Nanu tampil duet dengan gaya *slengean*. Penonton tertawa, panitia pun puas. Kasino atau Nanu menjadi bintang, *a star is born* kata Temmy yang panitia inti.

"Dil, koordinir anak-anak itu untuk muncul di Radio Prambors, ya. Mereka potensial dan *udah nyambung* kok. Entar gua *bilangin* sama Onny Tjondro. Atur sama Mohammad Noer Arumbinang, juga Toto R. Tinggartomanu dan Djodi Wuryantoro ya, mereka juga penyiar Prambors. Gua tunggu, ya," begitu ujar Temmy setengah *ngancem*.

Hotel Mandarin, Hotel Borobudur, Hotel Sahid, Hotel Hilton, dan beberapa hotel besar lagi, termasuk Hotel Horison di Taman Impian Ancol.

Setiap malam pergantian tahun baru, *Old and New* atau *New Year's Eve*, segala gedung dan ruang hotel menjual acara istimewa. Remaja muda-mudi Jakarta pasti ikut campur meramaikan acara ganti tahun ini. Lalu mereka biasanya semalam suntuk bergadang sambil main tiup-tiupan terompet kertas buatan Karawang. Ada juga yang *bangor* dan berani main lempar petasan api Depok, meski risikonya keras karena Polri zamannya Kapolri Jenderal Hoegeng Iman Santoso terkenal tegas, merakyat tapi masih bersih. Tahun baru pun tiba berawal dari terbitnya matahari di Ancol, sembari ditonton ribuan muda-mudi dengan mata merah habis bergadang.

Itulah Daerah Khusus Ibukota Metropolitan Jakarta yang sebelum tahun 1972 bernama Daerah Chusus Ibukota atau DCI Djakarta Raja yang bekas kota kuno yang beken, Betawi!

Kumpul-kumpul dan Main-main

Kapan hari, tanggal, dan pukul berapa sungguh mati saya sudah lupa dan tidak tersisa ingatan tentang itu. Cuma hampir dipastikan, saya bersama Kasino dan Nanu sudah berteman sejak awal 1973, makin lama makin dekat dan makin akrab, khususnya untuk acara berkemah dan sekadar naik-turun

JUGA TETANGGANYA WAPRES

TAPI jangan lupa ya, di sebelah kanan Studio Prambors itu ada gedung besar, milik keluarga R. Mochammad Oemargatab yang Inspektur Jenderal Polri dan *bokapnya* Indrojoyo Kusumonegoro alias Indro Warkop. Anak muda tegap yang masih siswa SLA di zaman Warkop baru netes itu siapa sangka dua tahunan lagi bakalan campur-baur dan *galang-gulung* dengan Nanu, Kasino, Dono, dan saya. Malah Indro yang dulu kami sapa Joy sampai sekarang tetap ada dan masih ada, sebagai anggota Warkop paling tinggi tegap dan suka pakai *T-shirt* merek Warkop The Legend, *wuih*!

Tapi lebih *wuih* lagi kalau tahu, tidak jauh dari Studio Prambors, di Jalan Mendut Nomor 21, ada rumah asri dan tenang tapi dijaga keras. Itulah rumah kediaman pribadi Sri Sultan Hamengku Buwono IX, Wapres RI (1971-1977). Juga masih di Jalan Mendut, tetangganya Indro termasuk juga KSAU Laksmana Soerjadarma.

Gunung Gede dan Gunung Pangrango, sambil leha-leha menikmati udara segar sejuk di Cibodas.

Namun, kalau Kasino saya ingat sekali waktu didatangi Sahlan Salehan atau Lelon yang anggota Mapala UI. "Entar gua bawa teman ya ke Cibodas, orangnya konyol dan lucu. Dia *demen* kemping juga, biar pergaulannya luas di kalangan kita ya," kata Lelon yang suatu saat pada 1973-an muncul di Cibodas, sambil berboncengan kawannya dengan sepeda motor. "Ini Kasino, teman baru kita," katanya.

Perkenalan sesama mahasiswa UI langsung mencair, sebab pembicaraan ditimpali celetukan dan kalimat banyolan khas mahasiswa UI yang mulai bebas kreatif berhura-hura awal Orde Baru-nya pemerintahan Soeharto dan rezim kawan-kawannya. Kami, yang malam mingguan itu dengan rekan Mapala UI dan pencinta alam Jakarta lainnya, ke rumah bundar milik Hadidjojo di sebelah rumahnya Kliwon Niaty di Desa Rarahan, Cibodas. Kami sengaja datang buat istirahat dan membuat rencana perkemahan atau pendakian gunung, atau juga acara hura-hura di kampus UI Rawamangun.

Kasino sebagai mahasiswa FISIP UI memang pendatang baru dibanding kami dari FS UI yang sudah *ngampus* di Rawamangun sejak akhir 1950-an, sejak zamannya Bung Karno berjaya *abis*. "Iya *lu*, waktu FISIP UI pindah ke Rawamangun, untung kita sebagai panitia mapram bikin acara bareng. Kalau enggak salah, kita bikin acara perkawinan, kan. Seingat gue, mempelai pria dari FISIP UI, mempelai ceweknya dari FS UI. Wah, kalian kagak milih gue jadi pengantin pria, padahal umur gue udah pas untuk *dikawinin.* Kata dokter spesialis sarap, gua ini sudah *mateng* kelamin," ujar Kasino yang masih komplain kasus "perkawinan" antara pengantin FISIP dan Sastra 1972 lalu.

Pertemuan malam itu di Cibodas memang berkesan bagus sekali. Kasino yang datang memang sudah *nyangking* gitar, tidak ragu-ragu mementang mulutnya dan nyanyi-nyanyi lagu yang jauh dari syahdu merdu, tapi menyanyikan lagu-lagunya yang rata-rata kocak dan menjurus rada porno. Misalnya lagu "kebesaran" masa perpeloncoan mahasiswa UI awal 1970-an dinyanyikan ulang dan ulang, misalnya dari lagu *Que Sera-sera* diubah liriknya menjadi "di sela-sela, antara dua paha, di situlah letaknya... surga dunia".

Kontan beberapa teman perempuan cekikikan dan protes: "Kas, *dah* kuno *tuh*, lagian ente kok jorok sih *artiinnya*." Tapi Kasino dengan kalem balas: "Lagu nyanyian itu kan pertanyaan gue, sumpah mati gue enggak tahu di mana surga dunia, sumpah mati deh... orang lain!" Tukasnya berani mati, juga berani malu.

Namun, lagu yang *ngetop* malam itu, saat Kasino dengan yakin menyanyikan dengan penuh perasaan dan merem melek lagunya D'Lloyd: *Hidup di bui... apalagi penjara Cipinang, masuk gemuk pulang tinggal tulang.*

Ha-ha hi-hi memang tujuan kami *ngumpul* malam mingguan. Suasana kampus tahun 1970 memang masih asli slogan "buku-pesta-cinta". Meski jarak Jakarta–Cibodas sekitar 110 kilometer, jarak itu bukan aral bagi kami, meski sebagian kami tidak "berkepribadian" alias berkendaraan pribadi. Kami cukup janjian ketemu di Terminal Lapangan Banteng, lalu menumpang bus Jakarta–Bandung via Puncak. Atau ikut trayek Jakarta–Bogor, lalu berganti kendaraan omprengan ke Pasar Cipanas, tapi berhenti di tikungan Cibodas–Cimacan. Telapak kaki pun menggenjot jalan aspal rusak, naik sekitar lima kilometer, menuju rumah bundar ke Rarahan di Cibodas yang sekitar 750 meter dari gerbang kebun raya yang rimbun, malah kalau malam bisa mencapai 15 derajat Celsius.

"LUK-LUK MISTER JAMES BOND"

DARI kisah kentut *item*, mulailah pembicaraan dan seloroh mengalir lancar dan makin ha-ha he-he. Lalu keluarlah kisah porno selebriti dunia dan *miss universe* negro.

Kata Kasino, "Sekali waktu 007 James Bond dapat cewek kulit hitam sang ratu dunia. Dia pacaran dan main seks, tapi cewek itu mengerang terus sambil termehek-mehek bilang, *luk-luk mister, luk-luk mister*. Pemilik lisensi tembak di tempat itu bangga. Mungkin dia bilang *rasain lo* sampai bilang *luk-luk luk-luk* terus. Kisah birahi pun selesai.

Hari pun berganti, James Bond main golf. Saat memukul bola ke lubangnya, sang *caddy* bilang, *luk-luk mister, luk-luk mister*. James Bond kaget, rupanya sang bola salah masuk lubang, *luk-luk mister*!

Dok. Arianto T

Nanu di lembah Surya Kencana, Gunung Gede.

"*Wuih* asik tempatnya, mana udara dingin dan sepi suasananya," begitu kata Kasino di malam pertama, sebelum dia menjadi langganan bermalam liburan di Cibodas. "Buat belajar di sini ya *asik*, bikin *paper* juga kena, apalagi *ngerancang* acara ya. Tapi gue rasa, paling cocok di sini *tau gak ngapain*, takbiran he-he. Itu *tuh*, pacaran dan takbiran—kuntak-kuntakan bibir, cipok-cipokan, *tul gak*!"

Malam itu kami bicarakan, antara lain, agar Kasino bersedia bergabung dengan grup kecil Mapala UI untuk mengisi acara malam api unggun di Perkampungan UI di Cibubur, pada akhir September 1973. Kami usulkan juga agar Kasino yang waktu itu kita panggil "Kas"—belum menyapanya dengan julukan "Seki", pesek idung—agar berduet dengan Nanu Mulyono, kakaknya Ipit Arlina. "Nanu yang jago gitar itu oke-oke, gue sudah beberapa kali *ngisi* acara nyanyi-nyanyi waktu mapram kemarin. Untuk koordinasinya, minta Anto Gabuk saja yang *nyambungin*. Kan sama-sama FISIP," ujar Kasino menyebut nama Arianto Toegiyo yang aktivis FISIP UI sebagai penyambung anak-anak Warkop FISIP UI—Kasino, Nanu, dan Dono.

Cerita Setan Malam Jumatan

Di zaman "susah" komunikasi, boro-boro ada telepon seluler yang "henfon", *pager* dan tat-tit-tut saja belum jamak dipakai. Yang ada cuma telepon otomatis yang baru operasional, serta "radio angin" alias "woki-toki" yang sangat tentara dan kayak *teke* alias tekhab atau "tim khusus antibanditisme" Polri. Akhirnya kami memutuskan bertemu di studio Radio Prambors, Jalan Borobudur, yang pas di sampingnya rumah kediaman Bang Ali Sadikin sang Gubernur DKI Jakarta Raya di Jalan Borobudur Nomor 2, atau di depannya

BAHAN CONTEKAN CUAP-CUAP

"ENTE jangan lupa bawa contekan Xerox buat entar *malem* siaran di studio rumahnya Mbak Meri, ya," pesan Nanu soal bahan fotokopian yang pada 1973-an masih disebut "kertas xerox", sesuai merek mesin alat pengganda. Bahan kertas ganda itu tentunya untuk catatan bahan obrolan *ngocol* di malam Jumat, bareng Nanu Mulyono dan Kasino, mungkin juga *ditemenin* Temmy, Mohammad Noer Arumbinang, Djodi yang selalu bawa gitar, serta Bowo yang operator lagu.

"Iya *tuh*, dari kiriman kartu pos dan orang teleponan ke Mbak Sri di kantor Prambors, katanya acara kita mulai banyak *dikomentarin* pendengarnya. Gue juga akan *ngumpulin* bahan lainnya. Nah, bahan kuliah *elo* sama dosen Jimi Danandjaja memang sakti *tuh*. Ceritanya seru-seru dan jorok-jorok," kata Kasino yang masih tinggal di daerah sekitaran Jalan Matraman yang kedalaman atau Mandala, begitu nama kerennya.

"Bawa, kan, bahan contekan *tuh*. Bentar lagi kita cuap-cuap di studio. Ada bahan bercanda soal *halak hita*, senda-gurau gaya Tapanuli, ya senda-gurau Batak," kata Nanu yang lagi *nyetem-nyetem* suara gitar.

Anak Jalan Setia Budi Barat, itu yang bertetangga dengan "Kampung Batak" yang tidak jauh dari muka rumahnya, memang fasih meniru dialek si Togar yang kernet bus umum. Nanu juga andal membawakan lagu-lagi etnik Batak, misalnya Nanu itulah yang "menciptakan" atau menyebarluaskan lagu *Siborong-borong* di kalangan remaja kemping di akhir 1970-an.

FOLKLOR DAN FAKLOR PAK JIMI DANANDJAJA

FOLKLOR atau *folklore* adalah suatu pelajaran baru di Jurusan Antropologi FS UI yang dikembangkan dan dibawa ke Indonesia sekitar tahun 1971 oleh Prof. Dr. James Danandjaja atau Pak Jimi, begitu panggillan santainya. Sebagai mahasiswa antropologi, saya cukup getol mengikuti pelajarannya dan senang mengerjakan tugas berupa ketikan kisah humor khas mahasiswa yang tidak diketahui siapa pembuatnya, tapi dikenal umum dan memenuhi syarat "ilmiah" yang lucu, dan beredar tradisional secara lisan dan otentik. Pokoknya ada unsur tradisi (*lore*) dan manusia (*folk*), jadilah *folklore* atau folklor. Pokoknya lucu dan jorok dan ilmiah pula.

Namun, bagi Kasino dan Nanu di tahun 1973, folklor yang menarik justru lelucon cabul (*obscene joke*), lelucon penghinaan etnik (*ethnic slur*), anekdot jorok, dan lelucon kurang ajar lainnya. "Yang *ngetop* itu lelucon teka-teki benda yang bentuknya bulat panjang, warnanya dekil, letaknya di antara paha lelaki, suka dipencet dan ditekan keras-keras, jawabannya rem becak! Itu kan ilmiah dan tidak jorok dan lojik, kata Profesor James Danandjaja yang menjuluki dirinya Asnawi Karna Dipanegara alias Asli Cina Betawi Tukar Nama Dipaksa Negara. Julukan itu juga kocak, nyelekit, dan folklorik banget."

"Top guru ente Dil," kata Kasino. "Mau folklor kek, apalagi yang faklor yang cerita *pake* fak-fak itu, gue suka buat modal siaran dan di acara, ya acara faklor yang jorok itu sebagai folklor menjadi ilmiah ya, he-he."

rumah Pangkopkamtib Laksamana Soedomo di Jalan Borobudur Nomor 5, serta *adep-adepan* dengan kampus aslinya Universitas Pancasila, serta lapangan bola dan sofbol plus lapangan tenis.

"Kita *omongin* suka duka dan latar belakang aktivitas pencinta alam di kampus," ujar Toto Tinggartomanu yang nama gaulnya Toto Flower di kalangan pencinta alam. Nanu, Kasino, dan saya, ya manggut-mangut saja. "Ente, kan, baru pulang ikut rombongan film dokumenter Australia di gunung es Jayawijaya di Irian Barat," kata Toto. "Itu saja *ceritain*. Bisa kan?"

Menit pertama oke-oke saja. Saya didaulat membuka pembicaraan. Cerita ini dan itu soal gunung es Jayawijaya. Namun, saat berkisah soal malam dingin dan seramnya suasana, Kasino mulai jahil dan ditimpali kejahilan celetukan Nanu yang tidak kalah kocaknya. Khususnya saat kisah hubungan kami dengan pengangkut barang atau porter dari kampung Dani Barat yang tangguh dan kuat-kuat, serta tahan dingin, meski hanya mengenakan *holim* alias koteka dari kulit labu.

"Porter kalian pasti putra daerah Irian, kan, orang berambut keriting dan kulitnya *item* banget. Nah gue jadi ingat, pada satu kontes adu hitam, ikutlah

AMATIR YANG JADI RADIO KAMPIUN

TEMMY Lesanpura pernah menuturkan bahwa Radio Prambors yang berlogo gambar perempuan dengan rambut jabrik itu dulu tahun 1967 masih berstatus amatir atau "radio gelap". Prambors, dari kata Prambanan, Mendut, Borobudur, dan sekitarnya, memang berawal dari radio lokal warga sekitaran jalan aspal bergedung keren besar dengan lapangan olahraga sebagai ruang terbuka hijaunya yang asri dan asyik. "Matraman kedalaman kayak rumah *elo*, ya, enggak masuk Kas. Apalagi Setia Budi dan Tanah Abang II, jauh banget," ujar Temmy yang merasa anak Prambors meski rumahnya nun di Kebon Kacang yang zaman itu sudah kebanjiran.

Pendiri Prambors itu intinya Malik Sjafei, Imran Amir, Mursid Rustam, dan Bambang Wahyudi, plus dibantu anak ORARI yang namanya Itung atau Tri Tunggal. Sebagai salah satu studio anak-anak muda, Prambors berjajaran dengan Radio TU-47 di Jalan Teuku Umar atau Radio GB 88 di Jalan Cikini, atau Radio El Shinta di Jalan Blitar.

"Tahun 1970 pemerintah mengeluarkan peraturan, semua radio harus berbadan hukum, maka jadilah PT Radio Prambors Broadcasting Service. Waktu itu Mursid pertama kali menjadi direkturnya, sebelumnya Onny Tjondrokusumo dan Malik Sjafei," kisah Temmy yang perlahan-lahan menanamkan etos kerja Prambors yang "mumpung masih muda harus jujur dan kreatif", lalu menyebut diri pendengarnya dengan kata sakti: Kawula Muda, *huh*!

Prambors berkembang terus, malah mengajak kami bergabung meski rumah kami bukan di sekitaran Jalan Prambanan atau Jalan Borobudur. Untung ada Indro yang rumahnya di Jalan Borobudur. "Makanya kagak salah kalian *ngajak* Indro gabung, biar Warkop sah sebagai Warkop Prambors," kata Temmy di ujung tahun 1970-an, saat Radio Prambors sudah menjadi kampiun radio anak muda Jakarta, juga saat kami masih lengkap berawak lima personel.

orang negro, orang keling, dan orang *item* Irian. Yang negro merasa mereka paling hitam hingga darahnya pun hitam," tutur Nanu.

"Si keling bilang, waktu tangannya kena bacok, mengalirlah darahnya yang hitam, eh tulangnya ternyata *item*," tambahnya.

"Terus kawan kita dari Irian itu bilang, ayo tidur semua. Saya mau kentut nih. Lalu terdengar suara *duuut*, udara dan semua gelap karena hawa kentut-nya *iteem* banget."

Ruang studio yang mirip akuarium yang muat duduk *ngedeprok* delapan orang menjadi riuh dan makin berisik dengan komentar kisah cerita porno ala mahasiswa. Apalagi masuk telepon langsung dengan komentar, "Hei Prambors, kok gila-gilaan *nih. Terusin* lagi cerita *luk-luk* itu, entar gue *kirimin* cerita lainnya ya, bravo!"

Obrolan kami bertiga, kadang dibantu Mat Noer dan Djodi, memang memakai kosakata gaul dengan sapaan *lo-gue*. Bahan obrolan memang harus ada dan harus dicari dan disiapkan dulu. Cerita api unggun mapram, atau kisah obrolan *ngawur*, menjadi topik penghangat malam, sambil bertralala-trilili lagu-lagu khas gubahan mahasiswa yang ujung-ujungnya kocak rada cabul juga.

Di sela obrolan yang diusahakan seram lucu, kami yang saat itu masih tiga orang kadang menyelipkan lagu-lagu humor kampus di depan corong radio yang disiarkan dan makin lama kian banyak pendengarnya. "*Katakan padaku hai ayah ibu, bagaimana caranya membikin aku... lihat lihat anakku, beginilah caranya membikin kamu*," begitulah lagu anak-anak *Tukang Kayu* dipelesetkan menjadi lagu kampus "Bikin Anak" yang 21 tahun ke atas.

Namun Kasino dan Nanu berkreasi bagus dan prima. Lagu anak-anak *Balonku Ada Lima* kami nyanyikan syahdu dengan nada dan irama lagu nasional *Syukur*: (coba Anda nyanyikan dengan irama lagu nasional itu, tapi liriknya: *balonku ada lima, rupa-rupa warnanya... merah, putih, dan biru... meletus balon hijau, hatiku sangat kacau*...).

Mula-mula acara "malam Jumatan" yang belum pakai nama itu memiliki pendengar terbatas sekali. Hanya terbatas di kalangan aktivis pencinta alam Jakarta, Mapala UI, rekan mahasiswa FS dan FISIP di Rawamangun UI. Apalagi jam siaran mulai *teet* pas siaran DDB alias Dunia dalam Berita dari TVRI yang saat itu paling top di Indonesia.

DANG DANG TUT AKAR ALING ALING

SUASANA makin jelas kurang ajarnya saat penyanyi *jam session* lagu-lagu nostalgia mahasiswa 1970-an mulai panas dan melontarkan lagu setengah protes semisal lagu *Dang-dang Tut Akar Aling-aling*, sambil meneruskan kalimat "si Bambang si Tutut, bapaknya rajanya maling". Malah Kasino membuat sayembara apakah artinya singkatan "Toshiba".

Kuis dadakan ini responsnya hebat karena Pak Mamat dan Mat Ali yang penjaga malam mendadak sibuk menjadi operator telepon. "Kasino, masuk jawaban lagi, katanya tosiba itu singkatan dari nama Tomi, Sigit, Bambang. Nama siapa *tuh*," ucap Pak Mamat, lelaki pemukim Gang Klingkit di pinggiran Jalan Borobudur.

ANAK SINGKONG DAN "THE BABY BOOM"

JAKARTA, setelah menapak ke arah metropolitan dan masih dipimpin Gubernur DKI Jakarta Ali Sadikin, di tengah tahun 1970-an benar-benar lagi oke punya. Populasi ibu kota yang saat itu disindir "lebih kejam daripada ibu tiri" belum memecahkan angka 5 juta jiwa, meski sosiolog dan pakar demografi sudah meramalkan penyakit gejala "urbanisasi" bakalan makin gawat dan bikin susah pengurusnya.

Dono yang sudah asisten dosen sosiologi di FISIP UI menganggap pengamatan tidaklah salah, sebab di Lapangan Pancasila yang di depan studio, setiap hari makin bertambah anak-anak kecil yang main sepak bola, layangan, atau sekadar *uber-uberan* dan berisik meski lucu-lucu.

"Mereka itu anak-anak singkong, anak yang lahir karena suburnya sang orangtua. Jadi dibuat tanpa *ngikutin* program Keluarga Berencana. Pokoknya, sekali tancap jadi. Kayak *nanem* pohon singkong, asal tancap lalu jadi anak singkong. Di dunia, gejala anak singkong juga terjadi di tahun 1950-an, saat penduduk dunia tenang dan tidak ada perang dunia lagi. Beberapa negara yang tadinya hidup tertekan tiba-tiba perempuannya bunting *rame-rame*, lahirlah anak-anak yang disebut generasi *baby boom*," kata Dono, tentu sambil meleluconkan juga kegagalan instruksi petugas KB hingga lahirlah *casava boys* alias anak singkong tanpa aturan KB. "Petugas itu memperagakan pakai kondom, sambil memasukkan kondom kempes ke telunjuknya. Ya sudah, lelaki pada pasang kondom di jari telunjuk tangannya, bukan di batang telunjuk yang di sela pahanya."

"Jam segitu yang kosong, kalian isi setelah acara *Rest and Relax*. Kalau acaranya bagus, pendengar juga rela *lewatin* siaran warta berita dunia tivi," ujar Temmy dan Mohammad Noer yang suka memantau siaran malam Jumatan itu. "Ingat ya, kalian mahasiswa yang biasa *ngisi* acara di alam terbuka, juga bawakan lagu-lagu kampus sambil cerita lucu-lucuan. Itu saja dipelihara, tapi pakai persiapan."

Sambil berjalan kaki santai dari Asrama Mahasiswa UI di PGT atau Jalan Pegangsaan Timur menuju Studio Radio Prambors di Jalan Borobudur, pikiran pun melayang dan melamunkan bahan obrolan apa lagi yang akan saya sodorkan buat Kasino dan Nanu, agar kedua sohib itu segera mengocok dan mengolahnya menjadi bahan obrolan penuh canda segar. Dengan begitu, pendengar Radio Prambors makin kepincut dan ketagihan mengikuti siaran mingguan setiap malam Jumat, lalu merespons dalam bentuk kiriman kartu pos atau telepon langsung.

Kasino dan Nanu sudah *stenbai*, berdiri santai di depan studio yang mirip ruang etalase studio radio yang remang-remang sinar lampunya. Di dalam studio sudah hadir Toto. Juga kelihatan Temmy Lesanpura dan Mat Noer yang sedang *ngatur-ngatur* tumpukan piringan hitam. Temmy, yang pendiri dan tokoh senior Radio Prambors sejak zaman antena galah bambu, juga tokoh senior yang senang mengembangkan program siaran radio sosial niaga, setelah era radio amatir di zaman awal Orde Baru.

Sebagai "karyawan" Prambors, Temmy yang anak Jalan Kebon Kacang yang gang berapa puluh itu mengajak kami ngobrol sambil tukar pikiran, ya kasih arahan begitulah, agar materi siaran kami bertiga itu agak jelas juntrungannya. "Ente cari fokusnya, sebaiknya kembangkan dari gaya hura-hura dan bercanda sampai basi kalian di acara api unggun kelompok kemping, menjadi pembicaraan lucu-lucu dengan materi bercanda otak. Ya, bercanda otak. Ingat ya. Kalian bukan bercanda otot. Kalian ini siaran di studio di depan corong mikrofon, jadi hanya didengar suara omongannya saja, biarkan pendengar berimajinasi," begitu ucap Temmy yang mesti diakui sebagai peletak dasar bercanda otak, bergurau khas mahasiswa Jakarta di awal 1970-an.

"Cerita seram, cerita setan, oke-oke saja. Tapi ingat lho, bahan harus selalu segar dan seram, juga selalu ada stok. Kecuali kalau kalian bisa siaran bareng setan dan hantu *blau*-nya sekalian, ha-ha-ha itu betul-betul lucu *be-eng*," begitu ulas Temmy yang kami ejek masuk FE UI seangkatan atau satu *lichting* dengan Rektor UI Soemantri Brodjonegoro.

Sebaliknya Toto yang teman kuliahnya Nanu dan Kasino di FISIP UI, kebetulan sudah *ngetem* duluan di Prambors, juga sudah dikenal dengan acara andalannya *Rest & Relax*, serta Djodi Wuryantoro yang anak Psikologi UI dan pawangnya acara *Kasus* yang sok *ngegurui* soal perilaku bercinta anak-anak muda di depan corong radio, ikutan rembukan dan memberi saran agar tim tiga penyiar "obrolan malem Jumatan" itu cari pola, temukan ciri khas yang menarik. "Bisa kan," tegas Djodi almarhum.

"Gue ingat waktu kalian isi acara di Perkampungan UI di Cibubur pada bulan September kemarin," ucap Djodi. "Kasino sukses menyanyikan lagu pop dangdut yang bercanda *abis* soal lagu nasib orang di bui yang masuk sehat berdaging pulang tinggal tulang, atau Nanu dengan suara serak dan kocokan gitarnya bawakan lagu *Hello Dolly niru* suara Louis Amstrong. Atau Nanu dan Kasino duet dengan lagu *Tirtonadi* rada-rada porno, itu kan ciri kalian. Itu saja yang *diterusin*, bisa kan Dil?"

Alhasil, siaran malam Jumat dengan *jam session* Temmy, Mat Noer, Toto, dan Djodi yang entah kapan tanggalnya di tahun 1973 itu menjadi semakin meriah dan penuh ha-ha he-he dan *jrang-jreng-jrong*. Lagu-lagu miring masa perpeloncoan diperdengarkan lagi, misalnya lagu *Ayo Serbu dengan Pistol Banyu* dinyanyikan khusyuk. Atau lagu hura-hura penuh gerak bibir-bibir setengah monyong, meniru-niru suara kenes genit penyanyi S. Warno yang terdengar mengucapkan kemayu kalimat: *"sapyu tangankyu vharna merah jambyuu"*.

Bercanda Otak dan Gurauan Politik

"Bercanda otak" menjadi kata sakti gara-gara pertemuan dengan Temmy. Nanu dan Kasino juga setuju. "Makanya gue nitip supaya ente bawa bahan contekan pe-er Pak Jimi. Katanya kumpulan cerita folklor itu yahud, apalagi yang namanya faklor, bukan folklor, he-he," ujar Nanu yang senang rambut-nya bergerai menutupi jidat, apalagi kalau bibir dowernya disama-samakan dengan bibirnya Mick Jagger yang *stone* itu. "Jangan bilang gue suka *giting* juga ya."

Giting alias "tinggi", atau zaman sekarang *teler*, sejak awal 1970-an sudah menjadi momok buat *tin-ejer* zaman itu. Maklumlah, Jakarta sejak awal Orde

WARKOP MEDAN ATAU WARTEG?

MENGUSUT asal-muasal nama warung kopi, banyak tafsiran dari usulan ini dan itu. Temmy dan saya yang "dituakan" memang sering jumpa dan tukar ide sambil berangan-angan. Kebetulan saya tahun 1972 pernah lama di Medan untuk suatu penelitian sosial. Di kota niaga itu, saya memiliki pengalaman menarik kalau duduk-duduk di warung kopi. Banyak lelaki di sana datang ke warung dan pesan secangkir kopi, lalu duduk-duduk lama dan berdiskusi adu pikiran macam anggota DPRD.

Kebetulan juga di muka rumah di Jalan Tanah Abang II ada warung tegal atau warteg, sekaligus juga warung kopi dan tempat kumpulnya segala lelaki yang mau *ngaso* dan santai, sambil ngobrol apa saja termasuk negara Orde Baru RI. "Warung kopi yang kayak di Medan atau warteg di Tanah Abang mungkin cocok ya, Tem, sebagai tempat lelaki ngobrol bebas dan melepaskan gagasan dan pandangannya, soal kehidupan diri dan lingkungannya, juga soal bangsa dan negaranya dengan versi porsi otak rakyat kecil. *Gimana* menurut *lo*?" Begitu kira-kira saya bertanya.

Waktu pun berjalan, sementara Radio Prambors dengan logo cewek rambut kribo makin menapak maju dengan acara-acara *ngetop*-nya: Donna Donna, Kasus, Rest and Relax, Take and Give, dan nama rubrikasi keren-keren dan khas tahun 70-an, kini tambah satu mata acara lagi dan saat itu terkesan main-main rada kampungan yang ngobrol-ngobrol di malam Jumatan: Warung Kopi Prambors atau Warkop Prambors. Acara yang tadinya berisi cerita pencinta alam dan setan-setanan menjadi acara obrolan warung kopi yang berbau politik konyol, penuh humor lelucon mahasiswa dan kisah folklor yang bercanda otak.

"DEEP PURPLE BANGLADESH'S" LAGUNYA WARKOP

***OPENING** tune* atau lagu pembuka acara Warung Kopi muncul saat kami sudah empat personel alias sudah "delapan biji", begitu istilah Kasino yang hobinya kreatif *nyeletuk* tapi selalu miring. Mungkin jasa baik Muhammad Noer atau Dana Sumirat atau Bhatara atau Amir Nasution, atau siapa lagi, pokoknya dari teman-teman penyiar dan pengisi acara di Radio Prambors suatu hari menyodorkan piringan hitam dari album grup Bangladesh.

"Piringan ini belum pernah diputar untuk pendengar, tapi lagunya ente dengar deh, asyik berat dan enak punya. Gua setuju jadi *opening tune* Warkop," ujar Temmy yang selalu menjadi penengah. "Dengar dulu ya."

Lamat-lamat terdengar intro lagu yang awalnya terkesan modern, juga amat Deep Purple. *"Dudheng dudheng dhung... uh-uh-uuh... dudheng dudheng dhung... uh-uh-uuuh... duduk di warung kopi/dengar lagu irama India asli..."* Wah, mirip-mirip intronya lagu *Child in Time* dari Deep Purple.

Buat teman-teman Grup OM Bangladesh's pimpinan Utjok Surodipuro, kami tidak pernah berjumpa dan bersilaturahmi dengan Anda-anda. Lagu *opening tune* itu sungguh menjadi lagu pembukaan Warkop selama sekian tahun. Juga lagu kebanggaan kami se-Warkop Prambors, karena lagu gubahan dan sajian Anda itu konon menjadi satu-satunya lagu irama dangdut yang pernah diputar dalam siaran Radio Prambors, selama tahun 1975 sampai sekitar 1980-an. Trims bro, *dudheng dudheng dhung uh-uh-uuuh*!

Baru tiba-tiba merasakan nikmatnya "zaman reformasi" dari masa Orde Lama. Kaum muda-mudi betul-betul meresapi enak dan laknat masa keterbukaan itu. *Cimeng* atau ganja alias *gelek* di zaman itu menjadi pendongkrak status sosial "anak gaul", juga di atasnya ada morfin yang digilai kaum *sarpinis*, atau malah *setokun* alias *stones* karena Mick Jagger ditahan karena ketahuan suka *setokun*. Tidak terkecuali beberapa anak-anak UI, termasuk beberapa teman dekat kami juga.

Memang dalam siaran di dalam ruangan kedap suara, selain mengobrol soal ini-itu yang syukur-syukur lucu dan memancing ketawa-ketiwi, kadang kala juga berisikan petuah sok tahu dan juga salah kaprah, ya ujung-ujungnya ha-ha hi-hi juga.

Sementara itu, remaja dan "kawula muda" Jakarta yang sudah terbebas dari pepatah petitih larangan orangtuanya boleh dikata sejak tahun itu sudah membentuk "dugem" versi 1970-an. Setelah sekian lama terkungkung di zaman Orde Lama yang serba melarang musik *ngak-ngik-ngok*, termasuk juga menjiplak dan meniru-niru seni musik Amerika Serikat dan Inggris, yang menurut istilah Bung Karno: "Amerika Kita Setrika, Inggris Kita Linggis", beberapa hotel mulai mengenalkan diskotek, seperti Guwa Rama di Hotel Indonesia, atau Tanamur di Tanah Abang Timur, Mini Disco, lalu merembet dan menyusul ke hotel besar lainnya.

"LAHIRNYA" UBAI SI INDROJOYO KUSUMONEGORO

FORMASI Warkop Prambors yang mulai mendapat gaji borongan Rp2.500 untuk empat personel akhirnya lengkap saat anak tetangga dekat studio Prambors, Indrojoyo Kusumonegoro yang mahasiswa Universitas Pancasila, kami rekrut menjadi keponakan Bang Holil yang bernama Buhori alias Ubai yang baru datang dari Purbalingga—datang ke Jakarta mau kursus kilat ketik surat. Tentu saja Ubai menjadi sasaran omelan Acing dan Tulloh yang dipanggil "abang".

Ubai piawai memainkan aneka instrumen, terutama suling selain gitar. Sebagai Indro yang berbakti kepada keluarga, si Joy ini suka dinas menjadi pengantar jasa layanan perusahaan katering sang ibunda. "*Abis* siaran kita *kemek* dulu ya. Ada berkat dari menu kelebihan katering *nyokap* tadi malam," kata Indro membujuk kami ikut menyantap malam.

Saat itu kami sudah siaran memakai "bahasa prokem" yang *makan* menjadi *kemek*, *duit* menjadi *dokat*, *pulang* menjadi *poskul*, *bini* menjadi *bokin*, *kawin* atau *weke*, *pacaran* atau *cepere*, *perawan* jadi *perokaw*, *sekolah* menjadi *sekokul*, *tidur* atau *gintur*, *jalan-jalan* atau *lojing-lojing*, *berak* menjadi *boker*, *kerja* atau *joker*, *dia* alias *doi*, gua menjadi *ogut*, *tetek* jadi *toket*, dan sebagainya, *ngetrokit* kan (*ngerti* kan), atau *gara tokau* alias kagak tahu, huh!

Bahkan pada pertengahan 1970-an, kelompok musik The Bee Gees yang anak Australia tapi *ngetop* di Amrik sempat mampir dan main di Gelora Senayan. Begitu juga Deep Purple mampir dan bernyanyi *ngak-ngik-ngok* juga, termasuk Suzie Quatro yang cewek cantik pandai goyang-goyang nyanyi merdu sambil petik-petik gitar. Band dan penyanyi asing menjadi tren hiburan, khususnya setelah warga mengenal acara *New Year's Eve* atau malam pesta pora *Old and New*. Tapi jangan kaget dan pandang sebelah mata, sebab di masa-masa itu di Taman Ismail Marzuki juga mampir maestro sitar Ravi Shankar dari India yang guru sitarnya The Beatles.

Pokoknya kami berusaha menjadi corong penyebar isu-isu dan gosip-gosip mutakhir yang terjadi di kalangan anak-anak muda. Termasuk juga kata-kata dan celetukan yang temporer, misalnya *indehoy asoy* sampai *manyala*, *maleleh bob*, *ahik*, mana tahan, *bohai,* termasuk juga *cenggur*.

Namun, sejak jadi penyiar malam Jumatan, kami makin siaga dan senang mengumpulkan kisah konyol-kocak dan cerita *gergeran* yang menyangkut situasi dan tokoh negara dan pemerintahan. "Asal jangan singgung langsung nama Gubernur DKI Jakarta Ali Sadikin atau nama jelas Pangkopkamtib Laksamana Soedomo. Bos-bos itu kan rumahnya di sebelah dan di seberang studio. Mereka sih baik-baik, tapi pengawalnya kan memiliki konsep sopan santun yang berbeda dengan *kite-kite*," begitu Djodi yang mengaku pernah menyaksikan rekannya disuruh jongkok bangun dan *push-up* sama pengawal rumah jenderal karena bikin gaduh di saat jam istirahat.

Sambil mengisi terus acara malem Jumatan, sekitar tahun 1974 kami namakan wadah obrolan khas mahasiswa di Radio Prambors dengan nama Warung Kopi atau Warkop atau beken dengan nama Warkop Prambors. Kelompok ini makin dikenal di kalangan mahasiswa gaul di Rawamangun, juga di kalangan kelompok pencinta alam kampus. Juga Kasino dan Nanu yang merasa dirinya *forever boys,* senang sekali kalau diminta *ngurusin* anak-anak OSIS yang organisasi siswa intra sekolah. *Bayangin,* Kasino yang dipanggil Kakas alias Kak Kas, kalau bercanda kagak kenal umur sama-sama anak OSIS. Kas, mereka kan *yesterday afternoon boys*, anak-anak kemarin sore, begitu tegur canda kami yang iri.

Malah tahun 1975 kami menjadi panitia pelaksana Pelatihan Nasional Lingkungan Hidup bagi Pemuda Indonesia di Puncak Pass Hotel di sekitar awal Juni 1975 yang diketuai Arianto Gabuk yang aktif di Warkop Prambors,

Dok. Indro Warkop

Pergelaran "Warkop Keliling Dunia" di Australia.

bagian doa restu dan organisasi. Selama empat harian, kami bertiga mendapat tenaga bantuan seorang mahasiswa sosiologi FISIP UI, Wahjoe Sardono atau Dono. Selama di Puncak itu, Dono menjadi salah seorang redaktur yang membuat buletin harian pelatihan *Ekologia* dengan Pemred Arianto Gabuk dan dibeking Menteri KLH Emil Salim.

Kalau malam hari, kami mengisi panggung kecil resto sambil melagukan senandung pengiring makan malam. Aplaus peserta menjadi rangsangan untuk Nanu dan Kasino beraksi, malah dibantu Dono dan Djodi. Mereka membuat blues Jawa dengan lantunan *"ee dhayohe teko, ee gelarno kloso... ee asuse mati, ee buangen ing kali"*. Liukan dan rintihan gaya penyanyi blues di ruang bar besar di *nite club*, dibawakan duet Nanu-Kasino yang sudah kendor urat rasa malunya.

CERITA BASI YANG LARIS

HADIRIN memang sumber inspirasi Warkop *ngocol abis* di panggung. Meski kisah dan lelucon itu terus terang sudah basi, hadirin kadang minta dengan teriakan atau celetukannya. "Cerita dwitunggal dan jenderal brewokan di zaman revolusi dong," misalnya permintaan teriakan itu.

Kasino kontan menyambar dengan pura-pura komat-kamit dan meminta maaf. "Di zaman babe-babe kita perang di zaman revolusi fisik, atau di zaman Belanda balik dan mau menduduki Indonesia lagi, ada seorang bapak pahlawan revolusi yang sedang sekarat. Dia meminta banget mau melihat foto Dwitunggal Kemerdekaan Indonesia. Apa daya, penjagaan Belanda di mana-mana. Akhirnya tampil seorang juru rawat muda dan cantik. Wanita ini melewati penjagaan dan masuk ke garis perlawanan pejuang."

"Wanita pejuang yang berseragam juru rawat mendatangi pejuang yang *ngotot* minta melihat foto Dwitunggal. Juru rawat itu cepat-cepat mengangkat roknya, lalu memperlihatkan foto Dwitunggal yang ditempelkan di paha kiri dan paha kanannya. Pejuang itu tersenyum dan berkata, 'Terima kasih, aku sudah jelas melihat foto Dwitunggal kita, tapi aku lebih tertarik dengan gambar di tengah. Itu gambar orang yang jenggot dan kumis tebal, itu jenderal siapa namanya?' Tahu *gak*, rupanya sang suster *gara kape celokan dokal* alias kagak *pake* celana dalam," tutup Kasino.

Bujukan dan rayuan setengah ancaman dibantu Anto Gabuk akhirnya membuat Dono takluk dan mau hadir suatu malam Jumat di Prambors. Acara yang nyaris rutin setiap Kamis malam, kecuali kami ada ujian atau ke luar kota mendaki gunung, menjadi arena kami berkumpul dan bersenda-gurau kreatif. Saat itu kami sudah menjadi keluarga kecil Warung Kopi yang selalu dijaga Bang Holil sang pemilik (menjiplak nama Bang Holil asli—pemilik Warteg Tanah Abang II), serta ditemani kedua putranya yang selalu cekcok, Acing dan Tullo, yang fasih bahasa Betawi gaya Rawamangun.

Kata Acing kami sepakatkan menjadi nama panggilan buat Kasino kalau menjadi anak Bang Holil. Acing asalnya Nasir yang menjadi nama panggilan berdialek Betawi. Begitu juga Tullo alias Dulloh, dari Abdullah yang dimiringkan menjadi Tulloh yang Nanu. Malah di warung itu suka hadir Tagor (Nanu) yang kernet bus angkutan, serta Koh Acong (Kasino) yang tetangga warung. Lalu hadirlah Mas Bei (Kasino) yang sok tahu dan ceriwis, sambil mengenalkan kawan barunya dari Solo, Mas Slamet (Dono), yang senang berfalsafah dengan bertele-tele, tapi salah kaprah melulu.

Untuk memeriahkan suasana, kadang kala juga suka hadir Mister Jems yang turis bule, serta Tukinah yang waria (Nanu), tapi pandai bernyanyi dan khususnya lagu *Terajana* yang dangdut bergendang kulit lembu, karangan Om Ir alias Oma Irama. Atau lagu favorit S. Warno yang "Sapyu Tangan Merah Jambyu", serta lagu pasangan

Onny Suryono dan Tuti Subardjo yang bersapa-sapaan mesra, *Halo Siapa Itu*. Namun, Kasino dengan senyum lebar selalu memenuhi permintaan pesanan lagu via telepon: *Hidup di Bui* dan *Tirtonadi Mas Bei*.

Ngetop dan Manggungnya Warkobless!

Formasi berlima bikin kami gampang mengatur waktu. Sebab, undangan tampil atau manggung Warkop Prambors untuk mengisi acara ini dan itu makin menderas masuk. Saya, Kasino, dan Dono mulai kepepet mengatur waktu karena fakultas sudah menekan *deadline* atau batas waktu penyelesaian skripsi. Namun, sebagai pengisi acara, ya, oke-oke saja. Apalagi kalau yang mengundang itu lembaga pendidikan yang banyak ceweknya. Bisa dibayangkan kalau kawanan Warkop Prambors yang beken karena cerita humor mahasiswanya, serta berani menyanyikan lagu-lagu konyol yang belakangan disebut lagu parodi.

Kasino mempertontonkan kebolehannya meniru lagu Mandarin yang mirip sekali hingga banyak orang menduga Kasino itu lulusan Jurusan Sinologi alias Jurusan Sastra Cina. Bakat musikalnya dimanfaatkan maksimal untuk mendengarkan kaset lagu Mandarin populer, misalnya lagu *Wo Ai Ni Ichien Pay* yang menjadi gacoannya tampil di atas panggung. "*Cepek* seratus, *empek-empek* pada mampus, *haya kamsiah-kamsiah*," begitu celetuk Kasino sambil soja kiri soja kanan menerima aplaus dan tepuk tangan hadirin.

Makin edan lagi saat Nanu menggaruk senar gitarnya, lalu ditimpali Kasino membawakan lagu kondang The Beatles, *Come Together*, tapi versi Kasino Lennon dengan bahasa Mandarin karangan Sinshe Kasino Hadiwibowo doang yang paham.

Dono dan Nanu tidak mau kalah. Mereka pun pandai memilih materi banyolan untuk kalangan eksekutif, baik yang bernada politis maupun rada pornografis. Lelucon *ethnic slur* atau mencemooh suku bangsa menjadi andalannya. Kisah soal Batak yang penting *ngotot* meski salah, Jawa yang melempem tapi *mimpin*, Sunda yang berani tekor asal sohor, Manado menang aksi meski kalah nasi, atau Padang yang jual kamper selama-lamanya. "Jangan tersinggung, itulah stereotip yang diakui ilmiah secara folklorik," kilah Dono yang pandai berkilah akademik—maklumlah dia itu sempat jadi asistennya Prof. Dr. Selo Soemardjan.

"Satu nusa, satu bangsa, satu bahasa Jawa... tanah Jawa, Jawa punya, orang Sunda menyewa...," begitu lantunan Dono soal pelesetan lagu *Satu Nusa Satu Bangsa*, tentu dalam konteks folklor dan bukan ada niatan menghina, apalagi mengecilkan sesuatu golongan atau kelompok. Juga etnis Cina dan etnis Arab menjadi bahan olok-olokan Warkop, tentu dalam konteks kenyataan sosial budaya yang ada dalam masyarakat.

Nanu pun dengan dialeknya mengisahkan kondektur bus Lapangan Banteng–Blok M. Lalu ada pendatang baru dari Medan yang takjub ketika mendengar ucapan "Senen", lalu turunlah anak muda. Kemudian dia mendengar juga ucapan Salemba, lalu turun seorang bapak tua. Juga ketika lewat di muka RSCM, tiba-tiba mendengar teriakan Cipto, bus pun berhenti. Dilanjutkan lagi dengan teriakan Diponegoro, lalu orang bersorban pun turun. Lewat tikungan Jalan Setia Budi, dia mendengar kata keras Setia Budi. Persis beberapa belas meter menjelang Karet, pemuda Batak itu teriak keras-keras, "Sihombing... pinggir." Bus jalan terus ke Blok M. "*Matek mahita, maap lae*," ujar Nanu.

Ubai pun ikutan *nyumbang* cerita soal Batak, kisah si Ucok yang calo bus Lapangan Banteng. Sekali waktu Ucok berkelahi karena rebutan penumpang. Si Ucok itu tertusuk pisau di lambungnya dan dibawa ke RSCM. Semua panik, tak terkecuali ortunya Ucok. Bapaknya Ucok menegur anaknya yang sekarat, "Ucok, *mangucaplah*. Ucok, *mangucap*," kisah Ubai alias Indro yang masih keren dengan rambut rada ikal dan berbodi *strimlain*. "Ucok membuka mata, lalu dengan lirih menyahut, Garogoool... lalu *mate ho*."

Atau Ubai yang Indro dengan dialek kental Purbalingga menuturkan soal "Ada ibu-ibu lari dikejar tikus, tikus pun lari dikejar anjing, eh anjing *ngibrit* dikejar Ucok, tapi si Ucok *halak hita* itu pun lari dikejar

RAMALAN CUACA DAN ANGIN VERSI WARKOP

RAMALAN cuaca untuk Jakarta hari ini, cuaca akan mendung disertai sedikit hujan gerimis dan tumpahan air berupa titik-titik, misalnya Titiek Sandora, Titik Qadarsih, Titik Puspa. Adapun angin variabel akan bertiup sesuai musim dan kondisi sekitarnya. Angin akan berembus sepoi-sepoi basah kalau di taman ada orang pacaran, tapi angin akan bertiup kencang sekali kalau banyak orang main layangan. Namun angin hanya berani bertiup tidak lebih dari 5 kilometer per jam kalau lewat Kompleks ABRI.

polisi, celakanya polisi pun lari saat dikejar anggota pasukan Opstib...," begitu tutup Indro yang anggota paling muda dan rambutnya masih kompak, belum pupus dan botak.

Kadangkala lelucon itu sudah sangat umum, tapi penonton dan pendengar selalu terkial dan tertawa, juga bereaksi tepuk tangan. "*Kamsiah, kamsiah*," ujar Kasino sambil manggut-manggut, meneruskan cerita penutupnya soal kekinya seorang pemuda Sunda terhadap pemilik toko Cina. Dia heran, setiap habis belanja, Cina pemilik toko selalu bilang *kamsiah, ya, kamsiah*. Pemuda ini merasa aneh, lalu bertanya arti kata *kamsiah* itu. Temannya bilang, "Wah *lo* dibilang haram jadah tuh. Itu kan bahasa makian kasar orang Cina."

"Besok anak Sunda kampungan itu datang ke toko dan beli barang, lalu sebelum disebut *kamsiah*, dia duluan berkata keras ke Cina pemilik toko itu, '*Elo*, bini *elo*, anak *elo*, bapak *elo*, emak *elo*, aki *elo*, nini *elo*, keponakan *elo*, encang dan encing semuanya... *kamsiah sadayana*, ya terima kasih semua'."

Untuk melengkapi *gergeran* itu, Indro tidak sungkan berdiri dengan gaya Jawa sopan, yaitu melipat kedua telapak tangannya, lalu menurunkan sampai sejengkal di bawah pusar, persis di depan selangkangan. "Ini

CAP KEPALAN, CAP DUIT, DAN CAP KEDOK

SETELAH Dono bergabung dengan Warkop Prambors, grup mahasiswa Rawamangun ini makin dikenal sebagai pengisi acara "malam pengadilan" di beberapa fakultas se-UI. Cerita lucu-lucuan khas Warkop makin mencandu mahasiswa UI baru dan lama, ataupun yang sudah *drop out* juga.

Salah satu peninggalan Warkop menjadi merek paten beberapa fakultas. Misalnya rekan-rekan aktivis mahasiswa Fakultas Ekonomi UI senang dan bangga dikatai atau diejek dengan julukan "mahasiswa cap duit", mahasiswa FH UI dinamai "anak-anak cap timbangan", atau mahasiswa FT UI menjadi "anak-anak cap obeng", atau mahasiswa FS UI menjadi "anak-anak cap arca".

Celaka bagi rekan-rekan dari Fakultas Psikologi, yang mempunyai maskot alfabet "psy" yang sekilas mirip bentuk garpu tiga mata. Jadilah "anak-anak cap garpu" untuk menyebut mahasiswa FPsi UI. Sedangkan untuk menyebut diri sendiri, Nanu, Kasino, dan Dono tidak malu-malu menamakan diri mereka "anak-anak cap kepalan", ya kepalan tangan, karena beberapa mahasiswa FISIP UI terkenal suka berkelahi atau main kepalan tangan.

"Anak-anak FK UI jangan sok tahu lu. Mereka, kan, mahasiswa kedokteran ya, kenapa disebut kedokteran, karena kalau praktik atau *nyunatin* orang atau *motong* kutil, mereka itu pakai kedok, ya jadilah kedokteran," kata Kasino yang nantinya menjadi menantu seorang dokter spesialis kenamaan. "Lu enggak percaya, tanya Pak Mahar Mardjono tuh. Beliau, kan, Rektor UI dan dokter beken UI. Kalau praktik, kan, pakai kedok ya Pak Mahar? He-he, anak-anak kedokteran, kalian, kan, suka pada *pake* kedok, iya kan?"

Dok. Indro Warkop

Dari atas ke bawah: Indro, Nanu, Dono, Rudy Badil, dan Kasino.

sikap sopan Mas Slamet di kampungnya, sikap *ngapurancang* yang mirip menutupi burungnya. Ya itu gara-gara falsafah kuno Jawa: daripada lima ekor burung di pohon, lebih baik satu ekor di tangan, sip kan," kata Indro dengan gaya *ngapurancang* yang mirip *nutup* auratnya, tapi dengan dialek medok *ngapak* Purbalinggaan.

Undangan demi undangan, kalau waktunya cocok, Warkop berusaha hadir lengkap. Modal gitar dan meminta disediakan pengeras suara, kami meladeni undangan kelompok pencinta alam yang berani enggak berani—maksudnya "berani undang tapi enggak berani bayar".

"Kita sambil *ngetes* dan belajar menguasai suasana, juga melatih diri membina hubungan dengan audiens," ujar Dono mengaku tidak berbakat dan kurang mampu bernyanyi dan bermusik, kecuali menabuh bongo dan ketipung, atau menggebuk drum sekenanya, niru-niru Jelly Tobing saat

Warkop di panggung Convention Hall, menjadi impersonator anggota God Bless yang menjadi Warkobless. Ya, Warkobless, beres!

Lelucon, nyanyian, dan obrolan intim menjadi kunci pasnya Warkop untuk mengomunikasikan pesan konyolnya, yang ternyata *ngeklik* dengan selera dan kebutuhan audiens saat itu. Juga persiapan sebelum manggung, menjadi kewajiban setiap mau hadir ke suatu undangan yang dibayar. Ya, Warkop Prambors sudah profesional, sudah mengenal honorarium ribu-ribuan rupiah. Kehadiran grup anak-anak radio ini pun menjadi omongan sesama pelelucon atau pelawak yang saat itu sudah eksis dan ada komunitas penggemarnya.

Kelompok pelawak senior angkatan 1950-an, Trio Los Gilos (Bing Slamet, Cepot, Udel) masih melegenda sampai tahun 1970-an. Lalu muncul lagi sang legendaris Bing Slamet, kadang barengan Eddy Sud, Ateng, Iskak, Bagyo, juga Mang Udel yang pandai berukulele. Dari Bandung ada Us-Us, Kang Ibing, Rudy Djamil dan kawan-kawan. Juga ada kelompok Reog BKAK yang pelawak polisi. Juga sudah bermunculan pelawak-pelawak muda Jakarta, termasuk juga pelawak kampus dari Malang, Kwartet S. Di Jakarta pun hadir Pelita, Tomtam, Ogut Cs, sebelum kelompok besar Srimulat berurbanisasi masuk Jakarta dengan bom Tarzan, Basuki, Gepeng, Asmuni, Kadir, *ensofor*.

Namun, sebagai kelompok pelelucon, Warkop Prambors identik dengan pehumor atau pelelucon atau komedian kampus andalan Prambors dan UI. Hari penuh hoki pun tiba ketika Radio Prambors mengusulkan agar Dono, Kasino, Indro, dan Nanu membantu acara Tahun Baru 1 Januari 1977, mengisi acara bareng rekan Prambors lainnya dalam acara "Terminal Tempat Anak Muda Mangkal"—arahan Mus Mualim.

Stok kisah folklorik dibawakan rekan-rekan lagi, tapi khalayaknya bukan pendengar radio, tapi untuk dipirsa alias ditonton jutaan pemirsa layar televisi se-Indonesia dalam siaran TVRI yang nasional, meski warnanya masih hitam putih buram-buram. Rekan-rekan ini membawakan soal ramalan cuaca ala Warkop, di mana angin bertiup lemah lembut tidak berani lewat batas "5 KM" di kompleks ABRI.

Kumpulan kisah humor dan lelucon Warkop, hasil kumpulan dari pergaulan kami selama siaran sekian tahun, memang modal buat otak hingga mampu jualan bahan "dagangan" laris manis. Rebutan dan bagi-bagi hasil dari gaji standar di Radio Prambors sudah lewat masanya, sebab undangan

KAGUMI "LAND ROVER B-8" JABOTABEK

KALAU diingat-ingat, jadi Angkatan 1966 memang terkenal dan hebat-hebat, apalagi kalau kepilih menjadi anggota legislatif atau staf inti lembaga pemerintah. Namun, kalau kita lakoni kenyataan hidupnya, justru Angkatan 1970-an itu lebih seru, lebih bermutu, dan lebih *ca'ileh*.

Jakarta terus bergeliat, terutama di masa pemerintahan Daerah Chusus Istimewa Djakarta zaman Bang Ali menjadi Gubernur DCI (1966-1977). Apalagi setelah Orde Lama digantikan Orde Baru, ibu kota ini tiba-tiba mengalami banyak perubahan infrastruktur dan fasilitas umum dan fasilitas sosialnya.

Jakarta menjadi kota metropolitan meski pelajar dan mahasiswanya pernah "macet" kepribadiannya gara-gara instruksi memberlakukan "ejaan baru yang disempurnakan" alias ejaan baru, serta menghentikan pemakaian "edjaan jang belum disempurnakan" atau "edjaan lama".

Jakarta Raya yang tadinya Djakarta Raja memang mulai indah dan menapak menjadi kota metropolitan dengan Hotel Indonesia yang menyala terang, di zaman Jakarta giliran *byarpet* listrik: "Ah, hotel itu hebat kali macam radio, dia juga transistor rupanya," begitu celoteh Nanu dengan logat Tagor-nya.

Perihal banyak gedung sekolah baru dari SD sampai SLA, juga puskesmas, banyak jembatan penyeberangan, ini pun menjadi bahan leluconnya Ubai yang protes soal betapa bodohnya orang Jakarta bikin jembatan tinggi, padahal di kolongnya enggak ada sungai.

Sebagai tetangga yang baik, kami penyiar radio *bebodoran* menghormati Bang Ali yang rumahnya di sebelah kiri. "Sayang, Bang Ali itu kurang gaul. Beliau enggak pernah *minjemin* mobil *dines* Land Rover abu-abu yang nomor B-8 *tuh*," begitu ujar Dono yang selalu kritis sejak awal.

Malah waktu menjelang pemilihan gubernur baru tahun 1977, Warkop diam-diam bergerilya dengan kisah sosiologis dari konsep pemekaran Jakarta-Bogor-Tangerang-Bekasi alias Jabotabek. Tapi Indro protes dan bilang, "Gara-gara Mas Dono yang sok kritis, Jabotabek itu jadinya Jawa Bodoh tapi Beken."

ngisi acara, maksudnya main-main dan hura-hura berlelucon ria, menjadi pengisi waktu produktif bagi kami yang di-KTP tertulis status pekerjaan: mahasiswa.

Kami berlima kemudian sering berbagi tugas, misalnya bergiliran mengisi acara atau memenuhi undangan. Kesibukan mulai membatasi jam gaul hura-hura ke kampus dan acara muda-muda Jakarta. Beberapa kampus non-UI menjadi langganan Warkop Prambors *ngamen*, mungkin di akhir tahun 1970-an itu alternatif hiburan masih belum terlalu banyak. Juga tempat *nongkrong* seperti *coffee shop* macam sekarang ini belum bertebaran banyak.

Saya sejak 1976 sibuk *ngurusin* skripsi yang belum kelar-kelar, dan kabarnya Dono dan Kasino juga mulai repot-repot bikin *outline* skripsinya. Sementara itu undangan makin banyak, nama Warkop Prambors makin terkenal sebagai pelelucon dan pembawa cerita lucu folklorik, juga lelucon porno tapi agak "persitasan" alias kampusan. Obrolan senda-gurau dan main-main ini memang bukan main hasilnya, menjadi materi dan terus terang bisa dikomersialkan. Wah, pokoknya *kamsiah deh*.

Terus terang sejak peristiwa kelabu Malapetaka 15 Januari atau Malari 74, Warkop yang masih tiga orang (beberapa bulan kemudian Dono bergabung dan menyusul Indro), kami rada hati-hati juga mengobral cerita. Temmy, yang selalu memonitor acara tetap setiap pukul 21.00–23.00 Kamis malam menjelang malam seram Jumatan itu, bahkan sering mampir dan mengajak ngobrol dan tukar pikiran soal pengembangan acara Warkop selain siaran di ruang studio kecil.

Berita dan isu soal kota Jakarta menjadi sasaran obrolan Warkop yang makin meluas masyarakat penggemarnya. Salah satu yang menjadi sorotan, saat kami membahas soal "banjir kiriman" dari Bogor. Kami setuju bikin gerakan dan lontarkan isu, sebaiknya warga Jakarta membalas "banjir kiriman" itu dengan cara mengisi kantong plastik dengan air banjir, lalu membawa balik ke Bogor dan tumpahkan di sana.

"Biar orang Bogor *ngerasain* banjir kiriman dari Jakarta. Jangan *kite* melulu yang korban banjir kiriman," begitu kilah Warkop yang tentunya jadi bahan cemoohan pendengar.

"Hei, *beleguk sia*! Omong jangan asal pentang bacot *aja lu*," begitu hardik pendengar dari Bogor. Wah, rupanya siaran Prambors ketangkap juga di Bogor.

Namun kami sempat sepakat saat diperingatkan pimpinan kantor Prambors supaya hati-hati *jaga bacot* karena di musim Pemillu 1977 suasana amat sensitif sejak Golkar yang berwarna keramat kuning ternyata kalah dari PPP yang hijau. Sedangkan PDI warna merah menduduki peringkat ketiga. Sebab ada isu kalau Warkop itu sarangnya warna putih alias Golput yang partai nomor empat. Untuk menyebut Pemilu 1977 yang jurdil, Warkop pun bernyanyi: "*Satu-satu aku pilih satu, dua-dua aku colok dua, tiga-tiga aku coblos tiga, satu dua tiga... aku pilih empat*!" Begitulah lagu main-main Warkop, lagu anak-anak, kan, bukan lagu politik, he-he.

BERPOLITIK "IS THE BEST"

DONO sejak muda sudah aktif di harian *Salemba*—koran mahasiswa UI—sebagai wartawan, penulis, juga karikaturis. Cirinya bertokoh pemuda dengan posisi rada tonggos. Karikaturnya terkenal, terutama saat Dono menggambar seorang lelaki sedang diinjak sepatu bot besar.

Menjelang Pemilihan Umum 1977, tersiar kabar di kalangan mahasiswa UI bahwa Ali Sadikin yang pada hari-hari terakhirnya masih menjabat sebagai Gubernur Jakarta dijagokan juga sebagai calon presiden atau calon wapres. Deklarasi Bang Ali kalau tidak salah diramaikan di TIM Cikini. Kami masih ingat, beberapa aktivis UI membuat kaus oblong dengan sketsa wajah Ali Sadikin, plus tulisan artistik "Bang Ali is the Best". Dono pun mengenakan kaus ini di saat suasana masih hangat karena surat kabar mulai lontarkan berita spekulatif, antara lain soal Presiden Soeharto bakalan mundur, tidak mau mencalonkan diri lagi sebagai Presiden RI.

"Gua enggak bakalan bikin materi siaran Warkop soal Bang Ali dijagokan jadi capres. Ya, sekadar unjuk simpati saja buat tetangga Indrojoyo ini. Mudah-mudahan Bang Ali dengar siaran Warkop dan Indro ya," ujar Dono yang selalu *ngaku* tidak mau berpolitik di depan corong, padahal ucapannya berpolitik juga.

Daya tarik Warkop selewat tahun 1977 makin melejit. Beberapa personel kantor Prambors mulai bersedia menjadi penerima order. Kami pun mulai tidak sungkan kalau dalam siaran menyebut istilah "er-oh" alias RO atau "rindu order". Malah kami pun tanpa sadar suka mengirim salam dan membicarakan beberapa nama tertentu dalam materi siaran. Materi itu ternyata menjadi semacam komunikasi pemasaran bagi Warkop Prambors. Order mulai masuk, pucuk dicita ulam order pun tiba!

Trio pengamen Warkop—Nanu, Kasino, Indro—mulai mencatat dan latihan lagu-lagu gacoannya. Khususnya Kasino, yang *ngetop* dengan nama panggung Acong, makin getol mendengar dan meniru *cang-cing-cong* lafal lagu-lagu Mandarin. Lagu *ngetop* penyanyi luar dan Indonesia menjadi sasaran gubahan Warkop yang saat itu berani membawakan lagu-lagu parodi. Paruh kedua tahun 1970-an, Warkop dengan yakin berani menyanyikan lagu *top of the top* The Beatles, *Hei Jude*, tapi versi blasteran Beatles dan lagu

PANCARAN SINAR PETROMAKS IKUTAN MUNCUL

AKHIRNYA Warkop Prambors harus menahan gemetaran di hatinya. Setelah perjalanan lobi kiri-kanan dan konsultasi ke mana-mana, akhirnya datang tawaran serius untuk main film dan menerima kontrak kerja yang bukan lagi *cepek-nopek-ceng* (seratus dua ratus ribu rupiah), tapi *tiao-tiao-an* alias juta-jutaan rupiah.

Saat persiapan mental jadi bintang *pelem*, kami selalu rembukan serta mengajak Nanu main-main di Teater Populer (TP) yang banyak kenalannya, mengingat kakak Nanu Mulyono, Dewi Savitri, merupakan anggota senior TP. Kemudian datang berkonsultasi Kasino, Dono, dan Indro. Mereka bicara langsung dengan Teguh Karya, bos TP.

"*Gua* dengar kalian ini potensial sebagai komedian dengan genre kampus, teruskan saja dan jaga kadar inteleknya. Kalau mau main film, jangan sama gua. TP itu ibaratnya tukang bikin es krim, bukan bikin es doger. Kalian bikin es doger, pasti laris dan disukai masyarakat penonton. Percaya deh," ujar Teguh Karya yang kata-katanya masih diingat Indro sampai kini.

Pertemuan demi pertemuan berlangsung beberapa kali, akhirnya Teguh meminta saya untuk meminta Warkop mengisi acara *first shooting day* film epik kolosal

tradisional Ambon. *"Hei Jude, don't make it bad, take a sad song and make it better, remember... tepuk tangan rame-rame, kipas lenso manise..."*.

Malah penyanyi top Indo Belanda, Anneke Gronloh, yang *ngetop* tiba-tiba, lagu gacoannya *Buka Pintu* pun menjadi sasaran pelesetan Warkop dengan kombinasi penutupan lagu *Berita kepada Kawan* dari Ebiet G. Ade: *Ada anjing gonggong betae/Ada hujan basah betae/Buka pintu bukalah... Pada rumput yang bergoyang... duh duh duuuh.*

Malah Titiek Puspa yang tahun 1970-an lagi mencor-mencor nama dan prestasinya sempat tertawa dan tergeli-geli habis ketika Nanu dan Kasino berduet menyanyikan lagu *Saputangan* campuran lagu *I'll be there* dari Michael Jackson: *Sunyi sepi sendiri/Sejak kau tinggal pergi... just call my name and I'll be there....*

November 1828 pada 1978 di halaman Inter Studio di Pejaten, Jakarta Selatan. Sanggar TP pun ramai saat kunjungan Warkop untuk persiapan bahan *ngocol*. Kostum film perlawanan Pangeran Diponegoro dengan kompeni Belanda menjadi sasaran properti panggung. Dono memakai pakaian Pangeran Diponegoro, Nanu dan Indro memakai seragam perwira Belanda, Kasino memakai surjan Pak Demang.

Untuk ramai-ramainya, kami pun mengajak serta kawanan rekan-rekan FISIP UI dan FE UI untuk mengisi musik dan lagu-lagu khas mahasiswa. Ade Anwar, Monos, Andra, Rojali, Omen, Adit, James Sundah, dan lain-lainnya sepakat juga mengenakan kostum laskar Diponegoro. Malah kawan-kawan ini merasa gembira saat pembukaan malam pesta itu. Mereka ikut berbaris sambil membawa petromaks menyala, serta simbol bergambarkan lampu petromaks memancarkan sinar yang khas Warkop, dengan tulisan OM Pancaran Sinar Petromaks—order Warkop yang dibuatkan Benny Benhardi sang kepala artistik Sanggar TP.

Pendek kata, malam pesta itu sukses. Warkop makin dilirik produser film, rekan-rekan pemusik FISIP UI pun dengan senang hati tetap mau menerima dan menamakan dirinya kelompok Pancaran Sinar Petromaks, sampai kini.

Tayangan Televisi dan Sorotan Bioskop

Agar tertib administrasi, Kasino sebagai sarjana Jurusan Administrasi Negara FISIP UI mengusulkan agar Warkop memiliki alamat dan kantor tersendiri. Ruangan ini kami sewa di apartemen antik di Jalan Borobudur, di sebelah rumah Indro. Di ruangan teduh itu undangan untuk Dono, Kasino, Indro, Nanu, dengan bantuan sekretaris yang gonta-ganti macam Djodi, Bhatara, Amir Nasution, Bowo, dan entah siapa lagi, diproses dan ditransaksikan profesional.

Selain berani tampil dalam kelompok empat sekawan, Warkop dengan jaringan kerjanya juga bisa membentuk band atau kelompok musisi yang menjadi pendukung *musical show* untuk beberapa *event* dan undangan khusus. Artinya, Warkop sudah memiliki lagu khasnya, sebab bersamaan dengan itu berita tentang Warkop mulai santer dan makin deras.

Tahun 1976 itu tahun komplet, maksudnya tahun di mana personel Warkop menjadi lima sekawan yang klop dan kompak. Klop dalam melem-

ALUMNUS UNIVERSITAS LINTAS ALAM

SEKITAR tahun 1977-an, saat kemacetan belum begitu menyiksa pemakai kendaraan bermotor, selewat tengah hari di sela kondisi jalan putaran jembatan Semanggi masih "ramai lancar"—belum padat merayap atau macet-macet yang menurut bahasa SMS: MCT BGT—tiba-tiba saya melihat sesosok pria keren berkaca mata hitam gelap sedang menyetir sedan dengan rada kikuk. Maklumlah, sedan itu memasang merek "belajar" lengkap dengan nama sekolah mengemudi "ULISA".

Sekali dilihat, dua kali diperhatikan... enggak salah, pemuda keren yang *nyupirnya* kagok itu Kasino Hadibowo S.Adm. Kami berusaha mengejar dan menyapa kata-kata akrab tapi jahil: "Mas Mas, ban mobilnya kok *muter* ya. Ei, bannya *muter tuh*, bahaya *tuh*!"

Kasino dengan kemeja biru kotak-kotak berlengan panjang dilipat tiga perempat pasti mendengar teguran rekan senasibnya, tapi dia diam dan kelihatan tegang. Lalu Kasino menengok sejenak dan parasnya tegang juga. Dia kasih tanda supaya mobil kami maju saja. Lalu sedan ULISA itu pun tiba-tiba belok kiri, turun mengikuti *plengkungan* jembatan.

Beberapa waktu kemudian Kasino senyum-senyum geli ketika ditanya soal peristiwa Semanggi dan sedan ULISA itu. "Itu, kan, namanya kampus *nyupir* Universitas Lintas Alam, *sidem-sidem ja'e dong te'e*," kata alumnus ULISA yang berarti "diam-diam *aja elo*".

par materi *becandaan*, juga kami kompak isi-mengisi, meski ribut-ribut ribet kecil-kecilan pasti ya adalah. Sedangkan Radio Prambors dengan personel kreatif lainnya juga makin melambung dengan program *on-air* serta *off-air*, termasuk bisnis musik dan bisnis hiburan, misalnya bikin kaset laris manis lagu-lagu top Indonesia dan Barat.

Saat itu juga sudah muncul dan eksis tokoh Prambors muda, seperti Sys N.S. dengan aneka kreasi khas unjuk seni anak mudanya, Marwan Alkatiri dengan *Catatan Si Boy*, Prambors Band dengan Mohammad Noer Arumbinang, Tono Sebastian yang suaranya kian laris menjadi pengisi iklan audio. Imran Amir pun makin pusing mengatur kantor Prambors, karena tuntutan zamannya kemajuan sebagai radio sosial dan niaga. Juga duet Onny Tjondro

dan Ook Soerjoko dengan rekaman kaset Pramaqua, khususnya saat Pramaqua mencetak laris kaset I dan II Warkop Prambors, serta kaset komersial album pemenang Lomba Cipta Lagu Remaja (LCLR), selain macam-macam kaset Prambors lainnya.

Saat itu bermunculan juga kelompok komedian profesional, tapi pakai label serba warung juga. Ada Warung Tegal, Warung Betawi, dan warung lainnya. Di berbagai kampus pun muncul lomba lawak, lomba baca naskah lucu-lucuan. Di beberapa radio swasta, selain Prambors, juga ada acara leluconnya. Makanya di tahun 1980-an muncul rekan dari grup pelawak radio yang *ngetop* dan kenamaan. Sedangkan kelompok Srimulat malah sudah hijrah dan sempat bikin pangkalan di Senayan, di sebelah kompleks DPR/MPR Senayan.

Sementara itu, TVRI yang masih memonopoli udara televisi nasional masih menayangkan lawakan segar dan "lelucon pesanan". Untung sekali Warkop Prambors nongol dan bikin sensasi meski hanya pakai baju biasa dan stelan jas, tanpa pakai rok cewek atau kostum banci-bancian, pada acara Mus Mualim di *T*erminal Tempat Anak Muda Mangkal di acara Tahun Baru 1 Januari 1977. Setelah itu, tahun-tahun ke depan Warkop betul-betul sudah mapan dan mantap, hanya berkarier sebagai komedian di radio, panggung undangan umum, juga main film dan rekaman kaset Warkop.

Warkop yang tadinya campuran, ada anak Setia Budi, Borobudur Menteng, Tanah Abang II, Matraman Dalam, dan Asrama UI Daksinapati Rawamangun, boleh dikata makin sering main-main di sekitaran Lapangan Pancasila. Kasino dan Nanu mulai *demen* pakai kaca mata hitam. "Kaca mata gue Rayban *ijo*. Gue *namain* kaca mata reboisasi karena pemandangan semuanya *ijo royo-royo*," kata Nanu.

"Kalo gue *demennya pake* celana tetoron, enak kainnya, halus rasanya, dan kagak bikin selangkangan dan *telor* lecet. Itu yang penting demi keturunan masa depan," ujar Kasino alias Seki yang panggilan akrabnya. "Yang lain gue kagak *restuin* manggil gue Seki, he-he. Itu kan fisik banget. Seki itu, kan, akronim dari pesek idung, mentang-mentang hidung gue kagak ada tulang jembatannya. Gue kagak pesek, tapi idung gue lembek kayak hidungnya Floyd Peterson si juara tinju dunia."

Rata-rata potongan rambut kami pakai model KGB, alias "kok gondrong belakangnya". Niru-niru laskar sepak bola Inggris yang mulai menjadi tontonan wajib, di samping kami pun penggemar tontonan sepak bola yang belum zamannya demam pemberingas "bonek", "jakmania", "bobotoh", atau *hooligan*. Selain Indro yang tetap berpotongan rambut sopan dengan gaya ikal dan gondrong necis juga masih ada jambulnya yang subur. Paruh kedua 1970 itu belum ada rambut dengan *hairdo* necis yang sejenis "cepak ngehek", juga model *speed* Keanu Reeves atau botak keren NBA. Malah zaman itu lagi masanya Afro Look yang kriwil kusut atau kribo yang aslinya "keriting cabo", iya keriting cabo!

Juga Indro ini lebih suka kemping di rumah besarnya, kami berempat masih sesekali waktu naik-turun gunung juga. Malah Dono, Kasino, dan Nanu pernah ikut ekspedisi ke Pulau Lombok dengan Ekspedisi Mapala UI. Konon, mereka puas sekali karena nama Warkop pun sudah dikenal di kalangan anak-anak muda Sasak.

"*Ane* waktu itu, kan, enggak ikutan. Babe juga lagi ke Papua ikut ekspedisi lainnya," ujar Indro yang senangnya menyapa *ane-ente* gaya Arab Betawi, serta menegur saya dengan Babe. "Makanya anak-anak di rumah, si Putri, si Hada, dan si Harley, mereka kan manggil Babe menjadi Om Babe. Mungkin Anti yang ngajarin, he-he," ujar Indro berapologi lalu menyeret nama istrinya, Nitha yang menyapa suaminya dengan singkatan *Sendro* alias Mas Indro.

Saling sibuk dan kian repotnya kami membagi waktu, rubrik Obrolan Malem Jumat yang sempat dipelesetin Omamat, mulai keteteran dan jarang-jarang bisa lengkap lima sekawan kompak pentang bacot berbarengan sebagai kru Warkop Prambors. Saya sendiri sering bertugas dan mencari tugas ke luar kota melulu. Sejak 1976, sebetulnya saya sudah terikat "kontrak" kerja dengan kelompok Teater Populer, sebagai mahasiswa peneliti untuk merampungkan skripsi masalah antropologi dalam "Kelompok Pembuat Film Indonesia" pada 1976, kasus persiapan sampai penyelesaian film *Badai Pasti Berlalu*. Padahal, di masa itu, Warkop Prambors mulai banyak terima undangan dari beberapa *event* pesta sekolah, kampus, atau keriaan umum.

Berbagai undangan profesional itu, maksudnya berbayaran uang kontan, lumayanlah buat mengubah gaya hidup Warkop yang tadinya mirip nasib mahasiswa "indekosan", perlahan-lahan menjadi kehidupan gaya anak muda metropolitan. Saya dan Kasino masih tetap membawa sepeda motor. Nanu dan Dono tetap berkendaraan mahasiswa, alias kompak ramai-ramai naik bus kota.

Indro yang "anak gedongan Menteng" dan tetangganya gubernur, jenderal, dan wakil presiden, satu-satunya anggota Warkop yang dari sononya sudah punya kendaraan roda empat. Dia suka mengendarai *station wagon* Datsun yang keren, karena kaca belakangnya memakai logo Warkop Prambors. Gambar mulut dower dengan lidah melelet menghiasi kalimat Warkop Prambors.

Dunia panggung dan film—kemudian stasiun televisi—memang membawa perubahan juga. Kawan-kawan itu sudah *committed* menjadi artis penghibur dan artis komedian film, tentunya secara fisik dan manajemen harus ada kemajuan. Perubahan penampilan dan gaya hidup lumrah sekali kalau ada geliat kemajuannya. Kasino yang bawaannya perlente, ya makin necis saja. Dono gayanya tetap berstelan formal, meski tidak seberani Kasino yang suka memakai jas dengan tangan dilipat *niru* John Travolta. Nanu tetap *campus look* dan tetap modis dengan celana *werpak* montirnya. Sedangkan Indro yang putra jenderal polisi bintang dua sukanya bergaya *macho* dengan kaus oblong, juga senang beraksesori anak gaul metropolitan.

Kasino, Dono, Nanu, dan Indro menata kelompok ini lebih rapi, tentunya sambil melibatkan jasa bantuan sekretariat untuk memegang manajemen. Corong radio pun mulai ditinggalkan. Sejak 1980 boleh dikata Warkop sudah tidak mengudara lagi. Sementara beberapa produk kaset Warkop masih menghangat, sekan-akan tetap diproduksi untuk bahan promosi dan *reminder* tentang masih eksisnya Warkop. Namun, tayangan televisi Warkop via film tayang ulang, serta beberapa mata acara di televisi dengan Warkop sebagai pembawa acara, tetap menjadi incaran pemirsanya.

Entah bagaimana ceritanya, saya sebenarnya memang asli "demam panggung" kalau harus naik pangung dan *ngocol* bareng teman-teman Warkop Prambors. Puncak kejadian ini terjadi saat panitia Lomba Cipta Lagu Remaja Prambors 1976 mewajibkan saya tampil sepanggung dengan Kasino, Nanu, Indro, dan Dono. "Warkop diminta mengisi acara di panggung terbuka di TIM, ya. *Elo* gue harap naik panggung juga, jangan cuma di belakang panggung seperti waktu di Hotel Indonesia dulu, ya. Rileks aja dan anggap di pesta api unggun," begitu titah Temmy mutlak.

Dono siap, Nanu oke, Kasino antusias, Indro pun semangat. Hanya saya yang ketar-ketir, naik panggung dan bicara di muka penonton, tetap saja dan mulai bingungnya bingung, *gimana nih*.

Saya sangat biasa tampil di mimbar diskusi atau rapat kemahasiswaan, maklumlah saya juga pernah menjadi Ketua Senat Mahasiswa FS UI tahun 1972/1973 dan anggota Grup Diskusi UI yang tidak disukai pejabat Orde Baru. Saya juga terbiasa hadir dan memimpin acara mapram atau api unggun pesta pencinta alam. Tapi saya belum berpengalaman tampil di atas arena hiburan. "Ente sih *nolak* melulu kalau diajak manggung. Jangan cari bahan melulu dong, sekarang jangan *nolak* deh, buat apa malu, acuh *beibeh aja*," ujar Nanu membujuk dan tahu kalau saya tidak *pede*.

Saya konflik juga, tapi sadar kalau diri ini tidak punya keberanian untuk bergaya dengan tingkah lucu, atau mimik kocak, serta harus bergaya dengan nyanyi-nyanyi kocak macam Kasino, Indro, dan Nanu. Pekerjaan dan peng-

alaman menjadi "mahasiswa peneliti" pembuatan film di TP 1976-1979, sejak produksi film *Badai Pasti Berlalu* dan *November 1828*, makin membuka mata betapa dunia hiburan dan seni peran itu jauh dari dunia alam terbuka dan penulisan. *Ngocol* bersama Warkop di panggung, kagak mainlah.

Harap *pahamin*, teater terbuka saat itu *ngetop* menjadi panggung tenarnya kelompok W.S. Rendra dengan Bengkel Teater, ataupun tempatnya pertunjukan lenong Betawi S.M. Ardan dengan Anen dan Bokir. Juga di teater itu Sardono W. Kusumo pernah menyihir penontonnya dengan pentas cakep *Dongeng dari Dirah*. Di teater ini juga tempatnya mahasiswa tepuk tangan mendengar orkes tiup atau *big band* pimpinan Cok Sinsoe, saat memainkan lagu *In The Mood* gaya Benny Goodman.

Seperti biasa, kami kumpul dan atur-atur bahan omongan buat di panggung. Malam pun tiba, lalu Temmy Lesanpura muncul di belakang panggung dan wanti-wanti: "Penonton berjubel banget. *Elo-elo* pada tampil yang bagus ya. *Kalo* bisa sih bagus *be'eng*," ucapnya enak saja dengan tekanan kata *be'eng* yang artinya mirip *super*.

Tiba giliran Warkop. Pembawa acara menyebut nama Warkop Prambors dan penonton pun menggemuruh sambutannya. Kasino, Nanu, Dono, Indro, dan saya muncul berjejer. Maunya sih saya mengenalkan diri anggota Warkop sesuai oret-oretan persiapan manggung. Tapi rasa tegang tidak karuan, bikin lidah kelu dan kaku. Untung Kasino segera *nyamber* mikrofon, lalu *nyerocos* basa-basi mengenalkan personel Warkop.

Duet gitar Nanu dan Indro asyik. Nyanyian Kasino tetap edan dengan hit *Tirtonadi* Mas Bei dan *Hidup di Bui* yang katanya sudah terkenal sampai "dunia akhirat". Kasino mulai jahil, mengenalkan nama pemain musik yang akan mengiringi 10 tembang tercantik alias 10 lagu terkeren dengan istilah dan pelesetan yang kocak.

"Pemain *keyboard* itu terus terang salah les. Dia maunya les mesin ketik di kursus kilat mengetik 10 jari, tapi dia meriang dan tiba-tiba fasih mainkan mesin ketik yang *keyboard* dan berbunyi-bunyi musik ini.... Pemain drum itu jangan heran kalau jago banget. Dia itu juara *mukul* beduk di Matraman selama lima kali bulan Ramadhan. Nah, kalau pemain alat musik tiup, pemain terompet tiup yang ceking itu, peparunya kuat dan pipinya *kenceng* kalau niup-niup saksofon. Tidak lama lagi dia lulus sekolah tinggi alat musik *isep*, spesialis *isep* saksofon," begitu antara lain.

Tepak-tepok tangan, suat-suit siulan, serta teriak jahil dan berhamburan. "Nanu, Nu *kalo* parkir helicak yang benar dong... Dono bemo, bemo *elo* di mane Don. Kas, *abis* manggung kemeja *balikin* ya. Indro, kumis *elo* lupa dicukur ya.... Yang di ujung kanan kok *diem aja*, gagu ya atau ketakutan," begitu antara lain teriak maut yang saya ingat. Terutama teriakan yang "di ujung kanan", itu kan ditujukan ke diri saya yang demam panggung. Begitulah komentar penonton yang baik dan bengis. Oh panggung terbuka, begitulah awal "trauma" yang membuka rahasia pribadi yang terpendam. Demam panggung? Ah bingung.

Kaset Warkop Prambors Pun Menerobos

Johannes Soerjoko

(**Pengantar:** *Johannes Soerjoko, bukan John atau Joko, tapi Ook, begitu panggilan akrab kawan lama yang memelopori bisnis penjualan kaset lawakan Warkop Prambors dari seri awal ilustrasi "secangkir kopi ngebul" ini. Ook memang angkatan pendirinya anak muda pebisnis di Radio Prambors. Lelaki anak Jalan Batu Tulis itu, yang cuma beberapa ratus meter dari Istana Merdeka, sejak usianya baru 20 tahun pada 1969 sudah menjadi tokoh sentral dunia musik dan hiburan. "Selewat The Beatles dan pemusik* flower generation, *gua rasa tahun 1969 itu tahun penting, karena saat itulah baru muncul David Bowie dengan* Space Odity, *juga Led Zeppelin yang juga keluarkan album baru. Malah Paul Simon dan Art Garfunkel sudah merilis* Bridge Over Trouble Water," *tutur Ook saat diwawancara Budiarto Shambazy.* [*Kompas, 12 September 2009*])

Jakarta yang dunia anak mudanya tidak dibatasi lokasi rumah, Ook pun sempat bermain-main ke Jalan Borobudur, pangkalannya Radio Prambors. Selama *galang-gulung* dengan radio yang sejak awal sudah mengklaim sebagai radio kawula muda, Ook pun mengisi celah lowongan bisnis dalam media radio sebagai hiburan sekalian informasi.

"Saat 1969 itu kami bisa langsung mendengarkan lagu dari piringan hitam impor. Awal Orde Baru itu sudah mudah memperoleh plat atau piringan hitam impor asli The Beatles, Rolling Stones, Deep Purple, Bee Gees, Led Zeppelin, dan lainnya. Juga pemusik Indonesia yang sudah terkenal, misalnya Koes Plus, Mercy's, God Bless, D'Lloyd, Panbers, dan lainnya sudah beredar PH dan jadi komoditas hiburan musik populer," kisah Ook yang juga merekam pemusik Indonesia, mulai dari God Bless sampai Agnes Monica dan Ari Lasso.

Saat itulah Ook mendirikan label Aquarius yang terinspirasi lagu lantunan The Fifth Dimention, lalu tahun 1970-an Ook pun mengibarkan label Pramaqua (Prambors Aquarius) dengan lagu-lagu *ngetop* Barat yang menduduki anak tangga Prambors. "Entah bagaimana ceritanya, saya ketemu Temmy Lesanpura dan mengajak bikin kaset rekaman Warkop, ya langsung gua *tangkep*," ujar Ook yang menulis sendiri pengalamannya berikut ini—Ed./BD.

• • •

Temmy Ajak Bikin Kaset

Saya tidak ingat secara pasti siapakah yang memberi ide bikin kaset rekaman lawakan Warung Kopi Prambors menjadi produksi komersial Pramaqua. Awal 1979, beberapa bulan sebelum kaset Warkop dirilis, saya bertemu dengan Temmy Lesanpura untuk membicarakan kemungkinan rilis album Warkop Prambors. Temmy adalah salah satu sosok kreatif di tubuh Prambors yang ikut melahirkan acara Warung Kopi di Radio Prambors di tahun 1973, sebagai kelompok komedian kampus yang grup lawak alternatif pada masa itu.

Gaya Warkop, dengan *jokes* orisinal, ada nuansa intelek dan yang jelas membawa napas baru dalam dunia lawak di negeri kita. Bahkan saya anggap belum tersaingi dan belum ada gantinya sampai saat ini. Padahal yang aktif sekarang hanya Indro, tapi Indro selalu berkata, "Kami tidak bubar, juga tidak akan mendirikan Warkop lagi. Warkop itu sudah melegenda. Gua legenda hidupnya, ha-ha...," begitu ujar Indro waktu pertemuan persiapan bikin buku Warkop di Aquarius Pondok Indah, Maret 2010.

Sekitar tahun 1979 Warkop masih lengkap: Dono, Kasino, Nanu, dan Indro, tapi tanpa Badil yang saya kenal sejak 1969. Keempat pelawak kampus ini malah makin meroket saat mereka menapak ke dunia layar lebar film. Apalagi sejak mereka menjadi Warkop DKI alias Warkop Dono-Kasino-Indro (tanpa Nanu Mulyono yang mendahului kita pada Maret 1983), gerak-gerik mereka di panggung dan juga film makin menarik perhatian banyak penggemarnya.

Pramaqua sendiri merasa bangga merekam dua album lawak Warung Kopi. Kedua kaset awal ini memang bisa dianggap fenomenal. Karena setelah album lawak Warung Kopi menuai sukses di pasaran, bermunculan album-album lawak yang menggunakan embel-embel warung, seperti Warung Tegal hingga Warung Pojok.

Saya ingat-ingat, tahun-tahun 1970-an itu saya selalu siap di depan radio setiap malam Jumat pukul 21.00 sampai 23.00. Anak-anak Warkop dengan candanya yang menyentil kondisi kebijakan pemerintah, diselingi nyanyian gaya mereka yang lucu-lucu, juga dengan penokohan pembawa acara yang saya anggap memenuhi syarat siaran radio yang baik.

Teman-teman Warkop ini, di saat tengah tahun 1970-an itu, sudah sekitar lima tahun setiap minggu mengudara. Mereka menyapa akrab pendengarnya sambil memberikan cerita yang memuat pesan dan informasi melalui percakapan santai dan tidak menggurui, tetapi mampu memberikan imajinasi hiburan bagi pendengarnya. Juga teman Warkop ini, seperti Nanu, Kasino, dan Indro, memang musikal. Mereka boleh dibilang artis yang *established*. Kami mendengar kisah banyolan, atau kritik lucu-lucuan, termasuk mendengarkan kisah kocak yang agak menyerempet susila dan kesopanan, tapi itulah khasnya, khas mahasiswa dengan kadar intelektualitasnya.

Sekitar lima tahun, Warkop sambil siaran *on-air* juga mengisi acara *off-air*, misalnya pesta perpisahan sekolah menengah dan kampus, juga meningkat menghibur kantor-kantor dengan canda lawak dan lagu-lagu konyolnya. Saya anggap Warkop sudah dengan baik melakukan *promoting*, juga *marketing*. Warkop sudah sekian lama *self branding*. Mereka sudah tampil dan dikenal, sudah punya audiens sendiri.

Apalagi setelah mereka bikin ledakan besar dengan film perdana mereka *Mana Tahaaan...*, ditangani sutradara Nawi Ismail. Tanpa diatur lagi, kelompok Warkop Prambors sudah tahu teknis dan *feeling* untuk memenuhi unsur daya tarik kata-katanya, hiburan musik, dan lelucon inteleknya. Makanya waktu Temmy almarhum mengusulkan untuk bikin kaset Warkop Prambors, saya segera jawab: *Okay, we go*!

Demam Studio Steril dan Dingin

Ide itu saya anggap jenius. Sejak itu pula jutaan orang telah dihibur oleh grup Warung Kopi Prambors ini. Bayangkan, sampai hari ini, saat buku ini ditulis, 30-an film Warkop masih tampil di layar televisi swasta kita. Ini suatu tanda tentang karya yang *evergreen* dan masih tetap digemari. *Deal* album dengan Warung Kopi yang pertama dengan *cover* bergambar secangkir kopi bernilai 10 juta rupiah *jebret* dibayar *flat*. Zaman itu, angka 10 juta rupiah sudah besar. Dibayar *flat pay* atau kontan, jumlah yang besar pada zamannya.

Saat itu sebuah album musik dengan teknik produksi kelas mewah saja, menggunakan Gelora Seni Studio, rata-rata pasarannya dibayar sekitar Rp5 juta, juga *flat pay*. Tapi Warkop yang baru muncul berani saya bayar *flat*, sepuluh juta rupiah. Padahal, *deal* dengan royalti wajar antara produsen dan pemusik berkisar Rp50 sampai Rp100 per kaset.

Saya berani bayar mahal kelompok anak-anak radio ini bukan karena saya juga sama-sama di Prambors yang memproduksi kaset Pramaqua. Saat Warkop dikontrak Pramaqua, mereka sudah membangun *image* selama lima tahun. Jadi jelas mereka bukan artis baru. Produknya sudah masuk kategori *signature*, seperti juga kaset *event* Lomba Cipta Lagu Remaja (LCLR) Prambors.

Di Pramaqua, kami punya metode pemasaran dan promosi sendiri. Caranya, dengan mengondisikan sebuah *single* dari album yang akan kami rilis. Dari situ kami akan melihat sinyal kekuatan lagu. Semua hal ini saya anggap telah terpenuhi Warkop di saat itu. Malahan sinyalnya sudah menghasilkan bunyi bel yang berdering nyaring dan keras. Jadi kami yakin dengan *word of mouth* saja, dengan desas-desus dari mulut ke mulut saja. Nanti ketika album Warkop Prambors dirilis, rasanya barang itu sudah bisa lari kencang di pasar.

Bahkan saking optimistis, Pramaqua mengikat Warkop satu album plus satu album *option*. Kami pun mengontak Alex Kumara untuk menangani proyek rekaman ini. Dari hitung-hitungan biaya produksi, rekaman di Gelora Seni Studio paling-paling dua hari sudah selesai, mengingat mereka sudah

Dok. Aquarius

Dari kiri ke kanan: Rudy Badil, Soerjoko, dan Indro Warkop di kantor Aquarius, Jakarta, 2010.

siapkan materi isi kaset hiburan itu. Alex siap, Kasino, Indro, Dono, dan Nanu pun siap juga. Rekaman pun mulai, *here we go*!

Dengan persiapan segala materi, rekaman mulai. Hasilnya... di luar dugaan. Rekaman itu terasa steril dan dingin. Tidak ada kehangatan dan ledakan emosi Warkop. Leluconnya tetap terekam dan berbunyi suaranya, tapi tidak ada *gereget*, tidak menyentuh dan adem-adem saja. Tidak ada suara ikutan berupa bunyi tawa hadirin. Kami pun menghadapi kendala untuk mencari gelak tawa suara penonton yang alamiah guna mendukung suasana menjadi hidup, suasana *live*.

Ya, rekaman obrolan di Warung Kopi harus dilakukan ulang. Harus direkam secara *live*. Saya diskusikan dengan Alex Kumara, hasilnya itu tadi, rekaman harus *live*. Sebab rekaman di ruang studio terasa bikin Dono,

Kasino, Indro, dan Nanu kaku dan kikuk. Ternyata Warkop kena demam, tersengat demam studio.

Warkop Prambors Menerobos

Rekaman *live* atau rekaman suara langsung di lapangan tempat kejadian waktu itu bukanlah seperti hari ini, di mana stasiun TV memiliki semacam OB van atau *mobile remote recording studio*, dengan *wireless microphone*. Peralatan zaman '79 itu hanyalah dengan *tape* Revox A77, yaitu *prototype home studio* dari pabrik Studer. Beberapa mikrofon dengan *preamp*-nya, serta *mixer* kecil. Jadi harus cerdik untuk menyiasati agar suaranya bisa dipakai untuk produk komersial.

Saat itu Warung Kopi ada jadwal pertunjukan di Palembang, kami pun ikut segera berangkat ke Palembang. Bayangkan, saya belum pernah ke Palembang sebelumnya, jadi itulah kunjungan pertama kali saya bersama Warkop dan Alex Kumara. Di tempat Warkop akan tampil, Alex Kumara memasang mikrofon di beberapa tempat. Ada yang digantung dengan kawat, agar suara lawakan dan hiburan Warkop ini dapat terekam di dalam pita 1/4 inci 2 *track* dengan *speed* 7,5.

Pertunjukan mulai! Warkop Prambors *in action*. Ternyata penonton kota Palembang panas dan responsif sehingga penampilan Dono, Kasino, Indro, dan Nanu menjadi lebih hidup. Kami memonitor terus hasil rekaman yang memuaskan itu. Di lapangan yang ramai penonton, gantungan mikrofon dengan kawat itu berhasil merekam suara *crowd* penonton. Gantungan mikrofon itu berhasil merekam suara dan bunyi, hasilnya memuaskan. Itulah modal kami, modal pertama kaset rekaman Warkop Prambors "secangkir kopi" menerobos pasar. Sukses!

Pramaqua langsung mengontrak Warkop untuk proyek kedua. Untuk produk kedua ini, kami membayar Warkop dengan jumlah fantastis, Rp25 juta! Waktunya sekitar Agustus 1979. Kami bayar Warkop dengan *flat pay* juga. Nilai besar itu kami rasakan pantas, mengingat hasil kaset pertama yang "secangkir kopi *ngebul*" betul-betul mengebulkan laba.

Sesuai dengan kontrak album *optional*, pada Agustus 1979 untuk album keduanya yang seharga Rp25 juta, kami rekaman *live* lagi di Pontianak. Lagi-lagi ini kedua kalinya saya ke kota yang baru pertama kali saya kunjungi. Sistem rekaman di *venue* di Kota Khatulistiwa ini kami lakukan macam di

Palembang dengan mikrofon digantung-gantung. Lagi-lagi Warkop menuai sukses di sana, begitu juga hasil rekaman Pramaqua.

Album Warung Kopi dirilis dan langsung meledak karena memang telah ditunggu-tunggu penggemarnya. Album Warkop bahkan terjual lebih besar dari kaset album *Lomba Cipta Lagu Remaja 77*, *Lomba Cipta Lagu Remaja 78*, maupun album *soundtrack Badai Pasti Berlalu* waktu itu. Album Warkop terjual 180.000 kaset hanya dalam 45 hari dan sampai terakhir telah terjual 259.000 kaset. Angka penjualan sebesar itu saya anggap sudah meledak.

Terus terang, pencapaian *sale* itu merupakan penjualan terbesar pertama kali untuk Aquarius maupun Pramaqua. Penjualan album Warkop Prambors kedua juga laku, tapi agak menurun dengan angka 162.000 kaset—dibanding *sale* kaset secangkir Warkop yang mengebul-ngebul hampir 260.000 buah.

Memang, *life cycle* album lawak seperti Warkop sangat pendek umurnya, tidak seperti album lagu pop yang bisa *evergreen* dan bisa berada di pasar selama bertahun-tahun lamanya, atau biasa disebut *timeless*. Lain dengan album *Badai* dan *Lomba Cipta Lagu Remaja* yang masih bisa dijual kembali setelah belasan tahun dirilis.

Untuk hal ini, saya berterima kasih kepada Lesin, sang perancang grafis, yang telah menciptakan desain logo dan sampul kaset dengan hasil yang superior. *I love the design, folk*! Logo ciptaan Lesin terus dipakai Warkop dalam kurun waktu yang cukup panjang.

Diajak Jadi Produser Film

Suatu hari, masih di pertengahan 1979, seusai kami merilis album pertama Warkop, Kasino datang dan memberitahukan bahwa Warkop mendapat beberapa tawaran untuk main film. Kasino minta pendapat kami sembari bertanya, "Kenapa Pramaqua tidak main di bisnis film? Warkop tidak ada relasi nih di dunia film. Apakah Pramaqua bisa menjadi *partner*-nya untuk cari perusahaan film yang tepat dan asyik diajak kerja sama? Saya langsung menimpali: OK, kita coba, beri kami waktu."

Jelas kami tidak mungkin turun tangan sendiri karena saya sendiri tidak memiliki pengalaman di dunia film, walaupun sama-sama bergerak di bisnis hiburan dan sering berhubungan erat satu dengan yang lainnya.

Saya pun segera mengadakan rapat di Pramaqua. Kami lalu berusaha mencoba *deal* dengan Suptan Film. Di perusahaan film ini saya memiliki kenalan bernama Latief.

Kami ketemu Latief. Kami bawa proposal lalu secara lisan kami beri dia informasi yang dibutuhkan agar bisa disampaikan kepada manajemen Suptan Film untuk dibuat bahan pertimbangkan kerja sama dalam memproduksi film Warkop. Kami menceritakan bagaimana suksesnya kaset Warkop Prambors. Kami ceritakan bagaimana mereka menebar pesona, bagaikan menebar virus di Palembang dan Pontianak. Saat itu stadion penuh sesak dan *geerrrrrr*.

Namun, setelah bertemu kurang-lebih 30 menit, saya baru sadar bahwa saya sudah datang ke tempat yang tidak tepat. Suptan adalah importir film Mandarin. Mereka diberi hak tunggal untuk impor film Mandarin agar mudah dikontrol oleh pemerintah, karena di tahun 1970-an semua media, termasuk barang cetakan, lagu Mandarin, film Mandarin, harus disensor khusus melalui satu pintu.

Suptan bukanlah perusahaan film nasional. Perusahaan ini fokusnya mengimpor film Mandarin berikut peredarannya di Indonesia. Jadi, soal memproduksi film nasional, terkesan mereka hanya sekadar memenuhi kewajiban untuk mengikuti peraturan pemerintah yang pada era itu mengharuskan importir film juga memproduksi film nasional dalam jumlah atau kuota tertentu demi membantu pertumbuhan perfilman nasional.

Jadi, promosi berbusa-busa saya soal bagusnya materi Warkop sangat percuma. Ternyata Latief dan rekannya tetap dingin, tidak tertarik sama sekali.

Persoalan ini akhirnya dibahas di Pramaqua. Onny atau Johnny T. Tjondrokusumo mengambil alih masalah. Onny bertemu teman lamanya, yaitu Hasrad Djoeir, untuk membawa Warkop ke produser lainnya. Mereka membawa proposal Warung Kopi ke Bola Dunia Film.

Pramaqua lalu melakukan kerja sama dengan Bola Dunia Film pimpinan Jiwat K.K. Saya tidak ikut campur lagi, juga sudah lupa bentuk perjanjian antara Onny dan pihak Bola Dunia Film itu. Akhirnya Pramaqua hanya ikut 10 persen, dengan menyetor Rp10 juta dan Pramaqua diberi hak eksploitasi videonya. Tidak ada pilihan lain, karena saat itu saya belum punya banyak relasi dengan perusahaan film seperti halnya hari ini.

Film dibuat dan dirilis tahun itu juga dengan judul *Mana Tahaaan...*, dan meledaaak!!! Tapi, urusan dengan Bola Dunia Film menjadi tidak jelas. Saat film *Mana Tahaaan...* telah selesai diputar di seluruh Indonesia, saya menanyakan tentang laporannya kepada Onny. Jawabannya, "Belum dapat *tuh*!"

Akhirnya kasus kerja sama Pramaqua dan Bola Dunia Film menjadi agak terkatung-katung. Baru beberapa waktu kemudian saat saya ketemu Hasrad Djoeir, saya menanyakan masalah film Warung Kopi. Jawabnya, "Jangan khawatir, akan dibereskan, masih ada pekerjaan administrasi yang belum selesai."

Akhirnya, awal 1981, Hasrad Djoeir mengirim giro, sebesar Rp10 juta plus pengembalian uang yang kami setor sebesar Rp10 juta. Ini pembagian keuntungannya kata mereka. Saya tidak tahu karena tidak jelas perinciannya, juga bagaimana sebetulnya *deal* sebelumnya. Mungkin saja begini, mungkin saja begitu. Sudahlah malas saya untuk *ngotot*.

Bola Dunia Film lalu melanjutkan kerja sama dengan Prambors dalam film bertema remaja *Catatan Si Boy*. Film ini juga sukses dan dibuat beberapa sekuel. Sejak peristiwa itu hubungan bisnis Pramaqua dengan Warkop terhenti. Kami tidak berminat untuk melanjutkan rekaman album ketiga. Kami pun tidak tertarik lagi untuk merilis album kaset mereka, karena jika terlalu dekat jaraknya antara satu rilisan dengan yang lain, konsep album tidak akan baik.

Idenya bisa kering dan akhirnya merugikan Warkop sendiri, karena materi yang direkam tidak dapat dipakai lagi di panggung. Rekaman lelucon itu bukanlah lagu hit yang bisa didengar berulang-ulang. Setiap lelucon yang bagaimanapun lucunya, jika kita sudah dengar beberapa kali, rasa lucunya akan berkurang.

Di Dunia Menghibur Orang

Saya masih mengikuti perkembangan Warkop. Ternyata tawaran rekaman kaset kepada Warkop masih terus berdatangan. Kasino dan kawan-kawan tidak kuasa menolaknya sehingga mereka masih tetap merilis album terus. Walaupun tetap laku, tidak semeledak saat pertama kali rilisan album debut di Pramaqua.

Sejak itu Aquarius belum pernah lagi menemukan peluang atau kesempatan yang menarik untuk bisa masuk ke dunia film lagi. Belakangan ini Aquarius hanya terlibat dalam pembuatan *soundtrack* beberapa film saja.

Sedangkan Pramaqua tidak jadi masuk ke industri film, mungkin pengalaman pertama saat bikin film Warkop rasanya kurang menyenangkan. Tapi ada rasa bersyukur saya atas hikmah-Nya. Mungkin ini sudah rencana Tuhan untuk kami agar kami tetap saja di bisnis musik. Sebab, jika waktu itu kami sukses dengan film Warkop dan mendapatkan keuntungan materi yang besar dan cepat, bukan tidak mungkin kami keasyikan di dunia film dan meninggalkan dunia musik.

Saya sendiri pun tidak yakin bisa menikmati kegiatan di dunia film, karena saya hanya seorang *movie freak* saja. Apakah saya bisa *survive* di bisnis film yang risikonya lebih besar daripada industri musik? Lalu terbetik kabar, pada akhir dekade 1980-an, bisnis film nasional lumpuh. Selanjutnya bertahun-tahun hampir tidak ada lagi kegiatan perfilman. Mati suri, kata orang.

Seingat saya sejak film pertamanya sukses, Warkop menjadi sangat produktif. Malahan overproduktif juga overekspos. Bayangkan, mereka membuat film secara nonstop, setahun bisa dua film. Tapi begitulah kalau rezeki yang datang sendiri. Ya, kadang-kadang saya masih suka bertemu dengan teman-teman Warkop, terutama di tahun 1980-an, pada setiap pergelaran tahunan BASF Award. Waktu itu Warkop DKI selalu diundang *ngemsi*, menjadi pembawa acara. Saya selalu menyempatkan diri bertemu dengan Kasino, Dono, dan Indro.

Saya akui masih merasakan suatu kegembiraan yang timbul saat berdekatan dengan Warkop Dono-Kasino-Indro. Ketiga kawan itu masih suka bercanda saling *ngeledek.* Saya pun tertawa geli dan senang. Oh, ternyata mereka memang hadir di dunia ini untuk menghibur orang.

Johannes Soerjoko,

Pendiri dan Pengelola Aquarius

Bagian 2

Dok. Indro Warkop

Menelisik Usik Musik Warkop

Denny Sakrie

Tak selamanya Doris itu Callebaut
Nyatanya hari ini zoes Doris Inem Pelayan Sexy
Hutan dan rimbanya oh begitu lebatnya
Membuat hati ini degdegan bila pandang dadanya

Dengan timbre vokal yang tipis dan cempreng tapi tidak sumbang, Kasino memelintir lagu *Kidung* karya Chris Manuel Manusama yang terpilih sebagai Tembang Tersayang dalam Lomba Cipta Lagu Remaja (LCLR) Prambors Rasisonia II (1978). Penonton pun *gerrrr* berkepanjangan menyimak olah vokal Kasino yang diiringi petikan gitar Nanu. Saat itu saya berada di bibir panggung pertunjukan Warung Kopi Prambors bersama Chris Manusama yang berlangsung pada April 1979 di Gedung Olah Raga Mattoanging Ujung Pandang bersama sekitar 5.000 penonton.

Acara yang digelar sekelompok mahasiswa di Ujung Pandang ini memang memikat banyak peminat. Maklumlah, sejak Warung Kopi Prambors tampil secara nasional lewat TVRI melalui acara "Terminal Musikal Tempat Anak Muda Mangkal" pada 1 Januari 1978 dan "Dwiwindu HUT TVRI" pada 24 Agustus 1978, popularitas Warkop kian menjadi saja. Nama Warkop menjadi perbincangan nasional, termasuk pula di Ujung Pandang.

Malam itu, baik Warkop maupun Chris Manusama memang seolah menjadi ikon Prambors Rasisonia, radio Jakarta yang tiba-tiba memiliki banyak penggemar lantaran mencuatnya ketenaran Warkop dan diterimanya lagu-lagu yang berasal dari ajang kompetisi LCLR yang membawa napas dan warna baru dalam gugus musik pop Indonesia. Keduanya menjadi fenomena. Prambors saat itu memang merupakan *trendsetter* gaya hidup anak muda kelas menengah ke atas. Chris Manusama yang menyanyi sambil memetik gitar elektrik hanya tersenyum melihat aksi Kasino yang merusak total lagu *Kidung* buah karyanya yang syahdu itu. Sebelumnya Chris Manusama sempat memukau penonton dengan menyanyikan *Gethsemane* (*I Only Want To Say*) karya Andrew Lloyd Webber dan Tim Rice dari opera rock kontroversial *Jesus Christ Superstars* (1971).

Pertunjukan Warkop dan Chris Manusama seperti menyilangkan antara seni komedi dan musik. Sebuah ramuan pertunjukan yang seyogianyalah mampu menghibur para penonton. Terutama pelesetan lagu yang dilakukan Kasino merupakan daya pikat selain humor yang mereka lontarkan kepada penonton.

Saat itu masyarakat belum *ngeh* dengan terminologi musik parodi. Pengaruh kuat yang ditularkan Warkop saat tampil di TVRI menjadikan kuartet pelawak berbasis kampus ini dianggap sebagai penggagas rusak-merusak lagu beratmosfer humor.

Pantas juga dicatat bahwa antara tahun 1978 dan 1979, di pentas pertunjukan, Warkop Prambors kerap berdampingan dengan *band-band* papan atas saat itu, semisal Badai Band yang terdiri atas Chrisye (vokal, bas), Yockie Suryoprayogo (*keyboard*), Keenan Nasution (drum), Oding Nasution (gitar), dan Roni Harahap (*keyboard*), atau The Rollies dari Bandung yang kental *brass rock*-nya itu serta tak ketinggalan Chris "Kidung" Manusama. Dari pola pertunjukan semacam itu memang akhirnya kita mafhum bahwa Warkop memang kelompok lawak elite yang berasal dari balik tembok kampus.

Di tahun 1978 Warkop pun ikut bersanding dengan berbagai artis musik sohor zaman itu dalam acara Dapur Musik Betawi yang digagas Ais Ali Said dan Sys N.S. di Balai Sidang Senayan, Jakarta. Warkop Prambors tetap menampilkan sajian humor dengan sisipan nuansa musik. Mereka mengenakan pakaian khas koki dan tampil bersama Badai Band, Mogi Darusman, Tika Bisono, Tara dan Djajus, Gito Rollies, dan banyak lagi.

Sesungguhnya, gagasan membaurkan anasir lawak dengan musik telah lama dilakukan oleh para pelawak yang lahir mendahului Warkop. Sebut saja misalnya Bing Slamet, sosok seniman komplet yang mampu bernyanyi, menulis lagu, bermain gitar, berakting, dan melawak.

Di akhir era 50-an Bing Slamet membentuk sebuah kelompok musik yang diberi nama Mambetarumpajo, merupakan akronim dari Mambo, Beguine, Tango, Rhumba, Passo Double, dan Joget, yang saat itu adalah jenis musik untuk mengiringi dansa.

Di tahun 1963 Bing Slamet bersama produser rekaman Yamin Widjaja atau Amin Cenglie membentuk Eka Sapta. Di band pengiring nomor wahid pada zaman itu Bing bermain gitar, bongo, dan bernyanyi. Di samping itu, Bing Slamet pun membentuk sederet kelompok lawak, mulai dari Trio Los Gilos, Trio SAE, EBI, hingga Kwartet Jaya yang menjadi kelompok lawak papan atas di era 70-an.

Parodi musik pun menjadi menu tetap dalam sajian lawak Bing Slamet dan kawan-kawan. Yang paling menarik adalah ketika mereka tampil dengan nama Los Gilos yang terdiri atas Bing Slamet, Mang Udel, dan Mang Cepot. Trio ini mungkin bisa disebut sebagai kelompok lawak yang beresensi musikal. Bing Slamet dan Mang Udel alias Drs. Poernomo terampil memainkan alat musik. Bing Slamet memetik gitar dan Mang Udel memetik dawai ukulele. Konon, nama Trio Los Gilos itu merupakan pelesetan dari Trio Los Panchos, kelompok musik Meksiko yang *ngetop* di paruh era 40-an hingga 50-an.

Selain menampilkan humor yang cerdas dan genial, Warkop sebetulnya juga kerap menampilkan sisi musikal dengan menyuguhkan permainan musik. Mungkin Warkop bukan kelompok lawak pertama yang menyandingkan humor dengan musik, tapi setidaknya Warkop bisa dianggap sebagai mata air inspirasi bagi beberapa kelompok musik humor yang bermunculan sejak era 80-an hingga sekarang ini.

OM, ANTARA ORKES MORAL DAN OM IR

MUNCULNYA Orkes Moral Pancaran Sinar Petromaks alias OM PSP pada sekitar 1978 sebetulnya juga merupakan gagasan yang telah dikuakkan oleh Warung Kopi sejak era awal 70-an. Musik dangdut yang kala itu merebak lewat lagu *Begadang*-nya Oma Irama bersama OM Soneta Group di tahun 1973 menjadi inspirasi para mahasiswa untuk menyanyikan dangdut dalam acara-acara informal kampus. "Saat itu kita enggak *nyebut* Oma Irama, tapi Om Ir," urai Rudy Badil perihal menyeruaknya dendang dangdut di kampus Universitas Indonesia. Om Ir memang tokoh yang bertanggung jawab atas penyusupan elemen rock ala Deep Purple dan Uriah Heep dalam tatanan musik dangdutnya, terutama lengkingan dan raungan gitar *high pitch bending* ala Ritchie Blackmore, termasuk harmonisasi suara yang terkadang mengambil teknik *falsetto* yang melengking tinggi.

Bahkan dalam program siaran Warung Kopi yang disiarkan Radio Prambors, lagu pembukanya menggunakan lagu dangdut dari OM Bangladesh's yang dipimpin Utjok Surodipuro dari kota Madiun. Aransemen lagu dangdut yang *nyeleneh* ini banyak terpengaruh oleh *riff Immigrant Song* (Led Zeppelin) hingga *Child in Time* (Deep Purple).

Bayangkan, Radio Prambors yang saban hari nyaris lebih banyak memutar lagu-lagu mancanegara dan berdomisili di kawasan Menteng itu seumur-umur siaran tak pernah memutar lagu dangdut. Tapi khusus untuk siaran Warung Kopi, introduksi musik pembukanya justru mengumandangkan lagu dangdut yang disajikan oleh OM Bangladesh's pimpinan Utjok Surodipuro itu.

"Waktu itu di Prambors ada kiriman piringan hitam dangdut dari sebuah perekam. Iseng-iseng diputar. Karena aransemennya unik, yaitu dangdut berbau rock, kami pun sepakat untuk memakai lagu itu sebagai *tuning* pembuka siaran Warkop. Ternyata lagu itu jadi konotatif dengan Warkop. Seharusnya kami mengucapkan terima kasih kepada OM Bangladesh's, atau mungkin justru OM Bangladesh's yang berterima kasih kepada kami, karena Warkop Pramborslah yang memutar terus lagu ini, ha-ha-ha...," ucap Rudy Badil lagi.

Jika penasaran dengan lagu milik OM Bangladesh's, nah ini adalah cuplikan liriknya:

Duduk di Warung Kopi
Dengar lagu irama India asli
Asyik kopi yang murni
Kopi dangdut diminum sambil bercanda

Karena kegilaan Warkop Prambors atas musik dangdut, tak heran jika dalam Koran Panduan Pagelaran Karya Cipta Guruh Sukarno Putra pada Januari 1979 yang dibagikan secara gratis kepada para penonton pergelaran tertera tulisan "Warkop Tokoh

Pembangunan Musik Dangdut". Meskipun ditulis setengah bercanda, jika direnungkan lebih jauh, sesungguhnya pernyataan itu benar adanya. Karena menjelang akhir 70-an itu, banyak sekali eksperimentasi yang menjadikan musik dangdut terasa kian eklektik. Mungkin bisalah jika disebut sebagai *crossover* dangdut.

Apalagi di tahun 1979 rocker papan atas, Achmad Albar, bersama gitaris Ian Antono dan keyboardis Abadi Soesman meluncurkan album dangdut bertajuk *Zakia* hingga penggebuk drum The Mercy's, Reynold Panggabean, bersama Camelia Malik beserta pemusik rock Harry Anggoman (Victoria dan Mapalus) dan Fadil Usman (The Minstrel dan Brotherhood) membentuk kelompok dangdut kontemporer OM Tarantula. Nah!

Dan yang tak banyak diketahui masyarakat banyak bahwa sesungguhnya jauh sebelum Orkes Moral Pancaran Sinar Petromaks terbentuk, Warkop telah lebih dulu menghadirkan gema musik dangdut. "Direkrutnya Indro ke dalam Warkop, ya, karena Indro itu sangat terampil meniup suling bambu, salah satu instrumen vital musik dangdut," tutur Rudy Badil.

Kegandrungan dangdut intelek itu pun kian meraja setelah OM Pancaran Sinar Petromaks tampil di layar kaca TVRI serta merilis album dangdut dengan hit *Fatime* lewat label DD Record. Semangat parodi OM PSP memang pantas diacungi jempol. Simaklah bagaimana para tukang musik Universitas Indonesia ini mendangdutkan lagu *Hello Dolly*-nya Louis Armstrong, penyanyi dan trumpetis jazz yang diperagakan oleh Rizali Indrakesuma lengkap dengan suara parau Louis Armstrong, tapi berimbuh suara gendang dan suling bambu. Hal ini pun menyebabkan kaum yang merasa elite atau berpendidikan mulai menyentuh dangdut yang sebelumnya konotatif dengan selera menengah ke bawah. Terjadi pergeseran nilai dalam kredo musik dangdut saat itu tentunya.

Dalam catatan saya, selain di Universitas Indonesia, di Universitas Gadjah Mada saat itu terdapat dua kelompok dangdut mahasiswa, yaitu Jaran Goyang dari Fakultas Teknik dan OM Jetset yang merupakan akronim dari Jelek Tapi Setil. OM Jetset didukung oleh para mahasiswa dan dosen Fakultas Psikologi UGM.

Kasino bahkan ikut membidani lahirnya kelompok Orkes Moral Pengantar Minum Racun yang di paruh 80-an kemudian melejit dengan lagu *Judul Judulan* lewat dendang sang vokalis bernama Johnny Iskandar. Wabah dangdut dengan *trade mark* Orkes Moral pun kian menjadi, misalnya sekelompok pemusik pop seperti Jeffrey Bule, Younky R.M., Ade Putra, serta penyanyi Herty Sitorus membentuk kelompok dangdut humor dengan nama Orkes Moral Pengantar Sakit Perut yang disingkat OM PSP. Nama yang jelas-jelas ingin mendompleng ketenaran OM PSP yang berasal dari kampus UI. Sebuah kelatahan yang kerap terjadi dari masa ke masa dalam industri hiburan Tanah Air.

KASINO, "THE SUPERSTAR"

KEMAMPUAN vokal Kasino memang sangat tidak *fair* jika disebut pas-pasan.Warna suaranya khas. Itu yang penting. Terasa konotatif dengan dangdut sebetulnya meski Kasino kadang menggeram seperti Louis Armstrong dalam lagu *John Tra Lala* yang musiknya dipoles ala Dixieland Jazz oleh Abadi Soesman. Tapi di lain waktu Kasino pun mencoba jadi imitasi Robert Plant lewat lagu rock 70-an Led Zeppelin, *Black Dog*, meski yang terdengar seperti erangan orang yang nyaris seminggu kagak makan. Kasino paham *maat* lagu dan bisa tampil mulus tanpa sumbang atau fals sedikit pun. Ini yang pantas diingat! Melihat kemampuan musikal Kasino yang serius tak serius itu menyebabkan dialah superstar Warkop untuk urusan tarik urat suara. Indro yang rada musikal pun mengakui kemampuan Kasino dalam bernyanyi itu.

Kasino bahkan diberi kesempatan oleh Guruh Sukarno Putra untuk menyanyikan lagu *Selamat Datang* karya Guruh dalam versi dangdut pada album dan konser spektakuler *Pagelaran Karya Cipta Guruh Sukarno Putra 1979* yang digelar selama dua malam berturut-turut 6 dan 7 Januari 1979. "Saya melihat bakat musik dalam sosok Kasino, dan yang jelas dia mampu melakukannya," ujar Guruh yang setiap menggelar pertunjukan selalu menempatkan Warkop Prambors sebagai salah satu bagian dari pertunjukan puspa ragamnya yang meriah dan sarat warna-warni itu.

Di tahun 1979 itu pula Kasino diminta pemusik Yockie Suryoprayogo untuk menyanyikan lagu *Cinderella* yang memarodikan lagu *La Cucaracha*, sebuah lagu folk Spanyol dari genre *corridor*. Tahun itu penyanyi anak-anak Ira Maya Sopha lagi *ngetop-ngetop*-nya dengan lagu *Cinderela Putri Sepatu Kaca* yang melodi lagunya diambil dari lagu *La Cucaracha* itu.

Yockie menggelar konser "Musik Saya adalah Saya" di Balai Sidang Senayan, Jakarta, yang dalam salah satu adegannya menyindir industri musik pop Indonesia yang tengah didikte habis oleh para cukong rekaman yang hanya memikirkan laba semata dalam penjualan kaset.

Kasino dan Nanu memang telah memperlihatkan bakat bermusik saat mereka tampil berduet dalam acara kemahasiswaan di kampus. Nanu terampil bermain gitar. "Dia bisa main jazz *tuh*," jelas Rudy Badil. Kasino selain bermain gitar, meski hanya menguasai akor 3 jurus, juga mampu bernyanyi.

Baik Nanu maupun Kasino selalu berupaya mengobrak-abrik lagu-lagu yang populer dengan mengganti lirik secara jenaka ataupun gaya bermain musik yang kuat unsur komedinya. Konsep semacam itu kerap disebut musik

Menariknya, Kasino dengan tingkat kepercayaan diri yang tinggi tampil diiringi Badai Band yang dilengkapi sentuhan orkestra arahan Idris Sardi. Bayangkan, pelawak mana yang memiliki peluang diiringi para dedengkot musik Indonesia. Badai Band sendiri didukung oleh nama-nama besar, seperti Chrisye,Yockie, Keenan Nasution, dan Fariz R.M.

Yockie tampaknya ingin meminjam sosok Kasino untuk menyuarakan semacam sindiran-sindiran terhadap kondisi industri musik Indonesia lewat lagu parodi tersebut. Simak saja kutipan liriknya berikut ini:

Ha ha hi hi harganya pada naik
Ha ha hi hi eh korupsi ikut naik
Ha ha hi hi koruptor diadili
Ha ha hi hi masyarakat dikibulin

Tak ragu lagi saya menjuluki Mr. Kasino is the Superstar. Bahkan Kasino bisa dianggap sebagai seorang *hipster* saat itu. Pergaulannya luas. Bahkan Kasino pun berteman dekat dengan Yockie Suryoprayogo, dedengkot God Bless dan Badai Band itu.

"Gua masih ingat suatu hari Kasino datang meminta gua untuk bikin ilustrasi musik film Warkop. Itu untuk pertama kali mereka main film. Kasino hanya minta gua untuk bikin ilustrasi musik dalam berbagai *mood* adegan. Misalnya untuk adegan lucu maupun yang sedikit dramatis. Setelah musik ilustrasi film itu jadi gua buat, langsung gua kasih ke Kasino yang membawanya ke studio *dubbing*. Gua sama sekali enggak nonton filmya saat mengisi ilustrasi musik film Warkop itu," cerita Yockie sembari berderai tawa.

parodi. Bayangkan lagu *Come Together* (The Beatles) diubah menjadi lagu dangdut yang menggelikan. Termasuk lagu *Marley Put Drive*-nya Bee Gees dari album *Odesa* (1969). "Itu adalah lagu favoritnya Nanu," jelas Rudy Badil yang tampangnya kini sepintas mirip pemimpin Kamboja Norodom Sihanouk.

Nanu sendiri memiliki keahlian memetik gitar. Dia belajar otodidak. Nanu bahkan pernah mengikuti sebuah ajang festival gitar, tapi kepiawaiannya justru tak bisa diakui karena tak mampu membaca notasi. "Kalau Nanu bisa baca not balok, dia pasti akan terpilih sebagai pemenang," jelas Rudy Badil terkekeh.

Sosok Nanu yang sepintas mirip Mick Jagger dari Tarutung itu juga yang membuat dia pas tampil sebagai seorang pemusik. Rambut gondrong, bibir dower, menyandang gitar elektrik sambil menyanyi.

Kasino memiliki kemampuan dalam cengkok. Dia bisa menyanyi dengan berbagai cengkok, mulai dari Mandarin, India, Arab, Jawa, Sunda, Betawi, hingga Batak. Lantaran keistimewaan Kasino dalam mengesksspresikan karakter bernyanyi, tak perlu heran jika Kasino kerap didapuk sebagai *frontman* Warkop dalam berolah vokal. "Kasino memang *leader*-nya Warkop. Itu juga lantaran sok tahunya yang kadang kian menjadi-jadi, ha-ha-ha...," ungkap Indro yang memiliki kemampuan bermusik pula.

Saat Indro diajak bergabung ke dalam formasi Warkop di tahun 1976, salah satu syarat utama yang dituntut ternyata adalah musikalitas Indro sendiri. Kemampuan Indro *genjrang-genjreng* gitar sambil meniup seruling sebetulnya telah menjadi perhatian anggota Warkop lainnya, di saat Indro bertandang melihat Rudy Badil, Kasino, Nanu, dan Dono *on-air* di Radio Prambors yang mangkal di Jalan Borobudur, Menteng, Jakarta. "Indro yang anak polisi memang bertetangga dengan Ali Sadikin, Soedomo, dan tentu saja Radio Prambors," urai Rudy Badil.

Walaupun telah memiliki semacam privilese, toh Indro kudu melalui semacam ujian masuk Warkop. "Yang gua ingat, saat itu gua disuruh menyanyikan lagu *Melati*-nya Grace Simon.... *oh melati oh melati oh melati ye ye ye*, tapi harus dalam langgam Jawa. Edan kan? Kurang kerjaan banget *tuh* Kasino, he-he-he," tukas Indro mengenang saat dia diuji kemampuan musikalnya sebelum resmi dibaptis menjadi anggota kelima Warkop.

Menurut Indro, untuk koordinasi musik dalam tubuh Warkop dipegang oleh Kasino yang memang hobinya bertralala ria itu.

Dengan bergabungnya Indro ke Warkop, kian solidlah apabila Warkop tampil "menghancurkan" lagu-lagu yang sedang atau pernah *ngetop* itu. Bak multi-instrumentalis kawakan, Indro meniup seruling dan menyedot harmonika sambil memetik gitar akustik.

Menariknya, saat tampil di Studio Prambors, gitar yang tersedia cuma satu, tapi mereka toh enggak kehilangan akal. Nanu dan Indro mengeroyok

NGOBROL DI WARUNG KOPI SENTIL SANA DAN SINI

Ngobrol di Warung Kopi
Sentil sana dan sini
Sekedar suara rakyat kecil
Bukannya mau usil

LAGU bernuansa ceria ini lebih terasa gaya *folk*-nya. Harmonisasi vokal antara Kasino dan Indro mengingatkan kita pada gaya The Everly Brothers maupun Koes Plus.

Pemusik Gatot Sudarto menulis lagu yang diberi judul *Obrolan Warung Kopi* bersama lirik yang ditulis Gatot bersama Tris Sakeh dan Yudhie N.H. Lagu ini dimunculkan pada kaset *Pengen Melek Hukum.*

Gatot Sudarto, sebelum terlibat dalam penggarapan musik komedi melalui film dan kaset lawak bersama Warkop, sebetulnya juga telah terlibat dalam penggarapan ilustrasi musik film-film komedi dan kaset lawak. Di antaranya bersama band yang dibentuknya, Irama Nada, pada paruh era 70-an, mereka mengiringi kaset lawak Kwartet Jaya yang dipimpin Eddy Sud.

Lagu *Obrolan Warung Kopi* karya Gatot Sudarto ini akhirnya tanpa disengaja menjadi tema lagu Warkop. Ternyata masyarakat memang menyukai lagu ini, yang sederhana dan memiliki harmoni segar serta lirik yang menggelitik.

Di tahun 2008 pemusik Andi Rianto bersama Magenta Orchestra menggelar konser *Moviechestra* yang menyajikan sejumlah interpretasi atas berbagai *music score* dan *soundtrack* film-film layar lebar Indonesia, termasuk memainkan lagu *Obrolan Warung Kopi* dengan sentuhan orkestra tanpa menghilangkan unsur komedia yang dikandung lagu tersebut. Lagu jenaka itu, menurut Andi Rianto, mewakili genre film komedi Indonesia. Ketika lagu itu disenandungkan oleh kelompok RAN, aplaus penonton pun menggema di Plennary Hall Jakarta Convention Center pada 14 Mei 2008.

Menariknya, lagu ini ternyata dibuat dalam berbagai versi lirik yang berbeda. Untuk versi yang dinyanyikan di layar lebar, liriknya justru ditulis oleh Dono, Kasino, dan Indro. Itu belum termasuk versi saat Warkop DKI menyanyikannya di pentas-pentas pertunjukan.

Sebuah iklan minuman kopi bermerek Kopi ABC di TV pun menggunakan lagu *Obrolan Warung Kopi* sebagai *jingle* iklannya. Pesona Warkop jelas tak hanya di sisi film atau lawakan di panggung maupun kaset, tapi juga pada elemen musik.

LINTAS MUSIK DAN LINTAS MUSISI

BERBEDA dengan kelompok-kelompok lawak lainnya, kelompok Warkop memiliki keterkaitan dengan berbagai pemusik Tanah Air yang saat itu tengah naik daun.

Ketika siaran di Radio Prambors Rasisonia pada 1975, Warkop banyak *kongkow* dan *nongkrong* bersama anak-anak Prambors Vokal Group, yang antara lain didukung oleh dedengkot Prambors yang doyan main musik, Mohammad Noer Arumbinang, serta pemusik Ari Wibowo.

Tampaknya mencuatnya hobi main *folk songs,* yang ditandai dengan penggunaan instrumen musik akustik seperti gitar, yang merebak di seantoro Jakarta saat itu, dianggap menyatukan kegiatan anak muda, tak terkecuali tentunya Warkop.

Apalagi dalam tubuh Warkop ada Nanu yang jago main gitar, Indro yang kerap meniup suling dan harmonika sambil *nggenjreng* gitar, serta Kasino yang mungkin bercita-cita jadi penyanyi profesional hingga lebih *sreg* tampil sebagai *frontman* seperti laiknya Achmad Albar, rocker berambut kribo dari *kugiran* God Bless. Dono terkadang ikutan pula nimbrung nyanyi meski terdengar kayak orang tengah deklamasi atau sekadar *nabok* ketipung maupun bongo.

Ketika jadwal manggung mulai padat pada tahun 1978-1970, biasanya Warkop tampil di atas panggung dengan sejumlah "nama besar" seiring melejitnya ajang bergengsi Lomba Cipta Lagu Remaja Prambors 1977 dan 1978. Warkop di antaranya manggung bersama Badai Band yang menampilkan Chrisye sebagai penyanyi utama, juga Chris Manusama hingga The Rollies dari Bandung.

"Terkadang kalau bujet panitia penyelenggara kurang memenuhi, biasanya Warkop tampil dengan Chris Manusama saja. Chris bisa nyanyi sendiri sambil *genjreng* gitar elektrik. Main gitarnya *saik.* Suara Chris yang berpostur kecil ternyata menggelegar lho.... Maklum, dia *tuh* kan bekas rocker. Pernah gabung dengan band rock Jakarta Hookerman," jelas Indro.

gitar semata wayang itu. "Saya memainkan dua senar paling bawah. Yang lainnya dipetik Nanu," urai Indro berderai tawa.

Jika membawakan lagu-lagu bergaya keroncong atau langgam, Nanu memainkan melodi dan Indro kebagian memainkan bunyi *cak* dan *cuk* yang menjadi ciri khas musik keroncong itu. Kasino pun dengan aksen Jawa yang dimirip-miripkan dengan gaya Mus Mulyadi mulai menyanyikan lagu ke-

Warkop pun kemudian memiliki band pengiring sendiri yang kerap tampil mengiringi mereka di berbagai tempat hiburan. Band pengiring atau *home band* Warkop ini didukung oleh Jerry Souissa (gitar elektrik), Opop (drum), Eddy Susilo (bas), serta Younky dan Dodo Zakaria (keyboard).

Mereka adalah sederet pemusik yang telah memiliki nama saat itu. Jam terbang mereka sebagai pemusik panggung sudah tinggi. Jerry Souissa pernah mendukung kelompok Ariesta Birawa bersama Mus Mulyadi di Surabaya. Opop pernah membentuk trio jazz rock dahsyat ERO bersama gitaris Emmand Saleh dan pianis Rully Djohan, adik penyanyi Ernie Djohan. Eddy Susilo pernah bergabung dengan kelompok Clique Fantastiqe bersama dua bersaudara Robby Amin dan Greggy Manupasa. Bahkan Dodo Zakaria yang saat itu juga baru membentuk kelompok jazz rock Drakhma kemudian melesat sebagai pencipta lagu dan pemain keyboard andal negeri ini.

Keanekaragaman pemusik berikut genre yang mereka tekuni dalam mendukung penampilan Warkop jelas menyiratkan bahwa medium musik sudut pandang Warkop tak hanya sebagai bumbu penyegar belaka. Musik justru dilibatkan sebagai salah satu idiom atau anasir yang mendukung pola lawakan mereka. Musik dan lawak merupakan bagian tak terpisahkan, semacam simbiosis mutualisme.

Lihat saja kredit pemusik yang tercantum dalam 12 album lawak Warkop sejak 1979 hingga 1985. Jelas membuat kita berdecak kagum sambil geleng-geleng kepala. Kenapa? Karena di situ ada Abadi Soesman, ada Ian Antono, hingga Yockie Suryoprayogo dan Chris Manusama yang mewakili generasi rock. Juga ada Benny Likumahuwa, Gilang Ramadhan, Mates, Ekky Soekarno, Rezky Ichwan, Doddy Sukaman, Dodo Zakaria, Roedyanto, dan banyak lagi lainnya, termasuk dedengkot musik *avant garde* Franki Raden. Mereka adalah pemusik yang sosoknya telah dikenal khalayak menguasai pop, rock, hingga jazz.

Dalam membawakan lagu-lagunya pun Warkop terkesan melakukan lintas genre. Ada yang bernuansa blues, pop, rock, dixieland jazz, country, folk, termasuk keroncong dan dangdut.

Tak semua kelompok lawak mampu melakukan pendekatan musikal seperti yang telah dilakukan Warkop dalam lakon-lakon lawakannya.

roncong *Dewi Murni* hingga ke *Tirtonadi*-nya Gesang. Lagu-lagu ini semuanya dipermak dengan nuansa humor yang kental.

Yang namanya lirik lagu sudah pasti menjadi ajang pelesetan yang membuat pendengar tiada tahan menahan gelak tawa nan berderai. Ketika tampil dalam rekaman kaset yang digagas Pramaqua, Kasino mengajak sederet pemusik keroncong yang kerap *nongkrong* di bilangan Pecenongan. Kasino lalu memberi nama Orkes Keroncong Irama Jemblem.

Kegemaran merusak lagu dengan atmosfer humor memang telah mereka lakukan sejak zaman kemping dulu di sekitar tahun 1972-1973. Lagu hits Koes Plus, *Manis dan Sajang* dari album *Dheg-Dheg Plas* (Dimita, 1969) habis dijungkirbalikkan oleh Kasino.

Gagasan menjungkirbalikkan lagu itu juga banyak datang dari benak Rudy Badil nan jahil, di antaranya mendangdutkan lagu *My Bonnie* yang dipopulerkan Tony Sherian with The Beatles serta beberapa lagu yang hit lainnya seperti *Beautiful Sunday* (Daniel Boone) dan *Are You Lonesome Tonight* (Elvis Presley).

Saat itu mereka memang belum *ngeh* dengan istilah musik parodi. Yang ada dalam benak mereka saat itu hanyalah sebuah upaya mengobrak-abrik lagu yang *ngetop* menjadi sajian musik humor yang mengundang tawa penonton. Itu saja.

Dalam buku *Folklor Indonesia: Ilmu Gosip, Dongeng, dan Lain-lain* (Grafiti Pers,1984), James Danandjaja menyinggung soal lagu atau nyanyian parodi: nyanyian parodi adalah nyanyian jenaka yang bersifat mengajukan suatu nyanyian yang liriknya bersifat serius, dengan maksud untuk mengejek. Nyanyian terkenal *My Bonny is Over the Ocean* aslinya berbunyi begini:

My Bonny is over the ocean
My Bonny is over the sea
My Bonny is over the ocean
Oh bring back my Bonny to me

dan versi parodinya berbunyi seperti berikut:

My Bonny has tuberculosis
My Bonny has only one lung
She coughs up the blood and corruption
And rolls it around on her tongue.

Contoh dari Indonesia adalah lagu tamasya terkenal *Naik- naik ke Puncak Gunung* yang mempunyai versi nyanyian jenaka parodi, yang bunyinya adalah:

BINGUNG..., MADU ATAU RACUN?

SIAPAKAH yang memopulerkan lagu *Madu dan Racun*? Saya yakin pasti semua dengan lantang menyebut Bill & Brod, kelompok yang terdiri atas Ari Wibowo, Nyong Anggoman, Rully Bachrie, dan Kenny. Jawabannya bukan itu, sobat. Yang betul adalah Warkop!

Bingung kan? *Gini gini*, mari kita urai ihwal sejarah yang benar dan enggak bohong. Lagu yang dikenal dengan *hook* "Madu di tangan kananmu/racun di tangan kirimu/aku tak tahu mana yang akan kau berikan padaku?" itu awalnya diberi judul *Bingung* oleh Sidosa, yang merupakan *nickname* Ari Wibowo. Liriknya ditulis oleh Jonathan Purba. Lagu ini pertama kali direkam Vokal Group Prambors pada label Pramaqua di tahun 1975 yang menjadi penghuni side B album Noor Bersaudara. Saat itu memang eranya *folk songs* dan vokal grup. Prambors pun bikin vokal grup yang digawangi Mohammad Noer Arumbinang, Djody W., Alrieda Hutasoit, dan Sidosa. Lagu ini kemudian berubah lagi judulnya menjadi *Dilema* ketika dilantunkan penyanyi manja Nanin Sudiar.

Nah, Kasino sendiri dalam beberapa pertunjukan lawak Warkop di berbagai kesempatan acap kali menyanyikan lagu *Bingung* karya Ari "Sidosa" Wibowo itu. Mungkin karena keseringan dikumandangkan di panggung, lagu tersebut akhirnya menjadi dikenal luas di mana-mana. Padahal Kasino dan Warkop belum pernah merekamnya dalam bentuk kaset sekali pun.

Mungkin melihat gelagat diterimanya lagu *Bingung* itu di kuping masyarakat, Ari Wibowo yang telah membentuk band baru bernama Bill & Brod bersama dua pemusik jazz, Nyong Anggoman dan Rully Bachrie, tertarik untuk me-*remake* lagu dengan lirik yang unik itu. Untuk ketiga kalinya lagu itu berubah judulnya menjadi *Madu dan Racun*. Sebuah judul *catchy*. Dan insting Ari Wibowo bersambut. Lagu ini menjadi hit di tahun 1984. Aransemennya diubah mengikuti pola lagu *Susanna*, sebuah hit di tahun 1984 yang dipopulerkan oleh kelompok musik asal Belanda, The Art Company.

Madu dan Racun saat itu jadi fenomena dalam industri musik pop Indonesia. Kabarnya penjualan album tersebut mencapai jumlah sekitar 1 juta kaset. Bayangkan.

Sayangnya, Kasino Warkop hanya sempat mendendangkan lagu itu sebatas di pentas-pentas pertunjukan saja. Bukan rezekinya Warkop!

Naik naik ke gunung nyonya
Susu susu melulu

(James Danandjaja, hlm. 151)

Di sepanjang karier Warkop, parodi memang hampir menjadi bagian tak terpisahkan dalam jurus lawakan mereka. Contoh yang jelas adalah ketika Kasino memarodikan lagu *Kidung*-nya Chris Manusama dengan menyusupkan deskripsi tentang sensualitas aktris Doris Callebaut yang saat itu termasuk deretan aktris yang kerap melakukan berbagai adegan panas dalam beberapa judul film layar lebar nasional.

Di tahun 1984, ketika penyanyi parodi asal Amerika Serikat, Weird Al Yankovic, memarodikan *megahit* Michael Jackson *Beat It* menjadi *Eat It*, entah sengaja atau tidak Warkop pun melakukan hal yang sama, yakni memarodikan lagu itu menjadi *Cepirit* lewat tarikan suara dari siapa lagi kalau bukan Kasino "The Superstar from Warkop".

Perbendaharaan lagu-lagu yang dikuasai Kasino cukup lumayan. Dia menguasai banyak lagu pop Barat, Mandarin, India, lagu-lagu daerah, hingga lagu-lagu Indonesia dari berbagai era. Dalam kaset Warkop Prambors yang pertama kali dirilis Pramaqua, Kasino menyanyikan lagu *Andeca Andeci* karya Oslan Husein. Lagu ini terdapat pada film *Kasih Tak Sampai* (Sarinande Films, 1961) yang dibintangi Rima Melati, Upit Sarimanah, dan Oslan Husein yang menyanyikannya dengan gaya santai bersama iringan musik Jack Lemmers, yang kemudian berganti nama menjadi Jack Lesmana.

"Dulu saya pikir *Andeca Andeci* itu lagu India, ternyata karya Oslan Husein, ya?" komentar Johannes Soerjoko yang saat itu menggagas perekaman kaset lawak Warung Kopi Prambors.

Dalam kaset-kaset lawak Warkop, sederet pemusik profesional kerap mendukung penampilan Warkop dalam membawakan lagu-lagu parodi, seperti Abadi Soesman, Ian Antono, Gatot Sudarto, Gilang Ramadhan, Sonny Soemarsono, Mates, Rezky Ichwan, Adjie Soetama, hingga pemusik kontemporer sekaligus musikolog Franki Raden.

Musik parodi yang digagas Warkop memang menjadi inspirasi bagi beberapa artis dan grup musik, di antaranya OM Bangladesh's yang memarodikan lagu-lagu The Beatles dalam cengkok dangdut hingga Roy Sewot yang men-

PINK PANTHER KETEMU WARKOP

KALAU mau jujur, pemusik dan komposer asal Amerika Serikat, Henry Mancini, sesungguhnya termasuk pemusik yang membesarkan popularitas Warung Kopi, terutama saat mereka mulai sering tampil di layar lebar. Lho, apa iya? Iya betul, karena komposisi musik instrumental bernuansa jazz yang diciptakan Henry Mancini, *The Pink Panther Theme* (1964), untuk tema musik film serial detektif *Pink Panther* yang dibintangi aktor sohor Peter Sellers itu digunakan pula sebagai musik tema beberapa film Warkop, terutama ketika Soraya Film mulai terlibat penanganan penggarapan film-film Warkop di layar lebar.

"Gagasan menggunakan komposisi karya Henry Mancini itu datang dari produser film Ram Soraya. Tapi yang bikin saya kaget karena justru lagu orisinal Henry Mancini itu dipakai begitu saja oleh Soraya Film tanpa ada izin dari *publisher*-nya. Ketika saya diajak membuat ilustrasi musik film-film Warkop pada tahun 1985, saya kemudian menjelaskan ke Ram Soraya bahwa jika menggunakan lagu milik komposer yang telah terdaftar *rights*-nya tanpa izin, itu adalah perbuatan melanggar hukum. Lalu saya menawarkan solusi. Karena *image* lagu *The Pink Panther Theme* ini telah begitu melekat di benak masyarakat, maka saya membuat perbedaan dalam struktur notasi atau melodi serta akornya, tapi *mood*-nya tetap sama. Jadi seperti sebuah karya yang mirip-mirip," ungkap Rezky Ichwan, alumnus Berklee College of Music, Boston, Amerika Serikat.

Rezky sejak 1985 kemudian dipercaya menggarap *music score* film-film Warkop, baik di layar lebar maupun ketika Warkop merambah layar kaca televisi pada paruh era 90-an, di saat perfilman Indonesia mulai menyurut. Adapun garapan ilustrasi musik Rezky dalam film Warkop dimulai pada film *Atas Boleh Bawah Boleh* (1985).

dangdutkan sejumlah lagu Barat dengan nama "Bardut" (Barat Dangdut), termasuk pula Padhyangan Project yang muncul pada awal era 90-an. Rasanya tak berlebihan jika selain dikenal sebagai kelompok lawak, Warkop sesungguhnya adalah kelompok musik humor yang pantas dicatat dalam sejarah musik negeri ini.

Kelompok-kelompok lawak yang muncul setelah Warkop tampaknya sangat terinspirasi dengan eksistensi Warkop dalam dunia hiburan. Setidaknya untuk kelompok Bagito atau Patrio yang juga pernah merilis album lawak yang dibaurkan dengan penampilan musik. Mereka melawak dan bernyanyi, bahkan bermain instrumen musik seperti yang telah dilakukan Warkop sebelumnya.

Belakangan ini bermunculan kelompok musik komedi yang pola penampilannya mengikuti gaya Warkop atau OM Pancaran Sinar Petromaks, semisal kelompok Pecas Ndahe hingga Teamlo. Setidaknya ini merupakan isyarat bahwa masyarakat kita masih menerima pola lawak berbaur musik komedi seperti yang telah digagas Warkop pada paruh era 70-an.

Warkop 12 Pas

Denny Sakrie

1. Warung Kopi Prambors (Cangkir Kopi)

(Pramaqua, 1979)

Ini album pertama Warung Kopi Prambors dengan sampul album secangkir kopi yang dirilis Pramaqua pada 1979. Terdiri atas Nanu, Kasino, Dono, dan Indro. Diangkat dari pertunjukan Warkop di Palembang tahun 1979 serta di Studio Gelora Seni dengan penata suara Alex Kumara dan Dannes Item. *Joke reading* mendominasi isi kaset ini. Mereka terampil melempar kisah lelucon folklorik bernuansa etnik.

Pihak Pramaqua memberikan *flat pay* sebesar Rp10 juta untuk Warkop. Jumlah yang besar dibandingkan saat Pramaqua membayar album perdana God Bless (1976) sebesar Rp5 juta. Kaset ini laku 260.000 kopi, melampaui penjualan *LCLR Prambors 1977* dan *Badai Pasti Berlalu.*

Di sini tampil pula musik dangdut lewat pemunculan Orkes Melayu Rindu Order pimpinan Djumadi. Kenapa bernama Rindu Order? "*Abis,* tiap hari Pak Djumadi selalu *nelpon* ke kita ada *job* lagi enggak buat *kite-kite.* Langsung *kite namain aja* OM Rindu Order," jelas Indro.

Cover-nya yang dirancang oleh Lesin pun terlihat artistik. Menampilkan sebuah cangkir dengan kopi yang mengepul.

2. Warung Kopi Prambors (Warung Tenda)

(Pramaqua, 1979)

Dengan ilustrasi sebuah warung tenda yang kembali ditoreh perancang grafis Lesin, album kedua Warkop Prambors kian memantapkan diri sebagai kelompok lawak dengan keterampilan melahirkan sindiran dalam bentuk *jokes.*

Baron Ahmadi menuliskan beberapa kisah humor. Warkop pun mulai melakukan parodi lagu, di antaranya memelesetkan lagu *Kidung* karya Chris Manusama. "Karena di lagu *Kidung* kami memelesetkan kata *kelabu* menjadi *Callebout*, maka kami pun meminta izin terlebih dahulu kepada Mbak Doris Callebout," ujar Johannes Soerjoko. Musik digarap Abadi Soesman dan Ian Antono dari God Bless serta Orkes Keroncong Irama Jemblem. Warkop bereksperimen memadukan musik rock dan keroncong. Introduksi menampilkan solo gitar rock yang meraung-raung dari jari-jemari Ian Antono, lalu bersambung dengan gaya keroncong yang khas dari Orkes Keroncong Irama Jemblem mengiringi Kasino yang mendendangkan *Jenang Gulo* dengan syahdu. Di album ini Pramaqua menaikkan harga Warkop menjadi Rp25 juta per album. Bayaran yang cukup fantastik. Di tahun yang sama Achmad Albar merilis album dangdut bertajuk *Zakia* yang kabarnya juga dibayar sekitar Rp25 juta. Kaset kedua Warkop ini digawangi 4 penata suara andal Jakarta saat itu, yaitu Alex Kumara, In Chung, Stanley, dan Dannes Item.

Rekaman di muka A adalah saat Warkop tampil secara langsung (*live*) di Jakarta dan Bandung. Lalu di muka B menampilkan rekaman langsung

Warkop di kota Pontianak dan sisanya di Studio Irama Mas yang terletak di kawasan Pluit, Jakarta. Kasino menyanyikan lagu *John Tra La La* karya Chris Manusama yang diiringi Abadi Soesman Band. Intronya mengingatkan kita pada komposisi karya Billy Preston, *Nothing from Nothing* (1972).

3. Warung Kopi dan OM PSP

(DD Record, 1979)

Diangkat dari acara memperingati Hari Ulang Tahun ke-16 TVRI pada 1978 yang mempertemukan Warkop Prambors dan Orkes Moral Pancaran Sinar Petromaks. Kolaborasi ini seperti reuni almamater Universitas Indonesia. Kasino dan Dono berduet lewat lagu *Saudara* yang pernah dipopulerkan penyanyi dangdut Ellya Khadam serta lagu *Siksa Kubur* yang dipopulerkan Ida Laila. Nanu malah menyanyikan lagu dangdut milik Koes Plus yang dipopulerkan Elvy Sukaesih, *Cubit Cubitan*, dengan aksen Tapanuli yang khas dan sudah pasti bikin *gerrr*. OM PSP sendiri menyanyikan lagu lagu seperti *Seiya Sekata, Milikmu*, dan *Karena Lirikan*.

Mungkin karena sama-sama satu almamater, kolaborasi humor antara Warkop Prambors dan OM PSP terdengar lebih menyatu dan *tek-tok*. Kerap menyentil peristiwa aktual saat itu. Sebuah formula lawak dan musik yang bersenyawa dengan bagus.

4. Mana Tahaaan...

(Purnama Record, 1980)

Walaupun muka Nanu terlihat pada sampul kaset yang diambil dari poster film perdana Warkop Prambors *Mana Tahaaan...*, ini merupakan yang pertama kalinya Warkop Prambors tampil bertiga setelah Nanu Mulyono bersolo karier dengan membintangi film *Rojali dan Juleha*. "Sebetulnya saat itu Nanu absen bersama kita karena harus menyelesaikan mata kuliahnya yang banyak terbengkalai di kampus," ungkap Indro.

Kaset ini pun tetap menampilkan puspa ragam lelucon yang dipadu lagu-lagu yang diangkat dari *soundtrack* film *Mana Tahaaan...* dengan musik yang digarap Yockie Suryoprayogo dan Abadi Soesman. Penulis humor Arwah Setiawan bersama Yusuf Lubis, Tejo, dan Kasino didapuk sebagai tim penulis naskah humornya

Yockie Suryoprayogo, yang saat itu tengah melejit sebagai pasangan Yockie-Chrisye dalam menghasilkan album *Sabda Alam* dan *Percik Pesona,* menampilkan sebuah warna musik dangdut kontemporer di kaset *Mana Tahaaan...* ini. Simak permainan *solina string* Yockie pada introduksi dan interlude lagu *Andeca Andeci* karya Oslan Husein lewat duet Kasino dan ratu dangdut Elvy Sukaesih yang bernuansa progresif rock. Teknik *glissando* Yockie Suryoprayogo terasa banyak dipengaruhi gaya jawara keyboard asal Swiss, Patrick Moraz, yang pernah mendukung Yes dan The Moody Blues.

Abadi Soesman malah menulis lagu dangdut *Mana Tahaaan...* yang dinyanyikan secara keroyokan oleh Dono, Kasino, dan Indro. Ternyata diam-diam dua pemain keyboard yang pernah tergabung dalam band rock God Bless ini piawai pula berlenggok dangdut. Mana Tahaaan!

5. Dokter Masuk Desa

(Purnama, 1981)

Pada kaset ini untuk pertama kali Warkop Prambors hadir dengan naskah humor tematik. Mereka tidak lagi mengandalkan *joke reading*. Dengan tajuk *Dokter Masuk Desa*, Warkop menggali kisah lucu di seputar dokter yang melayani masyarakat desa. Warkop meniru gaya sambrah yang melibatkan spontanitas penonton sebagai bagian dari cerita. Perubahan gaya lawak Warkop Prambors ini memang telah termaktub pada *liner notes* yang terpancang di bagian dalam sampul kasetnya: "Begitu suara ini sampai di gendang telinga anda, anda akan menemukan warna Warung Kopi yang lain. Kami tak lagi menghadirkan penggalan-penggalan *jokes* seperti sebelumnya. Alasannya? Kami mencoba berimprovisasi dengan meninggalkan patokan-patokan naskah atau perencanaan yang selalu kami tulis sebelum muncul.

Spontanitas! Itu yang ingin kami sampaikan seperti model "sambrah" yang melibatkan juga penonton secara verbal waktu kaset ini dibuat. Keterlibatan verbal itulah yang kami harapkan bisa dinikmati sebagai sebuah kaset".

Musik disuguhkan oleh band bocah Irama Teler "Pengantar Minum Racun" yang kelak dikenal sebagai Orkes Moral Pengantar Minum Racun dengan *frontman*-nya Johnny Iskandar. Mereka mengiringi Kasino menyanyikan lagu *Just the Way You Are*-nya Billy Joel dalam irama dangdut dan liriknya pun diubah menjadi *Modal Asing*. Kelompok Pengantar Minum Racun ini pun menyodorkan dua lagu ciptaannya, yaitu *Gengsi Anak Muda* dan *Pelajaran Bahasa Inggeris Jilid Dua*, yang dinyanyikan oleh siapa lagi kalau bukan Kasino.

6. Gerhana Asmara (Warkop dan Srimulat)

(JAL Record, 1982)

Warkop berkolaborasi dengan kelompok lawak tradisional Srimulat yang menurunkan pemain seperti Gepeng, Tarzan, Asmuni, Basuki, dan Jujuk. Cerita yang mengambil kisah romansa ini memperlihatkan keterampilan dua kelompok lawak ini dalam pola interaksi yang responsif, walau keduanya memiliki latar belakang gaya humor yang berbeda.

Rekaman lawak ini berlangsung di dua kota, yaitu Jakarta dan Solo. Di Solo berlangsung di Hotel Sahid Jaya yang didukung Gepeng, Indro, dan Kasino. Saat itu Gepeng "dipinjam" dari Lembaga Pemasyarakatan Solo. Ia ditahan karena memiliki senjata api. Rekaman lainnya berlangsung di Jakarta yang melibatkan Dono dan Tarzan. Kolaborasi ini ternyata memang *gerrrr....*

7. Pingin Melek Hukum

(Insan Record, 1983)

Indro berperan sebagai mahasiswa fakultas hukum yang aktif memberikan penyuluhan hukum kepada masyarakat. Sindiran terhadap dunia hukum serta masalah korupsi menjadi materi humor yang memenuhi lakon cerita. Penulis humor Tris Sakeh dan kartunis Johnny Hidayat menuliskan naskah ceritanya. Salah satu lakon lawak terbaik Warkop.

Musik digarap oleh Gatot Sudarto yang kerap membuat ilustrasi musik untuk film-film layar lebar. Gatot menulis dua lagu di kaset ini, yaitu *Obrolan Warung Kopi* yang liriknya ditulis oleh Gatot Sudarto, Tris Sakeh, dan Yudhie N.H. Lagu ini dibawakan dengan gaya folk yang segar. Bahkan harmonisasi suara Kasino dan Indro sepintas seolah meniru gaya The Everly Brothers. Lagu lainnya adalah *Jakarta Jakarta* yang liriknya pun ditulis trio Gatot Sudarto, Tris Sakeh, dan Yudhie N.H. Namun, yang menarik adalah saat Gatot dengan jahil me-*medley*-kan lagu *Jula Juli* dengan lagu *Maybe*-nya Thom Pace yang menjadi tema lagu serial televisi sohor saat itu, *Grizzly Adams*.

Gatot Sudarto memang tak ingin setengah-setengah dalam menata aransemen musik untuk Warkop Prambors ini, antara lain dengan menyusupkan elemen instrumen musik tiup dan gesek.

8. Semua Bisa Diatur

(JAL Record, 1984)

Dengan mengambil jargon yang saat itu kerap diucapkan Wakil Presiden Adam Malik, "Semua Bisa Diatur", Warkop kali ini bertutur tentang seseorang yang baru diangkat sebagai lurah desa. Indro berperan sebagai Lurah. Kasino dan Dono memerankan orang desa yang lugu, tapi jahil. Humor bernuansa kritik sosial bertebaran di sana-sini. Karena saat itu tengah demam Michael Jackson, Kasino pun memelesetkan lagu *Beat It* menjadi *Cepirit*.

Di saat bersamaan lagu Michael Jackson itu pun dipelesetkan oleh penyanyi Weird Al Yankovic menjadi *Eat It*. Al Yankovic tercatat sebagai penyanyi parodi, pelawak, dan satiris. Kemungkinan besar Kasino terpengaruh musik parodi yang diusung Weird Al Yankovic dari Amerika Serikat itu.

9. Pokoknya Betul

(JAL Record, 1984)

Indro dan Dono berlibur ke Bali dan bersua dengan Kasino yang berperan sebagai orang Bali. Kasino berhasil memerankan orang Bali dengan bagus, terutama meniru kegagalan sebagian besar orang Bali saat melafalkan kata yang dimulai dengan huruf "t" secara sempurna.

Untuk kedua kalinya muncul OM Pengantar Minum Racun sebagai pengiring Warkop memarodikan lagu *Flashdance... What A Feeling* yang dipopulerkan Irena Cara dan *I Don't Want To Talk About It*-nya rocker berambut jabrik, Rod Stewart.

10. Sama Juga Bohong

(Sokha, 1986)

Album ini berisikan *soundtrack* yang terdapat pada film *Sama Juga Bohong* yang musiknya digarap Franki Raden. Selain Warkop, sederet penyanyi sohor saat itu ikut tampil di sini, seperti Gito Rollies, Farid Hardja, dan Nuri Amalia. Franki Raden bahkan menulis lagu khusus untuk Warkop bertajuk *Robot Robot*.

Dalam kaset Warkop ini banyak bertebaran pemusik berbakat seperti Dodo Zakaria yang sebetulnya juga berperan sebagai pemain keyboard pada band yang mengiringi Warkop tampil di pentas pertunjukan. Ada juga penabuh drum Band Symphony, Ekki Soekarno, bahkan pemusik jazz seperti Gilang Ramadhan (drum), Mates (bas), dan Yoyok (saksofon) termasuk ikut mendukung musiknya.

11. Makin Tipis Makin Asyik

(Union Artis, 1987)

Untuk pertama kali Warkop melepas nama Prambors dan menggantinya dengan Warkop DKI, sesuai dengan inisial ketiga anggotanya (Dono, Kasino, dan Indro). Warkop bercerita tentang seorang guru yang mengajar di hadapan murid-muridnya yang usil dan jahil. Kali ini musik Warkop DKI dipercayakan kepada Rezky Ichwan, pemusik jebolan Berklee College of Music, Boston, Amerika Serikat. Pilihan musiknya mengarah ke gaya jazz fusion yang saat itu *ngetren*. Banyak mengambil *music programming* yang telah diprogram terlebih dahulu tata musiknya.

Ada dua lagu yang bisa disimak dalam kaset yang judulnya mengisyaratkan pada alat kontrasepsi kondom, yaitu *Nggak Janji Deh Ya* (ciptaan Rezky Ichwan dan Adjie Soetama) dan *Makin Tipis Makin Asyik* (ciptaan Rezky Ichwan dan Budi Adrian Singawinata).

12. Kunyanyikan Judulku

(Harpa, 1987)

Dalam album ini Warkop DKI lebih banyak tampil sebagai penyanyi dengan sedikit selingan lawak. Yang menarik, mereka membawakan gaya blues pada lagu *Blues Derita* yang ditulis Sonny Soemarsono dan Warkop sebagai penulis lirik. Lagu Oddie Agam dipelesetkan menjadi *Antara Anyer dan Panarukan*. Setelah merilis album ini, Warkop DKI justru tak pernah menghasilkan sebuah kaset lawak lagi. Entah kenapa.

Ada satu hal unik di album ini saat Warkop menyanyikan *Kunyanyikan Judulku.* Anda akan mafhun liriknya diambil dari sederet judul film layar lebar yang pernah dibintangi Warkop:

Gantian dong, tau diri dong
Masa situ melulu
Pokoknya beres pokoknya beres
Semua bisa diatur
Eh Mister Chips
Itu bis tingkat
Atas boleh bawah boleh
Mana tahan mana tahan
Dongkrak lu antik
Maju kena mundur kena

Musiknya digarap oleh Sonny Soemarsono, yang di tahun 70-an pernah tergabung dalam band Scorchless dan Srimulat.

Jika memperhatikan dengan saksama isi lagu-lagu yang terdapat pada ke 12 kaset lawak milik Warkop itu, ada sesuatu yang cukup mengganjal yang justru tak disadari ketika Warkop melakukannya pada akhir 70-an hingga paruh 80-an, yaitu kepedulian terhadap hak cipta, terutama izin penggunaan lagu-lagu yang dinyanyikan oleh Warkop, terutama untuk lagu-lagu asing berbahasa Inggris, India, dan Mandarin.

Lagu-lagu bercorak Top 40 yang mereka bawakan saat itu, semisal *Flash Dance...What A Feeling* (Irene Cara), *Beat It* (Michael Jackson), *Maybe* (Thom Pace), *I Don't Want To Talk About It* (Rod Stewart), dan masih banyak lagi, jelas mereka nyanyikan tanpa *permission rights* dari *music publishing* yang bersangkutan. "Dulu kami enggak tahu bahkan enggak *ngeh*. Jadi kami *bawain* begitu saja. Bahwa ternyata membawakan lagu karya orang harus melalui izin baru kami ketahui sesudahnya," jelas Indro.

Saat itu memang kepedulian pada Undang-Undang Hak Atas Kekayaan Intelektual (UU HAKI) memang nyaris tak ada. Apalagi negara kita memang belum memberlakukan UU HAKI International. Dan seperti kita ketahui, di Indonesia tumbuh begitu banyak perekam lagu Barat tanpa lisensi yang untungnya berakhir ketika Bob Geldof melakukan somasi besar-besaran terhadap pembajakan yang berlangsung di Indonesia tahun 1987. Sejak itulah Indonesia mulai memberlakukan UU HAKI dalam industri musik pada 1988. Secara bersamaan di tahun itu Warkop sudah tidak merilis album lawak lagi.

Dok. Denny Sakrie

Ekspedisi Cari "Kopi Dangdut Bangladesh's"

Denny Sakrie

Tanpa disadari, penyanyi dangdut almarhum Megi Z dan pemusik dangdut Utjok Surodipuro, beserta *kugiran* dangdutnya OM Bangladesh's, bisa dianggap bagian penting dari perjuangan Warung Kopi saat meniti dunia hiburan di paruh dasawarsa 1970-an. Lho masa sih? Iya, karena lagu *Kopi Dangdut* yang diciptakan Utjok Surodipuro, pemusik dangdut asal Madiun itu, secara *nggak* sengaja menjadi *opening tunes* Warung Kopi saat bercuap-cuap di Radio Prambors.

Juga lagu itu sekaligus mencatat sejarah sebagai lagu dangdut pertama yang dipancarluaskan Radio Prambors yang radionya anak muda Menteng. Ya, waktu-waktu itu, sekitar 95 persen Prambors hanya memutar lagu-lagu *nagri* alias mancanegara. Bayangkan, setiap malam Jumat seminggu sekali, suara khas penyanyi Megi Z meliuk-liuk mendendangkan *Kopi Dangdut*: *Duduk di Warung Kopi/Dengar lagu irama India asli/Asyik kopi yang murni /Kopi dangdut diminum sambil bercanda...*

Lagu *gacoan* itu bukanlah *Kopi Dangdut* yang dipopulerkan Fahmi Shahab di tahun 1991, lagu yang amat mirip *Moliende Café* karya komposer Venezuela *Hugo Blanco* yang menjadi hits di Argentina tahun 1961. Judulnya memang sama. Saya curiga jangan-jangan Fahmi Shahab juga sengaja memirip-miripkan gagasan judul lagu karya Utjok Surodipuro itu. Wallahualam.

Kenapa *Kopi Dangdut* OM Bangladesh's dipilih menjadi lagu tema Warung Kopi? Pertama, mungkin karena lirik lagunya relevan dengan misi dan visi Warung Kopi. Kedua, musiknya seolah hibrida antara musik rock dan musik khas aliran Sungai Gangga. Bayangkan, introduksi serta *riff-riff* gitarnya, seolah-olah mengingatkan kita ada lagu *Child In Time* dari Deep Purple hingga *Immigrant Song*-nya Led Zeppelin. Setidaknya, aura kedua ikon band rock itu memang bagian dari cita rasa pendengar Prambors saat itu.

Maka diputarlah piringan hitam OM Bangladesh's yang dikirim label FM Record dengan logo kalajengking itu. *Jreng jreng jeng jeng jreng*... demikian *riff* gitar elektrik yang dimainkan Utjok Surodipuro.

Berburu *Kopi Dangdut*

Lagu *Kopi Dangdut* ini di sekitar tahun 1975 cukup *ngetop* di kalangan penggemar musik dangdut, walau harus diakui tidak sebesar popularitas *Begadang* atau *Darah Muda*-nya Oma Irama bersama OM Soneta-nya itu. Karena lumayan berhasil, Utjok Surodipuro pun membuat sekuelnya, *Kopi Dangdut 2*. Kali ini yang mendendangkan bukan Megi Z lagi, melainkan Herlina Effendy, penyanyi yang kelak berduet dengan Benyamin S.

Di saat penulisan buku Warung Kopi pada awal 2010 ini, saya berusaha mencari keberadaan lagu *Kopi Dangdut* karya OM Bangladesh's. Semua tempat di Jakarta yang dikenal sebagai zona penjualan kaset dan piringan hitam *second* seperti di Jalan Surabaya,Taman Puring, Jatinegara, Depok, Jembatan Hitam, dan sebagainya, tak membuahkan hasil. Hmm... begitu langkanya album OM Bangladesh's ini? Suatu hari berdering telepon dari pedagang kaset dan piringan hitam bekas di Taman Puring. "Ada nih, piringan hitam OM Bangladesh's. Tapi gak ada *cover*-nya," sergahnya.

Buru-buru saya menclok ke Taman Puring. Dan betul, piringan hitam OM Bangladesh's itu tanpa *cover*, bahkan juga tanpa judul lagu di bagian tengah piringan hitam itu. "Ya udah dibawa aja dulu, *kalo* lagu *Kopi Dangdut*-nya *nggak* ada, *balikin* lagi *aja*," kata si pedagang.

Ketika memutar piirngan OM Bangladesh's di rumah, saya jadi lunglai karena dari 10 *track* itu sama sekali tidak terdapat lagu *Kopi Dangdut*. Namun sebagai pengumpul barang-barang kuno saya tak putus asa. "*Kalo* jodoh, suatu saat *Kopi Dangdut* OM Bangladesh's akan berada di tangan," ungkap saya membatin.

Suatu hari saya ke Jatinegara, mampir ke salah satu kios penjual kaset bekas. Mata tertumbuk pada *cover* OM Bangladesh's. Saya terkesiap, eh ternyata kaset itu bertuliskan OM Bangladesh's 1980 The Beatles Dangdut. Karena penasaran, saya mencoba untuk mendengarkan. Isinya adalah lagu-lagu The Beatles yang dibawakan dalam aransemen dangdut tapi liriknya diganti, misalnya lagu *Yesterday* menjadi *Air Mata Kekasih*, *A Hard Day's Night* menjadi *Hidup Berkelana* hingga *And I Love Her* menjadi *Kampung Halamanku*. Ha ha ha dalam hati saya terbahak. Ah ternyata Bang Utjok Surodipuro ini, seolah memiliki *sense of music* dan *sense of humor* yang sejalan dengan Warung Kopi: memarodikan kalau bukan memorakporandakan lagu orang lain, dalam sudut pandang humor. Sayang hingga detik ini, saya tidak berhasil mengetahui di mana keberadaan wong Madiun itu.

Utjok Surodipuro, kabarnya, sebelum terjun berdangdut dan membentuk OM Bangladesh's, ternyata pernah berkiprah dalam beberapa grup rock. Utjok pun dikabarkan mengagumi The Beatles, menyukai The Rolling Stones, Led Zeppelin, hingga Deep Purple. Nama Bangladesh itu konon terinspirasi dari film *Concert for Bangladesh* yang sempat diputar di bioskop Indonesia pada 1970-an. Di pertengahan era 1970-an, Utjok Surodipuro bahkan pernah berkolaborasi membuat album bersama Utjok Harahap, penyanyi rock sensasional yang dikenal dengan AKA. Kedua Utjok ini justru berkolaborasi membuat album dangdut. Nah lho!

Singkat cerita, Rabu 20 Oktober 2010 saya mengunjungi *basement* Blok M Square yang letaknya di samping Terminal Bis Blok M. *Basement* ini merupakan tempat penjualan buku-buku bekas, tapi dari sekian banyak kios yang ada, di situ ada tiga kios yang berjualan piringan hitam, CD, dan kaset lawas. Tanpa diduga, saya melihat kaset OM Bangladesh's yang sampulnya memperlihatkan kesembilan anggotanya tengah berpose. Buru-buru saya membuka isi *cover* kaset yang masih mulus dan bersih itu. Ternyata... lagu *Kopi Dangdut* ada di situ. Mata saya berkejab-kejab, perburuan telah berakhir.

Tapi seperti biasa, saya tidak ingin memperlihatkan ekspresi sukacita berlebihan. Ini pantang dilakukan di depan pedagang kaset bekas. Kenapa? Karena si pedagang biasanya akan menggetok kita dengan harga yang kadang nyaris tak masuk akal. "Kaset OM Bangladesh's ini berapa Bang," tanya saya. "Dua puluh lima ribu *aja*," katanya sambil membersihkan beberapa kaset dalam kardus.

Dok. Denny Sakrie

Tanpa pikir panjang lagi, saya ambil kaset yang bernilai bagai harta karun itu. Mengingat kondisi kaset masih mulus, suara dan bunyinya pun *gak ngeleyot*, saya pikir harga itu memang tepat. Asal tahu saja, di kios ini sebuah kaset Guruh Gipsy malah dibandrol Rp500.000. Edaaaan!

Kopi Dangdut OM Bangladesh's sudah di tangan, tapi keinginan masih belum terpuaskan juga. Saya masih tetap melacak keberadaan piringan hitam OM Bangladesh's dalam ekspedisi selanjutnya. Kalau jodoh, pasti tak kan ke mana... ha ha ha.

Bagian 3

Dok. Indro Warkop

Film Warkop: Segmen Sana Segmen Sini

Eddy Suhardy

DALAM sebuah tulisan di harian *Kompas*, Maret 1993, sineas Garin Nugroho pernah iseng-iseng bertanya kepada sopir taksi yang ditumpanginya. "Film apa yang disukai?" Sopir taksi bilang, "Warkop, lucu Pak." Lalu, "Enggak pernah nonton yang lain?" Sang sopir buru-buru menukas, "Enggak Pak. Biar disuruh juga enggak mau. Enggak lucu."

Opini satu sopir taksi memang belum tentu mewakili opini sekian juta orang. Tetapi fakta lain menunjukkan bahwa lewat 34 filmnya, Warkop memperoleh jumlah penonton yang banyak. Di Jakarta saja sebuah film Warkop yang termasuk kategori laris bisa menjaring 400.000-600.000 penonton. Artinya, ada sekian ratus ribu orang yang lebih-kurang satu selera dengan sopir taksi tadi.

Lalu kita akan bertanya, sebenarnya bagian mana yang membuat seorang sopir taksi merasa film Warkop itu lucu? Adegan *slapstick*? Dialog atau celetukannya? Atau memang jalinan ceritanya? Mungkin juga karena sosok pemainnya? Atau, ya pastinya kombinasi.

Untuk urusan humor fisik, secara iseng Garin mencatat, dalam film *Bisa Naik Bisa Turun* ada 4 adegan tokoh-tokoh kena siram, kena tinju 13 kali, alat kelamin kena gasak 3 kali, dan jatuh sebanyak 8 kali. Masih menyangkut soal fisik, rata-rata penggemar film Warkop akan bilang, "Baru *ngeliat* Dono muncul saja kami sudah geli." Untuk kasus terakhir, kita bisa saja berasumsi, jangan-jangan kebanyakan penonton film komedi tidak terlalu hirau jalan cerita.

Hal seperti ini rupanya disadari pula oleh Warkop. Secara terang-terangan Kasino dan Indro mengatakan, mau tidak mau Warkop harus bermain untuk dua segmen. Segmen pertama adalah segmen penggemar Warkop yang tahu humor Warkop entah lewat radio, kaset lawak, atau di panggung. Segmen kedua adalah segmen penonton film yang terdiri antara lain sopir taksi yang ditanyai Garin. Lalu secara sadar Warkop menyodorkan dua jenis humor yang berbeda.

Namun, apa pun, Warkop tentu punya modal agar dapat diterima di dua jenis publiknya. Modal itu adalah semacam bakat atau sifat alamiah yang ada dalam setiap individu Warkop. Dan itu sedikit banyak sebenarnya tercermin juga dalam film-film Warkop.

Di dalam film, Kasino kerap digambarkan sebagai sosok *leader*. Entah sebagai kepala detektif, kadang manajer. Sering pula Kasino digambarkan sebagai pria *sotoy* (sok tahu) dan sering mengambil kesimpulan yang salah atas sebuah gejala. Ia juga cenderung ingin dianggap sebagai *problem solver* dengan ide-ide yang belakangan baru diketahui semuanya *ngawur* belaka. Kasino juga identik dengan karakter si tukang jahil dan doyan *nyeletuk*.

Indro, sebagai anggota Warkop yang paling *mudaan*, biasanya diplot sebagai *partner in crime* dalam urusan jahil-menjahil. Biasanya sih karena diajak Kasino. Dalam beberapa film Indro juga tampil sebagai anak muda yang *gengsian*, kaya raya.

Yang paling sering menjadi korban "kezaliman" Kasino atau Indro biasanya adalah Dono. Ia acapkali digambarkan dalam peran pria *njawani*, cerdas tapi naif, sering terpaksa memenuhi permintaan dua rekannya. Bagaimana realitasnya?

Untuk urusan eksternal Warkop, Kasino memang menjadi orang yang diplot untuk itu. Mulai dari sekadar juru bicara, *public relations*, sampai *deal* bisnis. Kasino pula yang mengatur strategi dan konsep Warkop sebagai sebuah usaha jasa tawa. Singkat cerita, Kasino adalah *leader* di kelompok ini.

Peran Dono dalam Warkop adalah sebagai tenaga kreatif. Menulis cerita sampai penyutradaraan. Kadang bisa ikut sibuk dengan urusan visual. Maklum, selain dikenal sebagai penulis (artikel di surat kabar, majalah, hingga fiksi), Dono juga dikenal sebagai orang yang punya kepekaan visual (ia pernah menjadi kartunis dan hobi fotografi). Sementara Indro lebih ke bagian urusan internal organisasi. Mulai dari manajemen kantor, administrasi, sampai persiapan panggung. "Termasuk jadi keranjang sampah kalau ada yang *pengen curhat*," tutur Indro dalam suatu kesempatan ngobrol.

"Kalau bicara soal jahil, di Warkop semua juga jahil. Tapi yang jadi raja jahil, ya Kasino orangnya," kenang Indro sambil terkekeh.

Ada cerita tentang kejahilan-kejahilan itu. Pada sebuah kesempatan, Warkop tengah bergegas menuju gedung pertunjukan. Semua anggota Warkop sudah berdandan rapi. Mereka menunggu Nanu. Selesai mandi, Nanu buru-buru mengenakan celana dalamnya. Setelah berpakaian komplet, ia segera menyusul dan menaiki mobil di mana punggawa Warkop lain sudah duduk menanti di bangku belakang.

Mobil pun melaju. Namun, baru beberapa menit berlalu, Nanu mulai mengeluarkan sumpah serapah. "Dasar orang udik! Memang kampungan! Orang kalau dasarnya kampungan *tetep aja* kampungan!" teriak Nanu, geram. Apa pasal Nanu *ngamuk*?

Kasino, oknum yang dimaksud sebagai "si kampungan", sebelumnya memang sudah mengoleskan balsem di celana dalam Nanu. Tentu bisa dibayangkan betapa pedihnya "kantong menyan" Nanu kala torehan balsem bereaksi.

"Nah, itu contoh kejahilan Kasino. Tetapi di luar itu, Kasino adalah orang yang cerdas, terutama dalam urusan manajemen dan bisnis," ujar Indro.

Dono juga tak luput dari "kejahilan" oknum Warkop lainnya. Kejadiannya saat ia bersiap hendak manggung. Kala menunggu giliran, iseng-iseng Dono memeriksa penampilannya. Dari hasil pemeriksaan itu ia baru menyadari bahwa ujung dua celana yang dikenakan tidak sama tinggi.

"Ahhh, ini ada yang *ngerjain* gue nih," ujarnya *misuh-misuh,* sambil memperhatikan salah satu bagian celananya yang *ngatung* sebelah.

Siapa berani kurang ajar terhadap Dono? Anggota Warkop lainnya cuma pasang muka *cengengesan*. Belakangan Indro bercerita. "Waktu itu *ane* iseng-iseng melepas jahitan di salah satu ujung celana. Tekukan celana *ane naikin* dan pelan-pelan *ane* jahit lagi dengan serapi-rapinya."

Dono, intelektual kampus, memang tidak punya potongan suka *ngerjain* orang. Tetapi jangan kira ia tidak pernah melakukan perbuatan iseng. Korbannya memang bukan Kasino-Indro, tetapi Deddy Gumelar alias Miing. Nama terakhir memang pernah "*nyantrik*" sebagai asisten Warkop yang tugasnya antara lain melakukan riset kecil-kecilan manakala Warkop *ditanggap* manggung di berbagai tempat.

Di sebuah hotel, sesaat setelah bangun pagi, Miing merasa kelaparan. Tengok kanan, tengok kiri, Dono yang tidur sekamar sudah tak ada. Hanya saja tak lama kemudian terdengar suara ketukan pintu. Saat dibuka, seorang pelayan nampak membawa nampan berisi makanan.

Miing tentu girang. Maklum, karena perut terasa lapar, hidangan yang diantar segera dibuka. Tapi, bukan nasi goreng atau menu sarapan pagi yang ia peroleh. Di piring makanan ia menemukan setumpuk acar.

Pagi-pagi sarapan acar? Telepon di kamar tak lama kemudian berdering. "Gimana Ing? Enak acarnya?" begitulah suara penuh perhatian dari Dono di ujung telepon.

Saling canda adalah bumbu harian dalam keluarga Warkop. Keisengan atau celetukan sehari-hari itu rupanya dibawa pula ke dalam film. Dan itulah barangkali yang membuat film-film Warkop terasa lucu untuk sebagian besar orang.

Bakat Ngelawak

Modal Warkop saat pertama masuk ke dunia film memang sudah ada. Bakat ngelawak, begitu istilah gampangnya. Namanya pun sudah *ngetop*. Tawaran manggung datang terus-terusan. Kaset lawak pun sukses di pasaran. Lalu tiba pula tawaran untuk main film. Bukan hanya satu, tapi bisa sampai empat-lima perusahaan yang datang. Tinggal lagi anak-anak Warkop bingung memilih.

Tentang hal ini Indro punya cerita. "Kita perlu tanya sana-sini dulu. Konsultasi dulu, termasuk dengan Pak Ook (Soerjoko, produser dua album

Dok. Indro warkop

kaset pertama Warkop) yang sudah bikin Warkop sukses lewat kaset lawakan," ujarnya.

"Terus terang saya bukan orang film. Yang bisa saya lakukan cuma memberi saran, atau menghubungkan dengan kenalan," ujar Ook, saat dikonfirmasi.

Cerita mengalir terus. Dari diskusi dan konsultasi sana-sini akhirnya *Mana Tahaaan...* diproduksi oleh Bola Dunia Film. Alasannya rada sederhana: ada kenalan Warkop, bekas orang Radio Prambors, yang ada di situ.

Untuk sutradara, Warkop memilih Nawi Ismail, penggarap film komedi yang melambungkan Benyamin Sueb. "Ini juga enggak langsung. Kita juga *nanya* dulu ke beberapa orang film, termasuk ke Om Steve (Teguh Karya)," Rudy Badil menerangkan. "Yang jelas Om Steve angkat tangan. Ia merasa film komedi bukan bidangnya."

Warkop sendiri biasa bermain dengan skrip di radio maupun panggung. Teoretis pasti tidak terlalu ribet kala bermain di film. Apalagi dalam tuturannya Indro bilang proses *reading* pun terbilang cepat saja, karena Warkop main di *Mana Tahaaan...* dengan modal cerita karangan sendiri.

Toh, sebagai debutan, tetap saja ada ganjalan. "Kita bisa dialognya, eh aktingnya salah. Begitu pula sebaliknya. Kalau pas latihan *udah* betul, *terrr...* begitu dengar suara kamera buyar segalanya. Itu terjadi pada minggu-minggu awal. Tiap hari untuk satu *scene* perlu pengambilan ulang sampai sepuluh kali. Kalau produsernya pelit, mati deh gue," kata Kasino seperti tertera dalam wawancara dengan majalah *Putra* pada Februari 1980.

Masih di majalah yang sama, Nawi Ismail—sutradara yang menggarap film Warkop pertama itu—mengumbar cerita. "Mereka merupakan anak-anak yang tidak mau menerima begitu saja instruksi yang saya berikan. Mereka kepingin tahu kenapa saya suruh begitu, kenapa saya suruh begini. Mereka kritis."

Singkat cerita, Warkop betul *digenjot* habis oleh Nawi. "Kalau kita enggak sabaran bisa *berantem* terus. Nah, *ngomongnya nyelekit. Ngatain* orang seenaknya *aja*. Tapi karena kami menganggap Babe (panggilan Nawi) itu orang tua, maka kami berusaha untuk tetap menghormatinya. Sebab kami tahu dia berlaku begitu karena menginginkan kami bermain baik sesuai

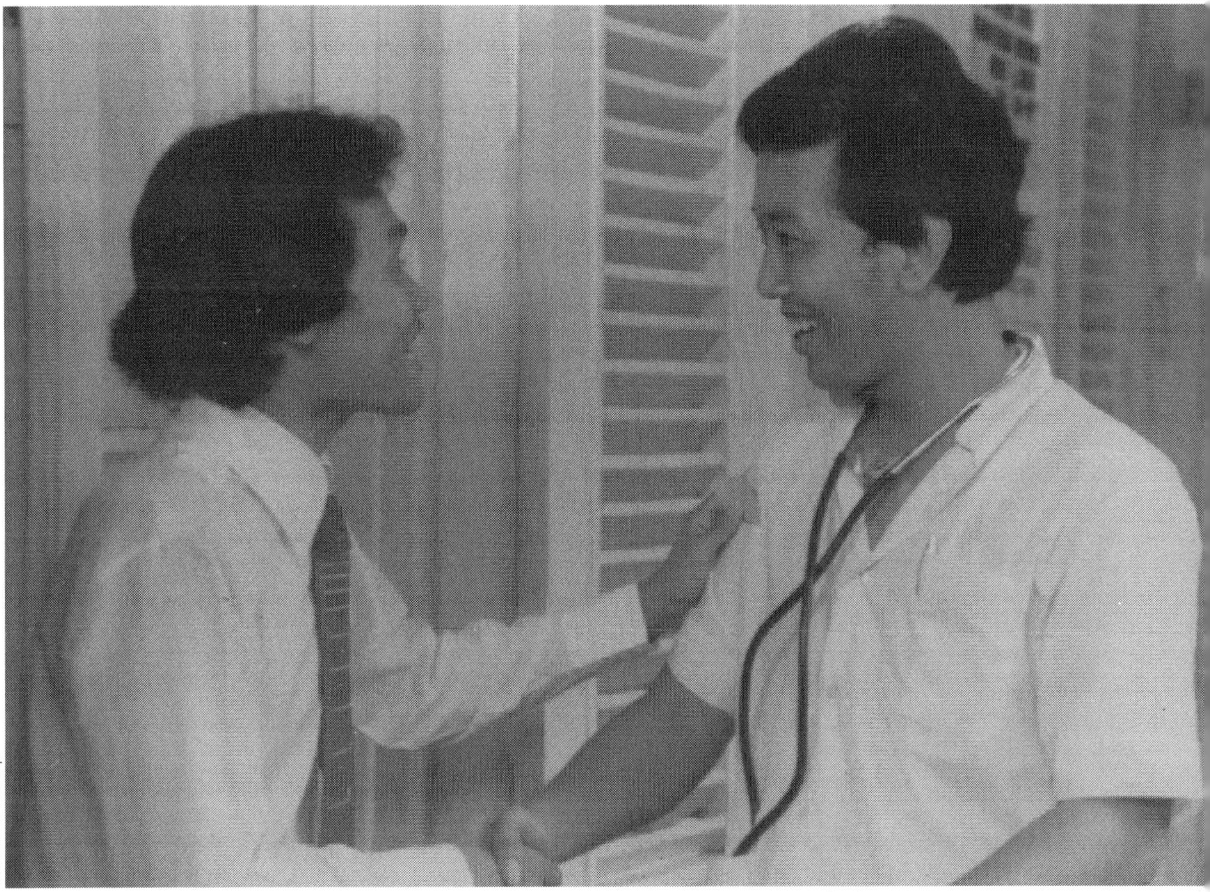

Dok. Indro warkop

tuntutan cerita. Dan satu hal lagi, beliau cuma marah sedetik, setelah itu biasa lagi."

Mana Tahaaan... pun dirilis. Begitu banyak orang yang penasaran ingin melihat film perdana Warkop. Koran *Pelita* (16 Februari 1980) menyebutkan: selama sebelas hari diputar di bioskop Nusantara, Bandung, tercatat 35.000 orang datang menonton. Sementara data Perfini menyebutkan, *Mana Tahaaan...* menggaet lebih dari 400.000 penonton di Jakarta *doang.*

Puaskah Wakop dengan debutnya di film? Indro bilang, "Puas. Bukan soal larisnya. Harus bilang begitu karena sebagai orang baru kami belajar banyak soal film. Kami puas karena mendapat pengetahuan baru."

Film perdana Warkop itu juga boleh dibilang telah mengubah jalan hidup para anggotanya. Dari bercanda dan main-main, Warkop waktu itu tengah memasuki fase yang menggelisahkan. Apakah iya mereka akan betul-betul menjadikan dunia hiburan, khususnya film, sebagai ladang penghasilan utama?

Hasil yang diperoleh secara finansial saat itu memang menggiurkan. Tetapi, akan seberapa lama kondisi itu bisa mereka pertahankan? Semua kru Warkop memang benar-benar harus berhitung ulang.

Lewat beberapa diskusi, akhirnya semua berkomitmen. Komitmen yang terpenting, menurut Indro, adalah selalu mengusung nama Warkop selamanya. Dalam perjalanan, komitmen itu melahirkan banyak hal. Terutama dalam sistem kekerabatan di tubuh Warkop sendiri dan yang juga penting adalah profesionalisme. Dari sini antara lain Kasino sebagai "kapten kapal" secara konsisten melakukan analisis dan tindakan yang harus diambil. Analisis ini antara lain melahirkan beberapa strategi, terutama yang berkait dengan film-film produksi mereka berikutnya. Misalnya soal kenapa Warkop meluncurkan film pada saat Lebaran.

Di Barat sono, orang kenal *fall* dan *summer movie*. Itulah saat film-film Hollywood dilepas untuk disaksikan penonton; mengisi masa-masa libur. Di Indonesia, banyolan *jadul* menyebutkan musimnya terlalu banyak. Bukan cuma kemarau dan musim hujan, tapi ada juga musim duren, musim rambutan, musim layangan.

Sayangnya, musim duren atau musim layangan tak terkait dengan masa libur. Kalaupun ada masa libur, maka jatuhnya dekat-dekat dengan tahun ajaran baru. Lalu, yang kedua, musim libur terjadi sebelum dan sesaat setelah Lebaran.

Berhubung Lebaran atau Idul Fitri mengikuti tarikh Hijriah, sudah pasti waktunya tidak tetap jatuh di bulan tertentu berdasarkan tarikh Masehi. Tetapi, meniru slogan sebuah produk minuman, "Apa pun bulannya, Lebaran, filmnya tetap Warkop".

Strategi memasarkan film Warkop pada masa menjelang dan sesudah hari raya Idul Fitri, menurut Indro, tak lepas dari kejelian Warkop mengamati kecenderungan yang terjadi. "Kalau enggak salah kejadiannya saat mengamati angka penonton film *Pintar-pintar Bodoh* yang dilepas pada masa Lebaran."

Menurut Indro, soal pemasaran film memang bukan tanggung jawab Warkop secara langsung, tetapi mengamati fakta yang terjadi, kelompok ini mengusulkan agar *timing* pemasaran saat hari raya dijadikan semacam pola. Nyatanya kiat ini berhasil. Boleh dikata selama belasan tahun kemudian puluhan film Warkop tak pernah jeblok.

Sebegitu identiknya Warkop dengan Lebaran, Garin Nugroho, sutradara kondang itu, bilang seolah-olah Warkop dan Lebaran itu sudah satu paket. Seperti tradisi ketupat, opor ayam, dan pulang kampung. Tiap Lebaran ketemu Warkop, bak sapaan Dono "Eh, ketemu lagi," yang diambil dari kata-kata yang ada dalam tayangan iklan bahan tekstil Caterina.

Hemat Popularitas

Dalam sebuah kesempatan berwawancara dengan Warkop (Juli 1993), strategi muncul saat Lebaran ini diulas juga oleh Kasino. Ia juga membeberkan berbagai pemikirannya tentang hal lain yang membuat Warkop bisa bertahan 20 tahun (waktu itu) di dunia lawak.

Dia bilang, Warkop bermain pada konsep "Penghematan Popularitas". Konsep itu diterapkan antara lain pada soal frekuensi pemunculan. Konsep itu juga lahir setelah Warkop menjalani "usaha jasa tawa" selama bertahun-tahun. Singkat cerita, mereka menarik kesimpulan bahwa mereka tidak boleh terlalu mengumbar diri nongol di mana-mana. Film mereka batasi maksimal cuma dua dalam setahun (Warkop sempat memproduksi tiga film setahun). Sementara manggung pun lebih selektif.

"Kalau kita muncul terus, yang jenuh bukan hanya penontonnya. Kita juga jenuh. Jadi ritmenya kita jaga. Tawaran manggung tidak semua kita terima. Bukan hanya masalah bisa bayar atau enggak, tetapi kita mampu enggak main di sana. Ada tempat yang kita enggak bisa main lho. Misalnya pesta anak-anak atau keluarga," kata mendiang Kasino waktu itu.

"Mereka enggak *nangkep* apa yang kita *omongin*. Ada sindiran malah enggak *ngerti*. Mungkin buat mereka lucu itu yang pakai kumis, yang *jorog-jorogan*. Eh, tapi *slapstick* itu ternyata susah juga sebenarnya. Ya, kalau enggak susah, Charlie Chaplin enggak bisa jadi bintang dong," tambahnya.

Ketika *Mana Tahaaan...* rilis, sebelumnya sudah ada para "legenda" lain yang membuat semacam serial di dunia sinema Indonesia. Dua di antaranya adalah Bing Slamet dan Benyamin Sueb. Dua-duanya kocak, dua-duanya luar biasa pula.

Dalam catatan, almarhum Bing pernah tampil di dua film yang menggunakan namanya, yakni *Bing Slamet Tukang Betjak* (1959) dan *Bing Slamet Merantau* (1962).

Film Bing Slamet yang lebih belakangan adalah film saat ia tampil bersama pasukan Kwartet Djaja (Bing Slamet, Eddy Sud, Ateng, Iskak). Bing—dengan rumah produksi Safari Sinar Sakti—menggelontorkan *Bing Slamet Setan Djalanan* (1972), *A.M.B.I.S.I* (1973), *Bing Slamet Dukun Palsu* (1973), *Bing Slamet Sibuk* (1973), *Bing Slamet Koboi Cengeng* (1974).

Selepas wafatnya Bing Slamet (lahir 27 September 1927 dengan nama Ahmad Syech Albar; meninggal 17 September 1974) Andreas Leo Ateng Suripto meneruskan langkah Bing selama empat tahun (1974-1978). Itulah saat Ateng menghibur lewat *Ateng Raja Penyamun, Ateng Minta Kawin, Ateng Mata Keranjang, Ateng Sok Tahu, Ateng Bikin Pusing, Ateng Sok Aksi, Ateng Pendekar Aneh*, dan *Ateng the Godfather.* Jadi total jenderal ada 13 film Kwartet Djaja dengan ikon Bing Slamet dan Ateng.

Mirip dengan Bing, seniman Betawi Benyamin Sueb banyak hadir di berbagai film. Jika Bing sudah mengawali karier film lewat *Menanti Kasih* dan *Di Simpang Djalan* (1955)—plus 10 judul film lain—Bang Ben pertama kali tampil di *Honey Money and Jakarta Fair* (1970).

Ada sebelas judul film dengan embel-embel "Benyamin". Cucu Haji Ung itu (lahir 5 Maret 1939, wafat 5 September 1995) tidak membentuk grup lawak permanen seperti Bing Slamet. Itu sebabnya, film dengan embel-embel nama Benyamin tidak banyak. Padahal, Bang Ben main di sekitar 53 judul film, baik sebagai pemeran utama maupun pemeran pembantu.

Film yang mengambil nama Bang Ben adalah *Benyamin Biang Kerok* (1972), *Jimat Benyamin, Biang Kerok Beruntung, Benyamin Brengsek* (1973), *Benyamin Si Abu Nawas, Benyamin Spion 025* (1974), *Benyamin Tukang Ngibul, Benyamin Koboi Ngungsi, Benyamin Raja Lenong, Traktor Benyamin* (1975), *Benyamin Jatuh Cinta* (1976).

Dekat-dekat dengan munculnya Warkop di dunia film, ada juga kelompok lawak yang sedang *ngetop* waktu itu. Namanya Surya Group. Nah, salah satu bintangnya, Djalal (Ayub Abdul Djalal), main di dua film yang menggunakan namanya (*Jalal Kawin Lagi* dan *Jalal Kojak Palsu*). Sebelumnya nama Djalal

Dok. Indro warkop

amat melambung dengan "trilogi" *Inem Pelayan Sexy* yang disutradarai Nya' Abbas Acub.

Bing, Bang Ben, dan Djalal memang punya daya tarik luar biasa. Pun demikian dengan pelawak lain yang banyak jumlahnya dan ikut merambah dunia sinema. Mulai dari almarhum Achmad Yusuf (Abah Us Us, sesepuh D'Bodors), S. Bagio, atau para pelawak Srimulat seperti Kardjo AC/DC. Tetapi, tilik punya tilik, ada sebuah kesimpulan: semua judul film komedi dengan pelawak top di dalamnya tidak pernah mengusung nama kelompoknya.

Mungkin di sinilah bedanya dengan Warkop. Baik semasa memakai nama Warkop Prambors maupun sebagai Warkop DKI, selalu Warkop, bukan Dono, misalnya. Soal mengusung nama kelompok diamini oleh Indro. "Sudah sejak awal kami memang punya komitmen untuk memakai nama kelompok, bukan individu, sebab kami sadar yang harus dijalankan adalah *brand*."

Kesadaran mengedepankan nama kelompok ibarat kesadaran mengelola nama perusahaan. Menurut Indro, bagaimanapun Warkop adalah sebuah usaha bersama yang menghidupi seluruh keluarga besarnya. "Kita lihat sendiri, kan, bagaimana nasib teman-teman pelawak lain ketika masing-masing lebih mementingkan dirinya."

Tetapi, sekali tempo, Warkop pernah kecolongan juga. Ya, itulah saat Nanu tiba-tiba "diculik" untuk main di *Rojali dan Juleha.* "Kalau itu memang 'kecelakaan' *tuh*. Mestinya waktu itu Nanu sepakat untuk *off* dulu dari Warkop untuk menyelesaikan kuliahnya. Kasino, Dono ikut membantu, cuma tahu-tahu Nanu main film. Bandel *bener* deh."

Terkait dengan soal penghematan popularitas, Kasino mempunyai keterangan lain. "Kami mempelajari dan melihat kelompok lain. Bagaimana Benyamin bisa naik, bagaimana ia turun. Bagaimana Kwartet Djaja naik, bagaimana jatuh. Bagaimana Surya Group naik dan jatuh. Itu, kan, tiga grup besar sampai ke film. Kita bisa lihat dari sejarahnya. Oh dia naik karena main terlalu banyak."

Secara statistik, menurut Kasino, film-film Benyamin waktu itu boleh dibilang yang terbanyak menyedot arus penonton. "Seingat saya, bisa ada lima film dalam setahun," jelasnya. Tetapi, setelah dihitung, ternyata antara yang dua film dan lima film total penontonnya sama. Sementara film-film Warkop sejak *Mana Tahaaan...* grafiknya naik-turun. *Mana Tahaaan...* 400.000-an, lalu turun ke 275.000, naik lagi ke 470.000-an, lalu drop ke 170.000-an. "Tiba-tiba dengan konsep setahun dua film (hasilnya) itu rata: 400.000-450.000 (per film)," jelasnya, sambil menambahkan, "jadi kalau setahun itu dua (film) ya antara 800.000-900.000 (penonton) enggak pernah naik ke dua juta."

Seminggu sebelum wawancara, tepatnya pada 17 Juli 1993, Warkop menerima Moedjimoen Award dari Gabungan Pengusaha Bioskop Seluruh Indonesia di Yogyakarta. Dalam kurun waktu lima tahun (1987-1992) film-film Warkop dinyatakan sebagai film terlaris. Jumlah penontonnya mencapai 10-15 juta. Strategi kelompok ini memang tidak meleset.

Laris memang tidak selalu identik dengan mutu. Untuk urusan film, perdebatan ini terjadi. Apalagi ini menyangkut nama Warkop yang dikenal sebagian penggemarnya sebagai kelompok lawak intelek.

Lagi-lagi Kasino tampil sebagai penerjemah dalam menjelaskan kenapa Warkop akhirnya tidak pernah mencoba keluar dari stereotip film-filmnya selama ini. Ia, misalnya, mencontohkan antara lain lewat film *Sama Juga Bohong* di mana Chaerul Umam menjadi sutradara dan Nano Rintiarno sebagai penulis skenario, plus Franki Raden sebagai penata musik.

Meminta Umam sebagi sutradara diyakini Kasino bisa memberi sentuhan berbeda atas film Warkop. "Waktu itu, kan, lagi *ngetop-ngetop*-nya film *Kejarlah Daku Kau Kutangkap*. Tapi beda ya. Penonton Warkop maunya, ya, kayak *gitu*. Kami memakai Ami Prijono (sutradara dalam *Jodoh Bisa Diatur*), Chaerul Umam, Ali Shahab (penggarap *Manusia 6.000.000 Dollar*), itu kan berarti kita *nyoba*. Tapi yang mencapai angka 300.000 penonton ke atas rata-rata yang memakai sutradara Arizal, Tjut Djalil. Nah, pemilik modal yang konsepnya sudah bisnis, ya itulah (yang dipakai)," Kasino menjelaskan.

Produser memang butuh aman atas investasinya. Itu sebabnya, selepas percobaan, Warkop kembali ke pola yang ada di film-film larisnya. Pola yang menjadi sorotan adalah soal cewek berbusana renang dalam adegan pantai. Warkop memang tak memungkiri kehadiran cewek-cewek seksi itu menjadi salah satu daya tarik. Indro menjelaskan, "Tetapi sebenarnya, kalau kita lihat-lihat lagi, hampir jarang kita lihat ada film komedi tanpa kehadiran sosok perempuan. Soal seksi atau tidak itu relatif. Penampilan aktris Rukiyah barangkali bisa saja dianggap seksi pada masanya. Satu hal lagi yang penting, Warkop hanya menghadirkan perempuan dengan baju renang dengan *setting* pantai atau kolam renang, bukan di rumah atau pasar. Jadi masih kontekstual. Lagi pula yang memainkan pola ini sebenarnya, kan, bukan hanya Warkop. Tetapi kami memang yang paling banyak disorot."

Soal laris atau tidak, menurut Indro, memang tak lepas dari strategi. Sejauh ini Warkop melakukan berbagai usaha untuk mempelajari selera segmen penontonnya. Termasuk kebiasaan menonton. Dari sana Warkop, misalnya, berusaha agar film-filmnya bisa dinikmati khalayak dari segala umur.

Batas usia tonton ini, menurut Indro, juga punya peran dalam menaikkan jumlah publik film Warkop. Seorang anak pergi ke bioskop pasti enggak bakalan sendirian. Jika tidak ada teman atau adik-kakak, minimal ia akan ditemani pengasuhnya. Jika ayahnya juga suka nonton film Warkop (mungkin karena ada cewek seksi-nya ya, Pen.), ibunya pun ikut nonton. Strategi Warung Kopi sebagai film keluarga memang manjur.

Perhatian Warkop atas perilaku dan statistik juga berguna dalam meramal berbagai kemungkinan yang akan terjadi. Berkat pantauan statistikal itu, memasuki tahun 1990-an Warkop sudah menangkap sinyal "koma" film nasional. Soalnya, data memang menunjukkan dari waktu ke waktu jumlah penonton film nasional makin melorot. Demikian pula produksinya.

Setelah secara berangsur-angsur turun pada akhir tahun 1980-an, pada tahun 1991 jumlah produksi film hanya mencapai 15 judul. Lebih miris lagi, antara tahun 1992 dan 1994 angka rata-rata per tahun tidak mencapai lima judul.

Sebagai contoh, daftar judul film pada 1994 antara lain *Setetes Noda Manis, Si Kabayan Cari Jodoh, Surat untuk Bidadari* plus dua film Warkop, *Saya Duluan Dong* dan *Pencet Sana Pencet Sini*. Selanjutnya, hingga tahun 1995-1998 antara satu hingga tiga film. Terakhir, dalam kurun waktu itu ada film garapan Garin Nugroho, *Daun di Atas Bantal,* dan *Kuldesak*-nya Mira Lesmana.

Pencet Sana Pencet Sini adalah film terakhir Warkop DKI. "Kami waktu itu sengaja untuk berhenti main film sebagai salah satu bentuk protes karena situasinya memang enggak beres," kata Indro.

Ia mengilustrasikan, pada masa-masa itu banyak orang film yang memprotes keadaan dan menuntut agar pemerintah memperhatikan nasib film nasional yang ternyata tidak menjadi tuan rumah di negeri sendiri. Ironisnya, setelah cukup ramai mempersoalkan, para peneriak justru malah banting stir masuk ke dunia sinetron yang memang tengah merebak dan menggiurkan. Padahal, di sisi lain film nasional mulai terdesak dan kalah bersaing untuk diputar di jaringan bioskop sinepleks yang kian lama kian menggurita hingga ke seluruh daerah di Indonesia.

Bioskop untuk rakyat sudah gulung tikar, berganti menjadi mal dan atau akhirnya alih rupa menjadi bioskop kelas menengah-atas. "Padahal, basis penonton terbanyak film-film nasional adalah mereka yang kita sebut sebagai golongan menengah ke bawah," ujar Indro.

Situasi yang menjadi salah satu biang kerok bangkrutnya film nasional itu memang tidak pernah jelas betul diperbaiki atau tidak. Warkop sendiri, menurut Indro, tidak punya masalah karena film-filmnya dianggap mampu bersaing dengan film-film impor yang diputar di bioskop macam itu. "Film Warkop enggak goyang, tetap meraih jumlah penonton yang lebih banyak."

Pihak produser film memang menyerahkan keputusan kepada Warkop. Mereka masih yakin bahwa film-film kelompok lawak ini masih akan tetap bertahan. Secara finansial, buat Warkop sebenarnya memutuskan untuk berhenti pasti merugikan. Setelah berangkat dari honor belasan juta, pada masa-masa akhir itu Warkop menerima honor Rp250 juta-Rp300 juta. Enggak *diterusin* sayang, *diterusin*.... salah-salah Warkop ikut terpuruk dalam situasi itu. Akhirnya, antara kondisi yang sungguh jauh dari kondusif atau hadir ke dunia televisi, Dono-Kasino-Indro memilih yang kedua.

Bagaimanapun, sesuai komitmen mereka, Warkop harus terus hidup. Mereka tidak ingin nama Warkop mati karena kondisi eksternal seperti itu.

Itu sebabnya, Warkop menerima tawaran Soraya Intercine Films yang mengontraknya untuk masuk ke sinetron televisi. *Warkop Sitkom* pun hadir di layar kaca. Sekitar 104 episode meluncur.

Sebelum krisis moneter melanda tahun 1997, Kasino jatuh sakit. *Warkop Sitkom* pun berhenti hingga tahun 1998. Baru setahun setelah itu, sepeninggalnya Kasino, Warkop yang dijaga oleh Dono-Indro hadir kembali ke layar kaca lewat *Warkop Millenium*. Tak kurang dari 26 judul mereka rampungkan (satu judul bisa terdiri atas empat hingga enam episode).

Rating tayangan Warkop menurut Indro tak pernah jelek. Lewat stasiun teve Indosiar mereka selalu masuk dalam daftar lima besar. Biasanya di posisi pertama atau kedua. Sejelek-jeleknya—jika ada musim pertandingan final sepak bola—mereka hanya melorot di posisi keempat.

Hal yang sama juga terjadi, bahkan ketika personel Warkop DKI tinggal Indro seorang. Posisi sinetron *Bukan Sulap Bukan Sihir,* baik yang jilid satu maupun dua, jarang turun dari posisi kedua.

Cerita lain dari Warkop, ketika film berakhir, menurut perhitungan, mestinya "merek dagang" Warkop pun selesai. Tetapi tidak. Berbagai stasiun televisi swasta kembali memutar dalam semacam program "pekan film Warkop". Selesai di satu stasiun, disambung di stasiun lain. Tidak seperti film-film lain, nilai film Warkop terbilang tetap tertinggi.

Cerita ini juga terjadi di bursa film *layar tancep*. Persatuan Bioskop Keliling (Perbiki) pada masa jayanya menyatakan film-film Warkop pernah menjadi salah satu faktor yang menghidupi para anggotanya.

Sebagai ilustrasi, harga sewa paket film bioskop keliling (terdiri atas lima judul) ada di kisaran Rp200.000-Rp225.000. Jika ada film Rhoma Irama di dalamnya, harganya sekitar Rp275.000. Namun, jika ada film Warkop dalam paket itu (dua di antara lima film), harganya mencapai Rp350.000. Patokan harga itu tetap tidak berubah ketika nilai rupiah sudah anjlok. Harga sewa per paket untuk film biasa antara Rp750.000-Rp975.000. Jika ada Warkop menjadi Rp1.500.000. Sayangnya, bisnis film keliling yang lama boleh dibilang selesai seiring dengan makin mudahnya VCD atau DVD bajakan ditemukan.

Fakta bahwa kelucuan Warkop dalam setiap filmnya masih diterima sebagian besar masyarakat memang susah disangkal. Soal keluhan bahwa film Warkop yang cuma dari itu ke itu saja temanya, juga sebuah kenyataan yang tak bisa dimungkiri. Yang jelas, menurut Indro, Warkop bisa bertahan karena modal "sumpah setia" pada awal masuk ke dunia film pada 1979. Komitmen itu berkait dengan usaha mengedepankan dan menjaga nama baik kelompok. Intinya adalah profesionalitas. Di dalam profesionalitas menurut Indro ada yang namanya usaha, tanggung jawab atas profesi dan masyarakat. Kata Indro, "Kami berusaha untuk menjaga nilai-nilai seperti itu. Alhamdulillah, sejauh ini kan tidak pernah terdengar isu miring bahwa Warkop pernah curang atau menipu."

Pada 2010—lebih dari 35 tahun sejak kelahiran Warkop, dan 16 tahun setelah film terakhirnya beredar—iseng-iseng saya mengajukan pertanyaan kepada lima anak SMA. "Pernah nonton film Warkop?"

Semua menjawab pernah. Mereka nonton film Warkop di televisi atau nonton VCD/DVD bersama *bokap* dan keluarga di rumah. Lalu apa kata mereka tentang Warkop? Empat orang dengan lugas mengatakan, "Kocak!" Sementara satu orang mengacungkan jempol sambil berkata, "Banget! Warkop tuh *legend*."

7 Film Esensial Warkop

Eddy Suhardy

Tujuh? Memang sangat subjektif. Pemilihannya cuma didasarkan atas satu pertimbangan: film mana saja yang kira-kira bisa mewakili seluruh film Warkop yang pernah gentayangan saban tahun di layar lebar. Anda mungkin memilih cuma lima. Atau mungkin satu. Semua sah saja.

Mana Tahaaan...

Produksi : Bola Dunia Film, 1979
Sutradara : Nawi Ismail
Pemeran : Warkop Prambors (Dono, Kasino, Indro, Nanu), Elvie Sukaesih, Rahayu Effendi, Kusno Sudjarwadi

Film pertama Warkop. Mereka masih *newbie* dan masih bau kampus. Lihatlah dandanannya. Sepatu kets, kemeja digulung dengan dua kancing paling atas dibuka. Sisiran Dono dan Kasino rapi. Sementara Indro tampil polos, maksudnya tanpa kumis dan anting di kuping.

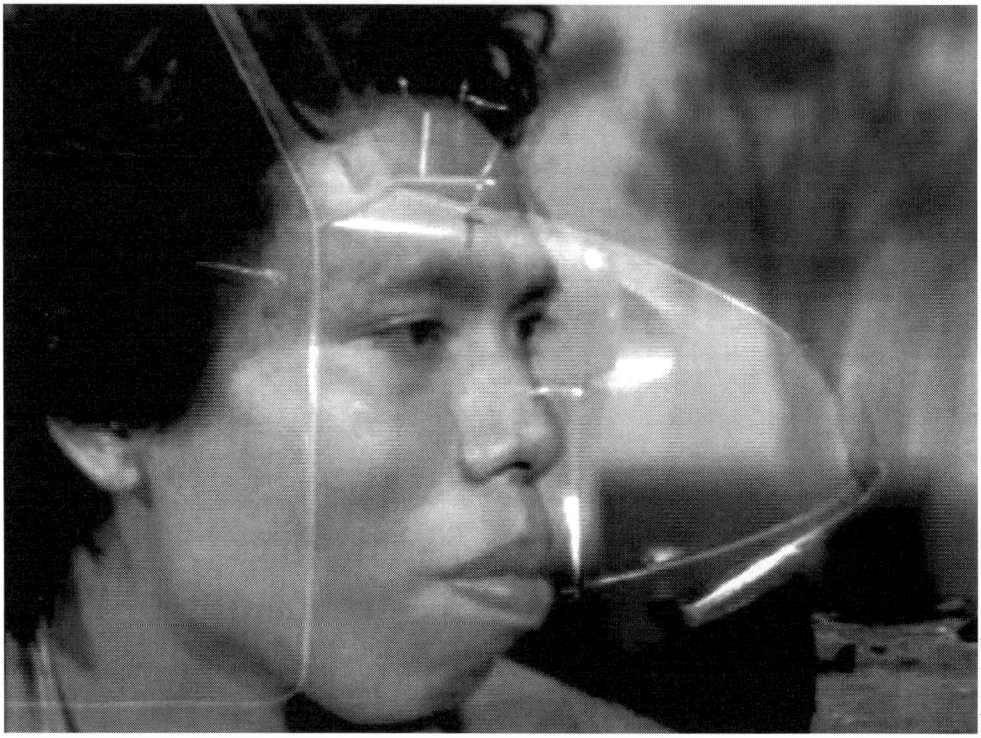
Bola Dunia Film

Kisahnya ditulis sendiri oleh Warkop. *Setting*, tentu saja seputar dunia mahasiswa, rumah kos dan perempuan seksi. Karakter Warkop di radio komplet diboyong ke sini. Ada Paijo (Indro), Mas Slamet (Dono), Poltak (Nanu), dan Sanwani (Kasino). Lalu ada Elvie Sukaesih, "ratu dangdut" kala itu yang memerankan Halimah. Film ini didukung pula oleh bintang kawakan Rahayu Effendi sebagai Tante Mira dan Kusno Sudjarwadi sebagai Om Sugeng.

Paijo dari Purbalingga dan Slamet dari Solo bersua di dalam kereta. Setelah insiden "injak kaki", dua mahasiswa itu sepakat mencari kos bersama. Apa lacur, sopir taksi (Eddy Gombloh) yang mengantar mereka mengira keduanya mencari rumah bordil. Kos sama dengan rumah bordil? Ini gegar budaya pertama yang mereka alami.

Gegar budaya kedua terjadi saat mereka akhirnya menemukan rumah kos betulan. Di rumah *gedong* yang menurut Slamet besarnya kayak kecamatan itu mereka disambut pembantu bernama Halimah, yang dikira pemilik rumah. Setelah mafhum tentang Halimah, Slamet langsung jatuh hati. Tapi

Bola Dunia Film

untuk mendapat Halimah jalannya tidaklah mulus. Sebab di tempat kos mahasiswa ada juga Sanwani BA (Betawi Asli) dan Poltak dari Medan yang suka bergerilya *ngintipin* Halimah mandi atau ganti baju.

Halimah belakangan diketahui hamil. Tante Mira menuduh satu dari empat mahasiswa itulah pelakunya. Tapi dari pengakuan Halimah terungkap: Sugeng—pacar Tante Mira—adalah pelakunya.

Mana Tahaaan... layak masuk dalam daftar. Bagaimanapun inilah film pertama mereka.

Scene yang Patut Dikenang:

Close up wajah Dono dengan bayang-bayang bemo. Mungkin dari sinilah bermula panggilan "bemo" jadi sering diteriakkan oleh para penggemar film Warkop manakala bertemu dengan Dono.

Pintar Pintar Bodoh

Produksi : Parkit Films, 1980
Sutradara : Arizal
Pemeran : Warkop Prambors, Dorman Borisman, Eva Arnaz, Debby Cynthia Dewi, Dana Christina

Inilah film tentang dunia detektif pertama dari Warkop.

Berawal dari kesuksesan mengembalikan seorang anak yang *nyasar* ke orangtuanya, Dono, Kasino, Indro, dan Dorman Borisman jadi punya ide untuk mendirikan kantor detektif partikelir. Namun, belum lagi ide dijalankan mereka sudah pecah kongsi.

Kasino dan Dorman membuka kantor detektif sendiri. Pun demikian dengan Indro-Dono. Dua kantor itu sejak hari pertama langsung terlibat dalam persaingan ketat. Mulai dari perekrutan sekretaris (Dana Christina dan Eva Arnaz), sampai perebutan klien. Dalam perjalanannya tak ada satu pun proyek yang berhasil ditangani keduanya.

Film ketiga Warkop ini digarap oleh Arizal, sutradara yang biasanya menggarap film-film remaja. Untuk memperkenalkan pemain dan tim produksi ia menampilan berbagai "anekdot" di *scene* pembuka. Misal: adegan Kasino menemukan uang di jalan, namun setiap ditangkap uang itu menghindar—karena diberi tali oleh sekelompok anak kecil. Dono *dikerjain* oleh anak kecil yang belanja di warungnya. Indro ditipu oleh ibu-ibu yang mengaku ayamnya ditabrak (padahal itu bukan ayam dia).

Cara seperti ini kemudian menjadi semacam *trademark* film Warkop kemudian. Khususnya yang digarap Arizal. Dan publik pun mengingatnya seperti itu. Film ketiga Warkop ini—terutama soal anekdot—barangkali bisa memperlihatkan beberapa contoh kecil "*becandaan* model Warkop".

Pintar-pintar Bodoh juga merupakan film dengan adegan pantai yang pertama. Itu terjadi kala Kasino melantunkan lagu *Si Kodir Cekere Dekil* dengan adegan Dana Christina berbikini dan berlari secara *slowmotion*.

Scene yang Patut Dikenang:

- Kasino mengganti syair lagu *Sukiyaki* menjadi semacam nyanyian kode.
- Dono berdansa ala John Travolta dalam *Saturday Night Fever.*

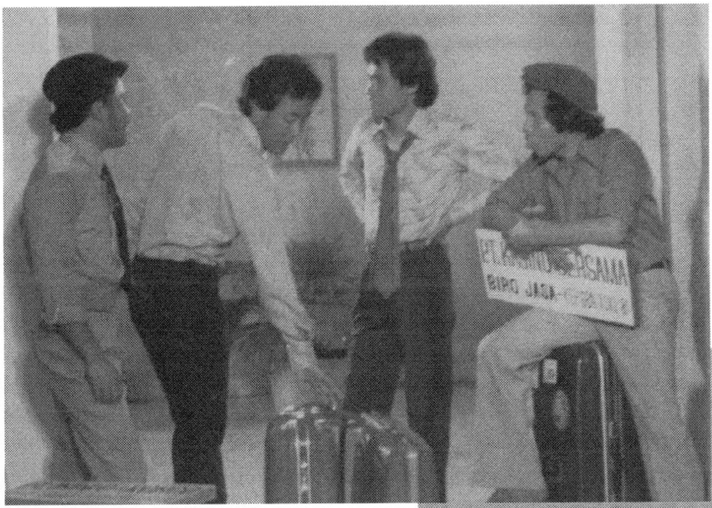

Dok. Indro warkop

Dok. Indro warkop

- Gara-gara terlalu asyik melambaikan tangan ke para pengantarnya di bandara, Indro dan Kasino salah naik tangga pesawat dan terjatuh.

Manusia 6.000.000 Dollar

Produksi : Bola Dunia Film, 1981
Sutradara : Ali Shahab
Pemeran : Warkop Prambors, A. Hamid Arief, Eva Arnaz, Dorman Borisman, Eddy Gombloh, Jack John, Don Nasco, A. Khalik Noor Nasution, dan Wolly Sutinah

Steve Austin (Lee Majors) dalam serial *Six Million Dollar Man* adalah astronot. Sementara Spion 6.000.000 (Dono) adalah seorang agen rahasia.

Lalu, jika Steve berubah menjadi *bionicman* karena anggota badannya rusak akibat kecelakaan dalam misi ruang angkasa, maka Dono menjadi manusia bionik gara-gara dilindas bemo.

Six Million Dollar Man adalah serial populer pada awal 1980-an. Dan inilah kali pertama Warkop memarodikan serial TV. Sebab, setelah itu mereka menggarap *CHIPS* (1982), plesetan dari serial *CHiPs* yang tak kalah sohor pada era TVRI.

Jika untuk mengoperasi Steve terlihat berbagai peralatan canggih, untuk mengoperasi Dono sang dokter bedah hanya memerlukan antara lain solder dan patri. Instrumen penunjang operasi maunya sih terlihat canggih. Tetapi dalam visualisasi kelihatannya malah seperti indikator mesin pabrik. Tapi, justru inilah lucunya film Warkop.

Kaki, tangan, dan mata Steve Austin berubah menjadi super. Dono lebih daripada itu. Giginya pun ultrakuat. Terbukti Spion 6.000 (Indro) dan Spion 600 (Dorman Borisman) berulangkali menggunakan gigi Dono sebagai pembuka tutup botol.

Nugraha Mas Films

Dengan kekuatan baru, Spion 6.000.000 pun beraksi di film kelima Warkop. Bukan melawan penjahat kakap. Yang dihadapi Dono adalah gerombolan penculik anak, yang kemudian karena salah culik, akhirnya menyandera penyanyi bernama Rita Aduhai (Eva Arnaz). Para benggolan penjahat berhasil ditangkap.

Tugas dari pimpinan agen rahasia Oscar Kasino kelar sudah. Rita berhasil dikembalikan ke promotor acara, Don Gobis (A. Hamid Arief), yang *ketar-ketir* akan dikeroyok penonton satu stadion kalau Rita tak muncul di panggung.

Spion 6.000.000 memang sukses menjalankan tugas. Bisa dikatakan sukses mengingat pada dua misi sebelumnya Spion 6.000 dan Spion 600 gagal menangkap pengedar buku stensilan porno dan film *bokep*.

Scene yang Patut Dikenang:

Adegan Dono berlari dalam kepungan puluhan bemo. *Slow motion gitu loh.*

Setan Kredit

Produksi : Nugraha Mas Film, 1981
Sutradara : Iksan Lahardi
Pemeran : Warkop Prambors, Minati Atmanegara, Dian Aristya, Lisa Dona, dan Alicia Djohar

Dok. Indro warkop

Dunia dalam Berita boleh jadi merupakan acara favorit pemirsa di satu-satunya stasiun teve di Indonesia tahun 1980-an: TVRI. Itulah yang coba diparodikan Warkop dalam adegan pembuka di film *Setan Kredit*. Dengan dandanan perempuan, Dono (inilah pertama kali Warkop memakai baju perempuan di film) memperkenalkan diri sebagai pembawa berita Toeti Ajiwirya. Sebuah plesetan dari nama pembawa berita beken saat itu: Toeti Adhitama.

Sekadar menyegarkan ingatan, sampai awal 1980-an "Ajiwirya" adalah nama sebuah perusahaan otobus yang melayani trayek Blok M-Ciputat. Berbagai perusahaan bus swasta itu akhirnya dilebur menjadi satu. Mereka kemudian bernaung di bawah manajemen Pengangkut Penumpang Djakarta atau PPD.

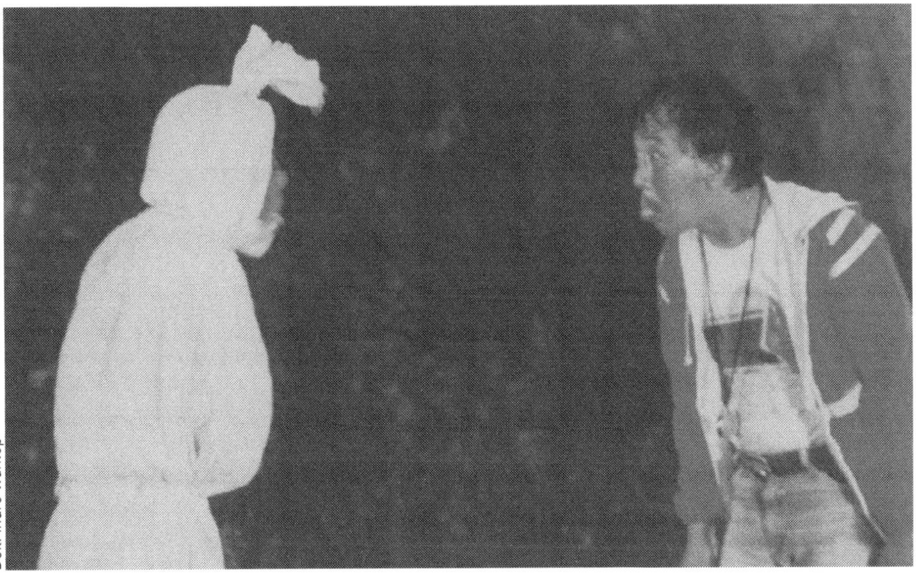

Dok. Indro warkop

Dalam film ketujuh, trio DKI kembali berstatus mahasiswa. Sebagai orang kampus yang kritis Dono, Kasino, Indro sepakat untuk aktif dalam kegiatan kepedulian sosial. Salah satu bentuk kepedulian adalah mencoba membantu mencari anak yang hilang.

Proses pencarian itu membawa mereka ke paranormal yang tinggal di kawasan angker. Sang dukun dalam dialognya mensyaratkan bahwa ia bersedia membantu kalau ketiganya bersedia membawa klien yang mau mengambil kredit. Selanjutnya, selama di hutan tiga sekawan itu mulai diganggu hantu pocong.

Inilah untuk pertama kalinya Warkop membuat film horor. Ya horor-komedi tentunya, mengikuti jejak yang pernah dirintis antara lain oleh komedian legendaris Tan Tjeng Bok yang pernah menjadi drakula (film aneh, karena drakula bisa keluar siang-siang di pasar) dalam *Drakula Mantu.*

Scene yang Patut Dikenang:

- Indro berhadapan dengan pocong. Dari mulai mengeluarkan jurus kung fu sampai berakhir dengan tarian cha-cha.
- Di bagian akhir sang hantu membangunkan Warkop: "Mas, Mas, bangun Mas. Filmnya *udah* mau habis. Adegan saya kan cuma sampe bedug subuh."

Dongkrak Antik

Produksi : Parkit Films, 1982
Sutradara : Arizal
Pemeran : Warkop Prambors, Meriam Bellina, Mat Solar, dan Pietrajaya Burnama

Film Warkop kedelapan ini mirip film komedi situasi. Cerita dibangun lewat kekontrasan karakternya.

Parkit Films

Empat karyawan hotel (Dono, Kasino, Indro, dan Mat Solar) punya "cacat". Dono, pelupa. Indro, gagap. Kasino, suka keceplosan omong kasar. Lalu, Mat Solar setengah budeg.

Kekurangan mereka membawa kita kepada situasi komikal. Karena pelupa, Dono yang diberi tugas mengantarkan turis bule meninggalkan para wisatawan begitu saja di *shopping center* Sarinah. Sementara Kasino dengan nada separuh latah mengeluarkan umpatan yang kemudian laris dijadikan *ringtone* bajakan: "Dasar monyet bau, muka gepeng, kadal buntung, kecoa tengik, babi ngepet, dinosaurus, brontosaurus, kirik!"

Situasi di hotel makin keruh, karena Paulus (Pietrajaya Burnama) sang manajer mengikuti saran Kasino untuk pergi ke dukun jika ingin mendapatkan Sri Anunya (Meriam Bellina), karyawati hotel nan cantik. Lalu di sebuah

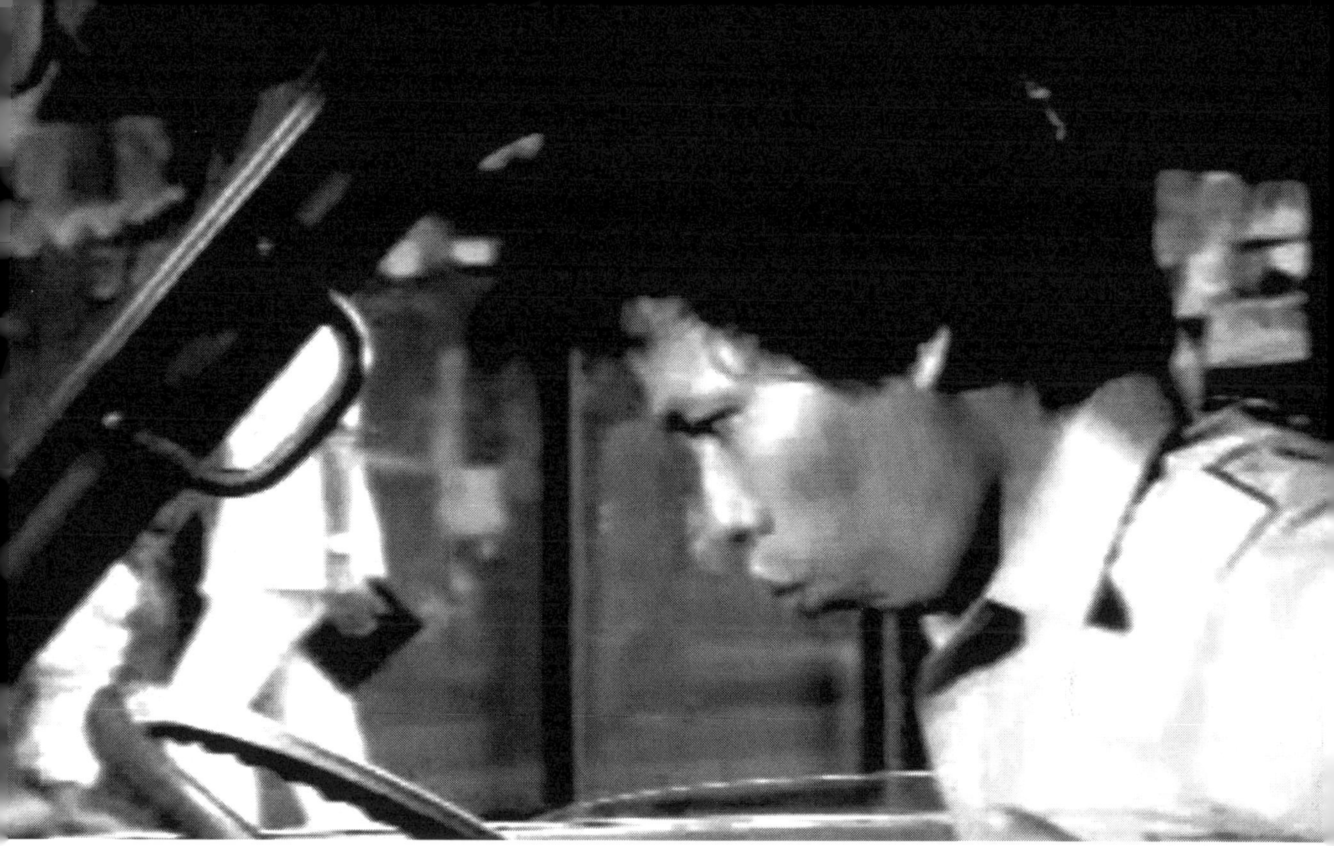

Parkit Films

tempat sepi, Paulus pun mendapat petunjuk sang dukun yang ogah menampakkan diri terang-terangan. Ini mengherankan. Apalagi ketika dukun yang diperankan oleh Kasino mulai batuk-batuk karena tak tahan asap rokok.

Paulus menanyakan kenapa Mbah Dukun terbatuk-batuk. Sementara sang dukun menenangkan Paulus dengan ucapan yang terkenal: "Enggak apa-apa. Mbah baru pulang kemping dari Lebanon...."

Petunjuk dukun membuat Paulus rela melakukan ritual yang menggelikan. Sementara para "penghasut" melihat dari jauh sembari cekakak-cekikik.

Scene yang Patut Dikenang:

Ketika Dono melihat sebuah ban menggelinding di jalan dan mengomentarinya: orang gila mana yang membiarkan ban mobilnya lepas di jalan. Sesaat kemudian dia baru *ngeh* kalau ban mobil yang lepas adalah ban mobilnya sendiri.

Sama Juga Bohong

Produksi : Garuda Films, 1986
Sutradara : Chaerul Umam
Pemeran : Warkop DKI, Ayu Azhari, Nia Zulkarnaen, dan Chintami Atmanegara

Jakarta kota yang keras. Tapi Jakarta pula yang menjadi tujuan tiga mahasiswa: Dono, Kasino, Indro untuk meneruskan kuliah. Berbeda dengan "seri" Warkop sebelumnya, film garapan Chaerul Umam ini (Umam menggarap *Kejarlah Daku Kau Kutangkap* yang terkenal itu) memiliki cara penuturan yang berbeda.

Dok. Indro warkop

Kelucuan diterbitkan dari awal ketika Dono dilepas *romo*-nya yang juga diperankan Dono. Lalu di stasiun Gombong Kasino dilepas oleh *bapake*, yang juga diperankan Kasino.

Yang paling ekstrem adalah Indro. Anak Betawi dari Tambun itu dilepas oleh ibunya, "Nyak jangan lupa, kumis kerok ye," kata Indro saat memanggul koper menuju terminal bus. Si nyak gondok dan pasang ekspresi gahar. Tanpa sadar selendangnya terlepas saat nyak mengepalkan tangan. Di sini

Dok. Indro warkop

penonton baru *ngeh*, kalau yang memerankan karakter nyak adalah Indro sendiri. Habis, ada kumisnya sih.

Tiga pemuda dari daerah berbeda bertemu di sekitar Monas dan sama-sama kecopetan gara-gara membantu menangkap copet. Mereka satu tujuan rumah kos, yang ternyata memiliki gadis cantik bernama Nia (Nia Zulkarnaen).

Janda pemilik rumah memiliki sebuah robot peninggalan mendiang suaminya. Setelah diotak-atik oleh Dono, robot berhasil dioperasikan sebagai alat pembuat aneka minuman. Dari situlah para mahasiswa berhasil mengumpulkan uang kos.

Lalu atas nama perikemanusiaan, mereka bertiga juga membantu Ayu (Ayu Azhari) gadis cantik yang mengasuh belasan anak kecil. Rumah Ayu roboh akibat hujan deras. Untuk menggalang dana, direkrut pula Soraya, penyanyi kenamaan yang diperankan oleh Chintami Atmanegara. Begitulah kisah di film ke-17 Warkop. Sebuah film yang memang berbeda dengan film Warkop sebelumnya.

Scene yang Patut Dikenang:

Indro dibangunkan kondektur berlogat Batak yang ternyata juga Indro. Lalu ketika menatap sopir bus, ia kaget karena sopirnya juga Indro dengan logat Madura. Lebih kaget lagi, ketika turun ada pengemis yang juga berwajah Indro.

Jodoh Boleh Diatur

Produksi : Garuda Film-Multienterprise, 1988
Sutradara : Ami Prijono
Pemeran : Warkop DKI, Raja Ema, Silvana Herman, Yurike Prastika, Ira Wibowo, dan Nia Zulkarnaen

Boleh jadi film warkop ke-21 ini adalah film Warkop yang paling "drama". Maksudnya, banyak adegan yang lumayan menyentuh hati. Maksudnya lagi, menggendor saraf haru para penonton.

Tiga orang bersaudara—sudah pasti Dono, Kasino, Indro—mendaftar menjadi anggota biro jodoh. Kasino dan Indro memperoleh pasangan. Pun demikian halnya dengan Dono. Cuma pasangan Dono, Rita (Raja Emma) ternyata sudah punya anak dan bersuamikan orang Malaysia.

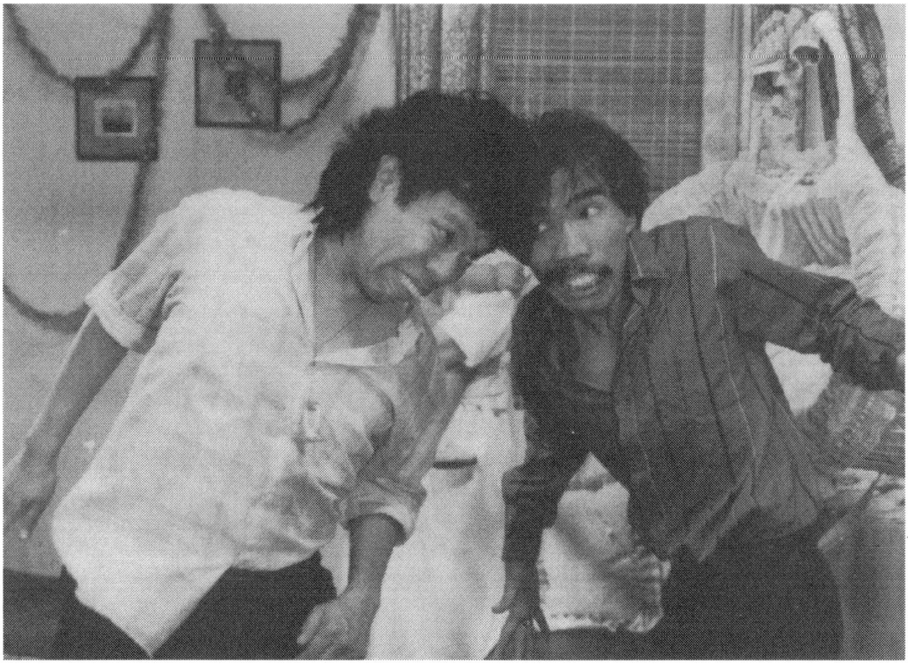

Dok. Indro warkop

Rita tiba-tiba menghilang. Dono yang bertandang ke rumah kakek pasangannya itu hanya memperoleh sebuah titipan istimewa: anak Rita. Lalu, begitulah, hubungan Dono dan bayi yang ia beri nama Si Montok menjadi begitu mendalam.

Rita akhirnya sempat bertemu Dono. Tapi belum lama pertemuan terjadi, Mister Os suami Rita datang menyusul. Ia bukan cuma membawa Rita, tetapi juga Rios, nama asli Si Montok. Dono sediri babak belur dihajar *bodyguard* Mr Os.

Ditemani Kasino dan Indro, Dono yang sudah gila mencari Rita hingga ke Kuala Lumpur, Malaysia. Pertemuan Dono, Rita, dan si Montok dipenuhi isak tangis. Bukan cuma oleh mereka bertiga, tapi juga oleh Kasino, Indro, dan bahkan Mr. Os (struktur giginya lebih ekstrem dari Dono) pun berurai air mata.

Dok. Indro warkop

Scene yang Patut Dikenang:

- Gaya Dono dengan stelan baju khas Melayu sambil membawa payung dan menggendong boneka.
- Celetukan Indro ketika adegan mengharukan pertemuan Dono, Rios, Rita. "Kenapa sih *lo nangis*?" tanya Kasino. "Iseng (aja), setan...." sahut Indro sambil terus menangis.

Gengsi Dong

Produksi : Bola Dunia Film, 1980
Sutradara : Nawi Ismail
Pemeran : Warkop Prambors, Camelia Malik, dan Zainal Abidin.

Di film kedua, tertera spanduk seperti ini: "Ingat Mas Slamet: Sekejam-kejam Ibu Tiri, Lebih Kejam Ibu Kota". Spanduk terbentang di *backdrop* panggung tempat Orkes Melayu Rindu Order tampil.

Dok. Indro warkop

Sebagai orang terkaya di kampung, ayah Slamet (Panji Anom) merasa perlu mengadakan acara atas keberhasilan anaknya, Slamet (Dono). Ya, Slamet diterima untuk berkuliah di Jakarta. Begitu kayanya si juragan tembakau itu, sampai untuk ke Jakarta pun Slamet diantar dengan menggunakan pesawat. Memang, bukan pesawat jet. Cuma pesawat capung berkapasitas dua orang.

Di Universitas Hayam Wuruk, Dono berkenalan dengan Sanwani (Kasino). Lalu dengan Joy (Indro) anak bandar minyak (mulai dari minyak kelapa, minyak oles, minyak bumi, sampai minyak jelantah). Tak lama datang juga Rita (Camelia Malik).

Dono yang dandanannya paling keren sekampung jadi bahan tertawaan para mahasiswa. Rambut licin bak pakai *pomade*, kemeja penuh motif berkelir, celana cutbray, sepatu hak tinggi, dan di kantong belakang ada sisir. Ia *naksir* Rita dan harus bersaing dengan Joy. Dan kisah persaingan merebut hati Rita inilah yang menjadi fokus cerita. Dua cowok saling pamer aksi, sementara Sanwani yang suka gonta-ganti mobil—namun selalu ada dempulnya—diam-diam "menyalip di tikungan".

Bola Dunia Film

Scene yang Patut Dikenang:

Lagi-lagi Dono *dikerjain*. Di film ini ada mobil Dono yang mirip Dono.

GeEr - Gede Rasa

Produksi : Nugraha Mas Film, 1980
Sutradara : Nawi Ismail
Pemeran : Warkop Prambors, Dorman Borisman, Ita Mustafa, Itje Trisnawati

Nugraha Mas Film

Hadirnya Pratiwi—bayangkan, ia lulusan Santa Clauss College—menjadi perhatian Slamet (Dono) dan Poltak (Dorman Borisman), dua sahabat yang ditampung Sanwani (Kasino) di rumahnya. Pratiwi adalah adik Sanwani. Sanwani sendiri digambarkan sebagai pengusaha tapi doyan "jajan" dan harus dirawat intensif oleh mantri Poltak dan dokter Paijo (Indro) karena *kepatil*. Penyakit itu menghalangi rencana pernikahan Sanwani dengan Sarah (Itje Tresnawati). Di sisi lain, Pratiwi menyukai Paijo. Pilihan Pratiwi atas Paijo didukung oleh orangtuanya yang ternyata ke-*ge-er*-an, mengira Paijo juga ingin menikahi Pratiwi.

Scene yang Patut Dikenang:

Mantri Poltak salah suntik. Sanwani dan Slamet pingsan. Mereka pulang dengan kepala *kleyengan*.

IQ Jongkok

Produksi : Nugraha Mas Film, 1981
Sutradara : Iksan Lahardi
Pemeran : Warkop Prambors, Enny Haryono, Marissa Haque, Alicia Djohar, Panji Anom, Farida Pasha

Tiga mahasiswa Universitas Pantang Mundur mencari harta karun peninggalan Jepang. Kode petunjuk didapat dari Broto (S. Parya), korban tabrak lari yang sekarat. Saat menelusuri lokasi harta, Dono bertemu Maya (Enny Haryono), putri orang yang menabrak Broto.

Orangtua Maya (Panji Anom-Farida Pasha) sebenarya masih punya hubungan dengan Broto. Mereka tadinya satu geng perampok. Sang ayah akhirnya tahu bahwa Dono dan kawan-kawan sedang mencari harta tersebut. Setelah mencoba menghalangi, ia berbalik berkolaborasi.

Dok. Indro warkop

Scene yang Patut Dikenang:

Visualisasi Dono menikah dengan Maya seperti pasangan Pangeran Charles-Lady Diana.

CHIPS

Produksi : Nugraha Mas Films, 1982
Sutradara : Iksan Lahardi
Pemeran : Warkop Prambors, Sherly Malinton, Tetty Liz Indriati, dan Chintami Atmanegara

Lagi-lagi Warkop memarodikan serial teve di produksi filmnya yang kesembilan. Ingatlah, serial *ChiPs* (California Highway Patrols) melambungkan nama Erik Estrada dan Larry Wilcox pada akhir 1970-an dan awal 1980-an. Itulah duet yang memerankan polantas bersepeda motor bernama Llwellyn Poncherello dan Jon Baker. Dan seperti nasib *Six Million Dollar Man*, Warkop memarodikan sebagai *CHIPS* (Cara Hebat Ikut Penanggulangan Masalah Sosial).

Dok. Indro Warkop

Jika ChiPs milik negara, organisasi CHIPS dalam film warkop adalah milik orang kaya bernama Juned (Panji Anom). Niat Juned luhur, tapi para pelaksananya—terutama Warkop—ya *ngawur*. Sudah *ngawur*, nasibnya pun rata-rata sial semua.

Kengawuran pertama: mobil patroli dipakai Dono untuk mengantarkan cewek cantik dan kemudian terangkat oleh mobil derek hingga ke tempat pembuangan becak. Dono juga memakai mobil patroli untuk pacaran dengan Lisa (Sherly Malinton) hingga kemudian mobil itu terjun bebas ke empang.

Dok. Indro Warkop

Indro dan Kasino juga sering sial. Ketika menguber pengendara sepeda motor *trail* yang *ngebut*, entah bagaimana motor patroli bisa tertukar dengan motor kuntet. Alhasil si tukang kebut pun lolos dari kejaran.

Kesialan para petugas menyebabkan operasi CHIPS harus dihentikan. Sebab ongkos kerusakan membuat Juned tekor. Belum lagi Kasino yang memergoki Juned sedang kencan di kebun binatang selalu memerasnya dengan kata-kata, "Jangkrik, Bos."

Puncaknya, Dono harus putus dari Lisa. Sebab sang pacar ternyata hendak dikawinkan kedua orangtuanya dengan bosnya sendiri: Juned. Trio sekawan tidak terima. Tetapi jangankan menang, mereka malah kocar-kacir dihajar Juned. Sial lagi, deh.

Scene yang Patut Dikenang:

Tukang sayur yang hendak menyeberang jalan kaget karena ada kejar-kejaran sepeda motor. Ia mendorong gerobaknya hingga meluncur ke seberang jalan. Ketika semua pengebut sudah melintas ia mengambil laso dan menarik gerobaknya kembali dengan tenang. Padahal tadinya penonton menduga dalam adegan itu gerobaknya akan ditabrak hingga porak-poranda. Sebuah adegan komikal khas Warkop.

Maju Kena Mundur Kena

Produksi : Parkit Films, 1983
Sutradara : Arizal
Pemeran : Warkop Prambors, Eva Arnaz, Lydia Kandou, Us Us

PDok. Indro Warkop

Perempuan adalah pembawa sial. Itulah keyakinan yang selalu ditekankan Kasino kepada Indro dan Dono. Dua nama terakhir adalah anak buah Kasino di bengkel yang dikelolanya. Karena keyakinan itulah Kasino mengomeli Dono. Sebab pada suatu malam Dono ketahuan telah menolong seorang perempuan bernama Marina (Eva Arnaz). Namun di luar dugaan, setelah berkenalan dengan Marina, Kasino jatuh cinta dan semaput.

Scene yang Patut Dikenang:

Semua poster di kamar Kasino bergambar para pahlawan nasional. Namun jika dibalik, ternyata berisikan gambar-gambar perempuan seksi.

Pokoknya Beres

Produksi : Parkit Films, 1983
Sutradara : Arizal
Pemeran : Warkop Prambors, Eva Arnaz, Lydia Kandou, Us Us, Nourma Yunita

Adegan terakhir di film *Maju Kena Mundur Kena* adalah saat Dono menjadi pesepakbola wanita. Itu dilakukan karena tim sepakbola pimpinan Marina (Eva Arnaz) dan Anita (Lidya Kandou) kekurangan orang. Padahal tim yang dilawan adalah klub sohor Buana Putri. Dalam film *Pokoknya Beres* adegan main bola ini juga ada. Ceritanya, di rumah kos Abah Us Us para penghuni berusaha saling membantu. Termasuk ketika Anita menghilang dan disangka diculik orang. Semua sibuk mencoba menemukan. Lalu mereka menghajar peculik yang ternyata ayah Anita sendiri. Di sisi lain, Kasino yang mata keranjang selalu gagal mendapatkan cewek. Terakhir, ia malah diborgol polwan.

PDok. Indro Warkop

Scene yang Patut Dikenang:

Dono kena *senter* bola di area vital saat melawan Buana Putri. Di klinik, dokter yang memeriksanya secara tak sengaja berkali-kali menghajar daerah rawan milik Dono.

Itu Bisa Diatur

Produksi : Parkit Films, 1984
Sutradara : Arizal
Pemeran : Warkop Prambors, Ira Wibowo, Lia Waroka

Dono memperoleh modal dari pamannya untuk mengelola restoran. Kasino, Indro, Henny (Lia Waroka) dan Susan (Ira Wibowo) turut membantu. Dono berjuang agar restorannya mendapat rekomendasi dari Petrus (Doddy Sukma) kritikus kuliner. Namun, karena sebuah insiden, Dono jadi khawatir sang kritikus bakal menulis hal jelek tentang restoran Dono di majalahnya. Sebelum itu terjadi Dono mengirimkan surat "makian" ke sang kritikus. Cuma di luar dugaan, Petrus ternyata malah berniat memuji dan menulis hal baik. Masalahnya, bagaimana mencegah agar surat penuh makian itu tidak dibaca sang kritikus.

Parkit Films

***Scene* yang Patut Dikenang:**

Tangan Indro dan Ira Wibowo terborgol. Ke mana-mana harus berdua dan menimbulkan kecurigaan polisi.

Tahu Diri Dong

Produksi : Parkit Films, 1984
Sutradara : Arizal
Pemeran : Warkop Prambors, Eva Arnaz, Lydia Kandou, Wieke Widowati, Us Us

Dalam kehidupan di rumah *kost*, trio DKI (Dono, Kasino, Indro) sering terlibat perselisihan konyol dengan Abah Us Us. Dua cewek cantik, Marina (Eva Arnaz) dan Anita (Lidya Kandou) pun terlibat dalam aneka ulah DKI. Termasuk ketika kakek Dono dari kampung datang, Anita ikut membantu agar sang kakek yakin kalau cucunya sudah jadi dokter yang sukses. Di film ini, Dono harus memakai kostum perempuan lagi. Kali ini karena ia didorong oleh kawan-kawannya untuk ikut kontes membuat kue. Lewat resep *Tart Kedutan*, Dono sukses menjadi juara. Cuma begitulah, ketika penyamarannya terbuka, hadiah urung diberikan.

Dok. Indro Warkop

***Scene* yang Patut Dikenang:**

Kasino menyanyikan lagu *What A Feeling*-nya Irene Cara dalam film *Flash Dance*. Tentu saja lagu itu ditekuk menjadi "Kamu *feeling*, aku *feeling*. Kamu dan aku saling ber-*feeling-feeling*-an..." seraya naik sepeda bertingkat dengan Indro dan Dono.

Kesempatan Dalam Kesempitan

Produksi : Parkit Films, 1985
Sutradara : Arizal
Pemeran : Warkop Prambors, Lydia Kandou, Nena Rosier, Leily Sagita, Lina Budiarti, Fanny Bauty

Dok. Indro Warkop

Gara-gara sok aksi, hubungan Indro dan Mona jadi putus. Untuk meminta maaf ditempuh cara menyanyikan lagu romantis. Indro melakukan *lipsync* di bawah balkon rumah Mona. Lain Indro, lain Dono. Setelah terancam di-PHK, ia malah diangkat menjadi manajer agen rokok berkat bantuan Kasino, Santi (Lia Waroka), dan Tina (Lidya Kandou). Hidup Dono mulai makmur, sampai suatu ketika mobil dinas milik kantor yang dipinjamkan kepadanya rusak berat gara-gara Kasino. Agar lepas dari kemarahan Dono, Kasino pura-pura sakit hilang ingatan. Nasib Kasino kian apes karena pembeli mobil bobrok yang dibeli darinya menuntut ganti rugi. Untuk menyelesaikan masalah maka diadakanlah adu tinju. Dan Dono pun diajukan sebagai jagoan dari pihak DKI.

Scene yang Patut Dikenang:

Dono berjalan di tengah jalan raya sambil merasa heran, "Kok mobil pada mundur semua?"

Gantian Dong

Produksi : Parkit Films, 1985
Sutradara : Arizal
Pemeran : Warkop Prambors, Ira Wibowo, Lia Waroka, Chintami Atmanegara, Leily Sagita, Wieke Widowati, Advent Bangun

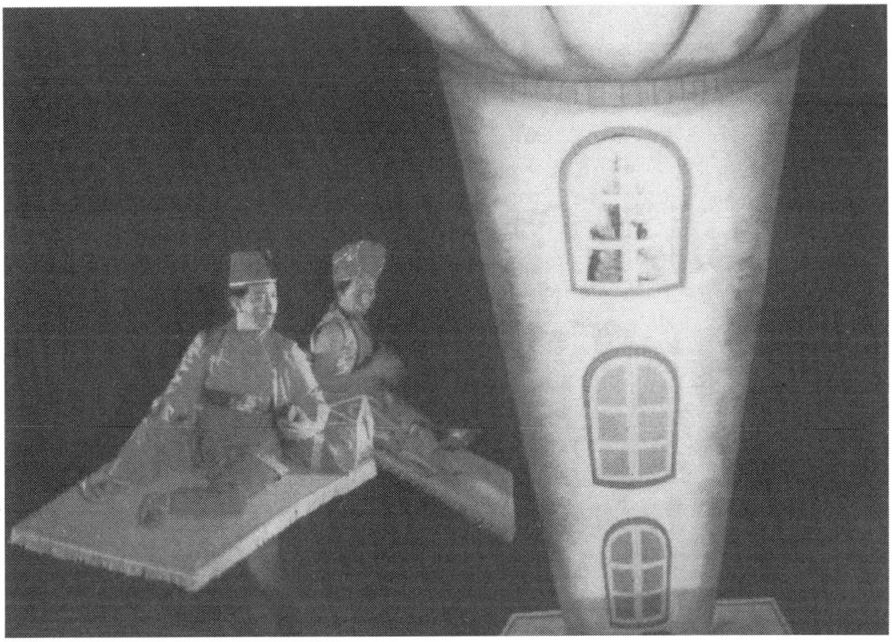
Dok. Indro Warkop

Di pantai Kasino bertemu kenalan lama bernama Vera (Chintami Atmanegara), seorang model. Supaya pendekatannya berhasil, Kasino mulai *ngecap* bahwa ia sanggup mengorbitkan Vera menjadi bintang film terkenal. Ia punya kenalan seorang sutradara top bernama Indro. Untuk bertemu Indro, Kasino mengundang Vera ke sebuah bungalo di kawasan Puncak. Indro pusing diuber Vera. Belum lagi seorang cewek tak henti-hentinya menguntit ke mana pun Indro pergi.

Ia juga kembali menjadi korban kejahilan Kasino. Gara-gara ulah kawannya, Indro menjadi sasaran kecemburuan Tony (Advent Bangun) yang menduga Indro ada main dengan pacarnya. Nyawa Indro dalam bahaya. Untuk menyelamatkannya ia harus pura-pura sudah mati.

Scene yang Patut Dikenang:

Dono unjuk kemampuan melakukan tari kejang.

Atas Boleh Bawah Boleh

Produksi : Soraya Intercine Films, 1986
Sutradara : Tjut Djalil
Pemeran : Warkop, Eva Arnaz, Dian Nitami, Catherine

Warkop menginap di sebuah desa. Itu dikarenakan Dono pingsan saat berhadapan dengan sepasang gorila. Orang kampung segera membawanya ke rumah Pak Lurah. Gara-gara berusaha mengencani anak Pak Lurah (Dian Nitami) ia dipaksa harus menikah. Tapi Dono ogah dan memutuskan untuk lari. Saat kabur, Dono jatuh dan harus dirawat di rumah sakit. Sementara Kasino-Indro mulai cari uang untuk pengobatan Dono. Indro menjadi *salesman* barang kosmetik, Kasino jadi tukang foto keliling. Sedangkan Dono, ia malah asyik merayu suster Susy (Eva Arnaz), yang ternyata kemudian ditaksir oleh Kasino.

Soraya Intercine Films

Scene yang Patut Dikenang:

Bajaj *jumping* dan melaju dengan gaya *wheely.*

Depan Bisa Belakang Bisa

Produksi : Soraya Intercine Films, 1987
Sutradara : Tjut Djalil
Pemeran : Warkop DKI, Eva Arnaz, Medalia Saptarini, dan HIM Damsyik

Depan Bisa Belakang Bisa. Itulah karakter detektif swasta yang dimainkan Kasino. Dalam tugasnya, agen yang berdandan mirip Sherlock Holmes itu ditemani Agen Bolong-bolong (Dono) dan Hunter dari Cikampek (Indro). Order besar datang. Mereka diminta mengawal permata dari Jepang milik Mister Satomato. Apesnya permata itu malah dirampok sekelompok penjahat yang ternyata anak buah Satomato sendiri. Taktik licik itu dilakukan demi mendapat uang asuransi. Mereka juga merekrut penyanyi Michiko (Eva Arnaz) sebagai pengalih perhatian. Inilah film Warkop pertama dengan embel-embel "DKI".

Soraya Intercine Films

Scene yang Patut Dikenang:

Adegan pembuka tipikal film *James Bond*, dengan Kasino sebagai sang detektif flamboyan.

Makin Lama Makin Asyik

Produksi : Soraya Intercine Films, 1987
Sutradara : A. Rachman
Pemeran : Warkop DKI, Meriam Bellina, Susy Bolle, Timbul

Erna (Meriam Bellina) *ngekost* di rumah Tante Sarah (Susy Bolle). Karuan Dono langsung jatuh hati pada perempuan itu. Padahal di lain pihak, Sarah sangat sebel dengan Dono, Kasino, Indro. Mereka dianggap sebagai pembuat onar di kompleks *kost*-nya. Terakhir kali, Sarah yang sedang pacaran dengan Om Nino (Timbul) dikerjai oleh Indro-Kasino. Sebuah mikrofon yang terhubung dengan pengeras suara diselipkan ke ruang tamu. Perbincangan mesra Sarah dan Om Nino pun terdengar oleh seluruh penghuni kompleks.

Dok. Indro Warkop

Scene yang Patut Dikenang:

Saat tiga sekawan naik becak yang *ngebut*. Becak berguling dan ketiganya *ketungkrep* di dalamnya.

Saya Suka Kamu Punya

Produksi : Soraya Intercine Films, 1987
Sutradara : Tommy Burnama
Pemeran : Warkop DKI, Wenny Rosaline, Ratih Lisia, Doyok, Didi Mangkuprojo

Tiga pemuda pengangguran diterima menjadi pemain tonil. Masalahnya, pada hari pementasan, Kasino "ribut" dengan orang yang sempat ia tuduh sebagai jambret. Sang tertuduh tidak terima. Ia menguber dan mengajak berkelahi di panggung. Pertunjukan jadi kacau. Sementara pemilik gedung resah karena gedungnya hendak dibeli oleh bos mafia bernama Gozali (Didi Mangkuprojo). DKI bertekad membantu lewat sebuah pertaruhan. Bentuknya adalah adu tinju antara Dono dan petinju yang ditunjuk oleh Gozali. Dono menang. Ia juga menang saat melawan Doyok, kaki-tangan Gozali yang tengil.

Soraya Intercine Films

Scene yang Patut Dikenang:

Dono memancing ikan dengan uang *cebanan* sebagai umpan. "Masak mancing pakai uang sepuluh ribu? Sekarang kan pasarannya sudah naik," kata putri duyung yang tersangkut di kail Dono.

Malu-malu Mau

Produksi : Soraya Intercine Films, 1988
Sutradara : Sisworo Gautama P
Pemeran : Warkop DKI, Nurul Arifin, Sherly Malinton

Kasino yang *sotoy* membuat Indro *ge-er.* Gara-gara isian kuis di sebuah majalah ia menyimpulkan bahwa satu dari dua teman cewek satu *kost* ada yang naksir Indro. Pesoalannya, siapa? Selly (Sherly Malinton) atau Lisa (Nurul Arifin)? Untuk membuktikannya mereka semua diajak ke vila. Masalah lain juga muncul gara-gara Kasino. Ia memperoleh kelebihan pembayaran uang dari bank dalam jumlah besar. Cuma, saat hendak dikembalikan, uang itu hilang. Terpaksa ditempuh macam-macam cara untuk menggantinya. Antara lain dengan mengikuti lomba nyanyi khusus tunanetra.

Dok. Indro Warkop

Scene **yang Patut Dikenang:**

Kasino bergaya Stevie Wonder saat mengikuti lomba nyanyi khusus tunanetra.

Godain Kita Dong

Produksi : Soraya Intercine Films, 1989
Sutradara : Hadi Poernomo
Pemeran : Warkop DKI, Lisa Patsy, Nandya Nathasia, Ida Kusumah, Tarzan

Dono pulang dari Amerika. Bersamanya ikut seorang cewek bule bernama Madonna (Lisa Patsy). Kasino dan Indro sepupunya pun *ngiler*. Sementara orangtua Dono (Tarzan-Ida Kusumah) tidak menyukai Madonna. Agar Madonna hengkang dari rumahnya, mereka buru-buru membuat acara pertunangan Dono dengan Indah (Nandya Nathasia). Tapi hal itu justru malah membuat Dono nekat kabur bersama Madonna. Tinggal lagi Kasino-Indro menyusul mereka ke Jakarta.

Dok. Indro Warkop

Scene **yang Patut Dikenang:**

- Pemunculan Dono dengan rambut seperti Ruud Gullit.
- Adegan mimpi: di bandara kecil, pilot Kasino meminta pesawatnya diisi bensin dua tak 20 liter dari seorang penjual bensin eceran.

Mana Bisa Tahan

Produksi : Soraya Intercine Films, 1990
Sutradara : Arizal
Pemeran : Warkop DKI, Sally Marcelina, dan Nurul Arifin

Ada Windy (Nurul Arifin), ada Cindy (Sally Marcelina). Dua cewek cantik itu adalah kekasih Dono. Lalu Dono mulai repot mengatur strategi agar para cewek tak tahu belangnya. Kasino dan Indro yang melihat kecantikan dua cewek itu mulai iri kepada Dono.

Dengan menyamar sebagai pakde dan bude dari Dono, keduanya menghasut orangtua Cindy dan Windy. Lalu disebutkanlah berbagai kejelekan Dono. Sembari—tentu saja—merekomendasikan "keponakan saya yang lain yang lebih pantas bersanding dengan anak mereka masing-masing". Ya bisa ditebak, keponakan yang dimaksud adalah Indro dan Kasino.

Karena didamprat orangtuanya, Windy kabur ke rumah Dono. Cindy pun demikian. Dono mengatur agar keduanya tidak bertemu. Persoalan jadi rumit ketika bapak dari masing-masing perempuan itu mulai berdatangan pula ke rumah Dono.

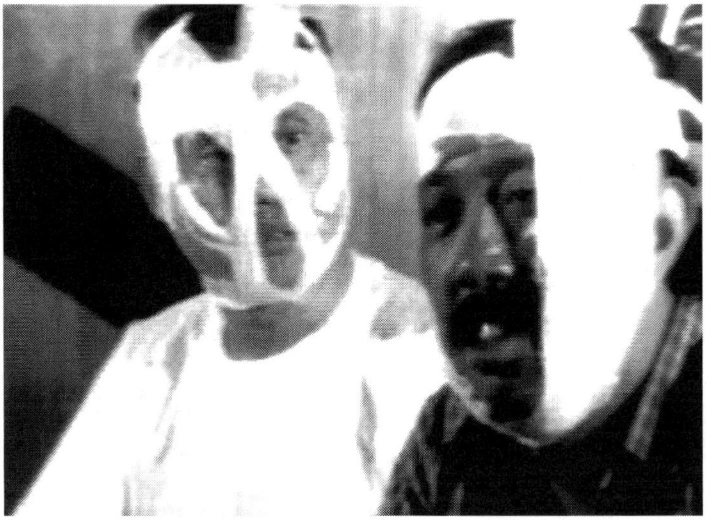

Soraya Intercine Films

***Scene* yang Patut Dikenang:**

Pada saat menguntit Dono, dan melihat cewek-ceweknya yang cantik, Kasino memberi komentar: "Heran, cewek cakep-cakep begitu kok mau sama pompa dragon."

Sabar Dulu Doong...

Produksi : Soraya Intercine Films, 1990
Sutradara : Ida Farida
Pemeran : Warkop, Anna Sherly, Eva Arnaz

Soraya Intercine Films

Hotel milik keluarga Winy (Eva Arnaz) sudah lama tak terurus. Sambil mengisi waktu liburan, ia mengajak trio DKI untuk mengelola hotel. Selanjutnya, yang terjadi adalah berbagai peristiwa konyol. Dono disibukkan dengan urusan penyelidikan. Ia menduga seorang tamu lelaki telah membawa perempuan ke kamarnya. Sementara Indro yang juga pacar Winy diduga berusaha *ngintipin* seorang turis bule di hotel itu. Keadaan kian kisruh karena hadirnya seorang tamu yang membawa tikus putih; juga seorang perempuan yang kerap *ngelindur.*

Scene yang Patut Dikenang:

Kasino meniru semua langkah seorang bule dalam menyiapkan makanan. Ia pikir, itulah *table manner*. Ketika makanan siap ia buru-buru melahapnya; sementara si bule ternyata melakukan persiapan itu untuk santapan kucingnya.

Sudah Pasti Tahan

Produksi : Soraya Intercine Films, 1991
Sutradara : Arizal
Pemeran : Warkop DKI, Sally Marcelina, Nurul Arifin

Linda (Sally Marcelina) dan Christine (Nurul Arifin) diajak DKI *plesiran*. Kebetulan tiga sekawan itu punya pekerjaan sebagai juri pada sebuah kontes pemilihan ratu pantai. Kehadiran para juri ini juga diketahui oleh beberapa kontestan. Mereka berusaha mendekati ketiganya. Hal itu bikin jengkel Linda dan Christine. Pada saat jalan-jalan ke laut, *yacht* yang mereka tumpangi ternyata mogok. Maka mereka mulai panik. Untung ada sebuah pulau yang bisa disinggahi. Namun di pulau itu para perempuan sekali lagi mengalami ketakutan. Ada sesosok manusia primitif yang muncul tiba-tiba.

Soraya Intercine Films

Scene yang Patut Dikenang:

Kasino datang ke pemandian yang terkesan bonafide. Namun saat petugas membuka pintu masuk, di dalamnya hanya ada empang dengan beberapa anak singkong sedang mandi-mandi.

Bisa Naik Bisa Turun

Produksi : Soraya Intercine Films, 1991
Sutradara : Arizal
Pemeran : Warkop, Fortunella, Kiki Fatmala, Gitty Srinita, Inneke Koesherawati

Ketimbang menganggur, DKI mendaftar ke sekolah satpam. Apa lacur komandan satpam (Diding Boneng) ternyata kejam. Ketiganya mulai tak tahan dan berusaha kabur. Ternyata, komandan satpam yang melatih ketiganya adalah komandan satpam palsu. Dia adalah orang gila yang berhasil mencuri seragam komandan dari saudara kembarnya. Setelah melalui berbagai peristiwa akhirnya Stella (Fortunella), pacar Indro, memberi informasi adanya lowongan kerja di kantor pamannya. Kesempatan itu tak disia-siakan. Mereka nekat berdandan dengan pakaian wanita, karena lowongan kerja yang ada memang khusus bagi wanita.

Soraya Intercine Films

***Scene* yang Patut Dikenang:**

Adegan membentuk tanah liat bak Demi Moore di film *Ghost.* Hanya saja peran Demi Moore digantikan oleh Kasino.

Lupa Aturan Main

Produksi : Soraya Intercine Films, 1991
Sutradara : Tjut Djalil
Pemeran : Warkop DKI, Eva Arnaz, Fotunella, Hengky Soelaiman, Diding Boneng

Perampok misterius beraksi. Rumah yang ditempati Dono (Dono), Kasino (Kasino), Indro (Indro) menjadi sasaran berikutnya. Lalu kemudian datanglah seorang lelaki yang mengaku polisi. Tetapi para penghuni *kost* curiga setelah melihat beberapa ciri yang sama dengan perampok misterius. Lewat onde-onde berisi obat tidur, DKI, Debby (Eva Arnaz), Bella (Intan Fully), dan Sridona (Fortunella) bisa membuat pria itu loyo. Lalu, seseorang berseragam polisi (Diding Boneng) tak lama kemudian datang. Ia berterima kasih karena seisi rumah telah membekuk lelaki yang ternyata memang polisi betulan. Sedangkan Boneng adalah perampok misterius itu sendiri.

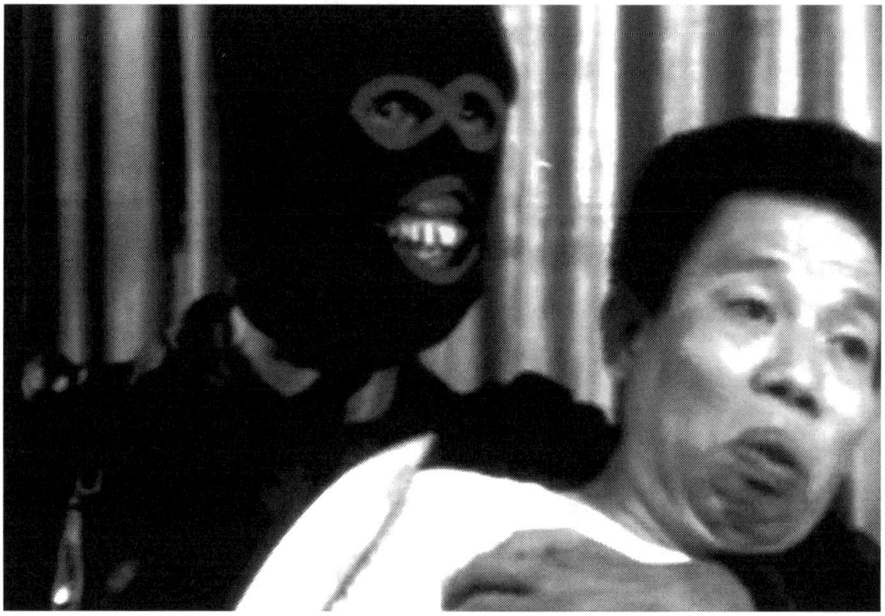

Soraya Intercine Films

***Scene* yang Patut Dikenang:**

Kasino salah jemput orang di stasiun. Bukan gadis cantik yang didapat, tapi seorang bencong yang sangat nekat.

Masuk Kena Keluar Kena

Produksi : Soraya Intercine Films, 1992
Sutradara : Arizal
Pemeran : Warkop DKI, Kiki Fatmala, Fortunella, Sally Marcellina

Dono, Kasino, Indro tersesat di sebuah pulau terisolir. Mereka tertangkap oleh penduduk primitif. Semuanya wanita, semuanya seksi. Tentu DKI bergirang hati. Apalagi saat hendak dipertemukan dengan kepala sukunya. "Kalau penduduknya *udah* sebegitu cakepnya, apa lagi kepala sukunya ya?" Dugaan itu meleset. Ternyata kepala sukunya laki-laki tua dan ompong (Pak Tile). Harapan mereka kian kuncup saat hendak dinikahkan dengan anak kepala suku yang gembrot semua. Selepas lolos dari kejaran suku primitif ketiganya kembali ke rumah *kost*. Bersama teman *kost* wanita dan Merry (Fortunella) DKI pun berpiknik ke pantai. Di sana Merry nyaris diculik Wan Abud.

Soraya Intercine Films

Scene yang Patut Dikenang:

Kepala suku (Pak Tile) melepas rokok dari mulutnya. Bukan cuma rokok, tapi sampai gigi-giginya pun terlepas.

Salah Masuk

Produksi : Soraya Intercine Films, 1992
Sutradara : Arizal
Pemeran : Warkop DKI, Gitty Srinita, Fortunella, Angel Ibrahim

Dono, Kasino, Indro punya profesi sebagai sutradara, asisten *make up artist*, dan kamerawan. Mereka memperoleh order membuat film iklan untuk produk bir. Lalu direkrutlah Yuli (Tarida Gloria) sebagai bintang. Di luar dugaan, Yuli banyak ulahnya. Mulai dari menggasak semua makanan sampai nekat meminum sekian gelas bir. Ujungnya Yuli *teler* dan mengobrak-abrik lokasi syuting. Gagalkah pekerjaan mereka? Tidak. Produser malah senang. Honor dibayar, dan bahkan mendapat bonus piknik ke pantai. Usai liburan tiga sekawan kembali meneruskan pekerjaan. Kali ini mereka harus syuting di rumah sakit. Terjadi kekacauan karena proses kerja yang *ngawur*. Ketiganya bahkan dikejar orang banyak, termasuk para figuran film berkostum zombie.

Soraya Intercine Films

Scene yang Patut Dikenang:

Adegan di *scene* pembuka. Penonton berjubel menyaksikan pertunjukan "Manusia Kepala Rusa". Di panggung, duduklah Indro. Di sisi lain tergantung kepala rusa yang sudah diawetkan. "Ya inilah manusianya," kata Kasino sambil menunjuk Indro, "dan ini kepala rusanya." Penonton pun marah.

Bebas Aturan Main

Produksi : Soraya Intercine Films, 1993
Sutradara : Tjut Djalil
Pemeran : Warkop DKI, Diah Permatasari Gitty Srinita, Lella Anggraeni

Di lokasi pemilihan Ratu Pantai Selatan trio DKI bikin ulah. Ketiganya berhasil merayu tiga kontestan kakak-beradik yang terdiri atas Lisa (Lela Anggraaeni), Yuli (Diah Permatasari), dan Nella (Gitty Srinita). Masalahnya terjadi kericuhan dengan Pak Leo (Pietrajaya Burnama) di tempat itu. Hubungan DKI dengan tiga kakak beradik jadi terancam bubar. Kenapa? Sebab, ketiganya ternyata anak Pak Leo. Padahal DKI ingin mengajak mereka ke pantai. Lewat akal-akalan foto rekayasa yang menunjukkan Leo sedang tidur berduaan dengan pembantunya (Bu Bariah), maka DKI mengancam. Jika tidak diizinkan mengajak tiga anaknya piknik, maka foto itu akan disebarluaskan.

Soraya Intercine Films

***Scene* yang Patut Dikenang:**

Dono berdandan bak *popstar* Michael Jackson.

Bagi-bagi Dong

Produksi : Soraya Intercine Films, 1993
Sutradara : Tjut Djalil
Pemeran : Warkop DKI, Kiki Fatmala, Inneke Koesherawati, Malfin Shayna, Ozi Syahputra

Obsesi Dono cuma satu: banyak cewek cantik yang suka padanya. Itu sebabnya ia datang ke seorang dukun (Ozi Syahputra). Dari dukun botak itu ia memperoleh seekor tikus putih sebagai "jimat". Betul saja, selain sudah punya pacar, ada Donna (Malfin Shayna) yang menyukai Dono. Dono pun mengatur kencan dengan Dona di rumah *kost*. Agar lancar, maka Kasino, Indro, Yuke (Inneke Koesherawati), dan Christine (Kiki Fatmala) diusir dulu. Acara bermesraan jadi kacau karena Yuke dan Christine tiba-tiba datang. Lepas dari insiden itu, giliran pacar Dono yang lain yang datang ke rumah *kost*.

Soraya Intercine Films

Scene yang Patut Dikenang:

Dalam adegan terakhir Trio DKI naik becak yang dikemudikan Diding Boneng. Seperti biasa, becak zigzag, jumpalitan, dan kecebur ke empang. Adegan seperti ini sudah pernah juga dilakukan, tetapi di adegan film inilah yang terbaik.

Saya Duluan Dong

Produksi : Soraya Intercine Films, 1994
Sutradara : Arizal
Pemeran : Warkop DKI, Diah Permatasari, Gitty Srinita, HIM Damsyik

DKI kembali kecebur ke empang. Kali ini bukan dari atas becak, tetapi justru dari perahu. Itulah adegan terakhir dari film ini. Sebelumnya, ada cerita di mana DKI, Yuli (Diah Permatasari), Selly (Gitty Srinita) berseteru melawan Pak Soleh (HIM Damsyik) si jago sulap. Soleh hendak membuat bangkrut restoran ayah Yuli dengan cara memasukkan puluhan tikus putih ke restorannya. Kelompok anak *kost* melawan, tetapi selalu gagal karena Soleh terlalu lihai. Strategi diatur setelah mereka sempat piknik ke pantai. Dalam upaya terakhir menguber Pak Soleh, ketiganya nekat masuk ke perahu yang ada di dalam *anhang* (gerobak gandeng) di belakang jip yang dikemudikan Pak Soleh. Akhirnya, begitulah. Mereka kecebur di empang.

Soraya Intercine Films

Scene yang Patut Dikenang:

Salah satu adegan pada awal film. Kasino melakukan sulap tapi triknya ketahuan oleh seorang anak kecil. Ia diuber penonton karena dianggap menipu.

Pencet Sana Pencet Sini

Produksi : Soraya Intercine Films, 1994
Sutradara : Arizal
Pemeran : Warkop DKI, Sally Marcellina, Malfin Shayna, dan Taffana Dewi

Dewosastro, paman Dono, bertandang ke tempat *kos*t DKI. Paman kaya-raya itu pelit bukan main. Padahal Dono sedang berusaha minta dibelikan mobil. Agar memperoleh uang untuk membeli mobil maka diaturlah siasat. Ia minta diculik oleh Matasatu (S. Parya), penjahat betulan. Selanjutnya Matasatu meminta tebusan kepada Dewosastro.

Soraya Intercine Films

***Scene* yang Patut Dikenang:**

Seorang buta menggantikan sopir bajaj. Dono-Kasino yang sedang diuber petugas rumah sakit jiwa menaikinya. Ia meminta sopir buta itu ngebut.

MAHASISWA DAN ZONDER KERJA

DI film, Dono, Kasino, Indro, dan Nanu bisa jadi apa saja. Menurut bidang atau pekerjaannya Warkop pernah menjadi:

Mahasiswa:

Mana Tahaaan.... Gengsi Dong, IQ Jongkok, Setan Kredit, Sama Juga Bohong

Detektif atau Bidang Keamanan:

Pintar Pintar Bodoh, Manusia 6.000.000 Dolar, CHIPS, Depan Bisa Belakang Bisa

Dokter dan Pengusaha:

GeEr - Gede Rasa

Karyawan Hotel:

Dongkrak Antik, Sabar Dulu Doong...

Montir:

Maju Kena Mundur Kena

Karyawan Restoran:

Itu Bisa Diatur

Pekerja film atau Panggung:

Saya Suka Kamu Punya, Salah Masuk

Pekerja Peternakan:

Godain Kita Dong

Karyawati:

Bisa Naik Bisa Turun

Tanpa Pekerjaan yang Jelas:

Pokoknya Beres, Tahu Diri Dong, Kesempatan Dalam Kesempitan, Gantian Dong, Atas Boleh Bawah Boleh, Makin Lama Makin Asyik, Jodoh Boleh Diatur, Malu-malu Mau, Mana Bisa Tahan, Sudah Pasti Tahan, Lupa Aturan Main, Masuk Kena Keluar Kena, Bebas Aturan Main, Bagi-bagi Dong, Saya Duluan Dong, Pencet Sana Pencet Sini

SEBERAPA TAHAN, SEBERAPA DONG

TIGA puluh empat film. Bahkan Indro Warkop pun kadang *keder* jika diminta mengingat judulnya secara komplet. Wajar juga. Apalagi banyak judul film yang rada mirip. Ada film yang memakai kata "tahan", ada juga yang berakhiran "dong". Pun ada judul yang terinspirasi istilah gaul (zaman itu) dan film seri di televisi. Tak boleh dilupakan, ada banyak judul film yang kemudian menjadi tipikal Warkop (yang kemudian banyak digunakan di film-film komedi lain).

Judul film Warkop pertama, *Mana Tahaaan...* diambil dari istilah gaul akhir 1970-an. Pertama dikenal di kalangan *binan* (banci), yang intinya lebih-kurang menunjukkan pada ekspresi kekaguman, kaget, atau sebaliknya: melecehkan. Misal, saat memergoki pasangan sedang bermesraan, orang bisa saja bergumam: "Ih, pacaran segitu *hot*-nya, mana tahaaan..." Atau bisa saja ekspresi itu terlontar melihat dandanan yang tidak pas: "Aih, *make-up*-nya, mana tahaaan..." Istilah "mana tahan" barangkali sepadan dengan istilah gaul "*nggak* kuat", yang kemudian menjadi "*nggak* kukuh" atau "*nggak* kuku" yang berkembang pada tahun 90-an.

Istilah gaul lain yang digunakan di judul film Warkop adalah: "gengsi dong", "ge-er", dan "sama juga bo'ong". Istilah-istilah ini muncul hampir berbarengan dengan "mana tahan", menjadi kosakata sehari-hari di kalangan anak muda awal 1980-an.

Pemakaian istilah gaul memang bukan tabu buat Warkop. "Waktu masih siaran di Radio Prambors pun Warkop sering menggunakan bahasa prokem (preman). Saya lupa, siapa yang lebih dulu mempopulerkannya, sebab pada masa yang sama kan muncul *Ali Topan* di mana Teguh Esha menyelipkan istilah prokem di novelnya," tutur Indro.

Warkop's Angels

Eddy Suhardy

James Bond punya Bond's Girls. Warkop juga punya. Jika perempuan di film pertama tentang James Bond (*Dr. No*, 1962) adalah Ursula Andress, maka "gadis Warkop" di film pertama *Mana Tahaaan...* 1981 adalah Elvie Sukaesih. Haha! Tentu bukan perbandingan yang pas. Tetapi perlu dicermati, predikat Elvie pada waktu itu adalah "Ratu Dangdut" Indonesia. Sebuah gelar yang menunjukkan bahwa sebagai sosok, Elvie mempunyai massa penggemar yang luar biasa.

Trik untuk mengajak sosok perempuan terkenal dari kalangan musik dangdut diulangi lagi pada tahun 1980. Di film *Gengsi Dong* Warkop menghadirkan Camelia Malik dan Itje Tresnawati di *Ge Er–Gede Rasa*. Warkop juga mengajak banyak barisan artis, model, dan orang terkenal lain untuk bermain bersama di layar lebar.

Kita bisa memeriksa sekian nama. Ada Rahayu Effendy, Alicia Djohar, Minati Atmanegara, Meriam Bellina, Sherly Malinton, Nourma Yunita, Wieke Widowati, Nena Rosier, Lelly Sagita, Fortunella, Diah Permatasari. Mereka pernah memperkuat film Warkop di dua film. Sementara untuk kategori

Eva Arnaz

pernah main satu film, Debby Cynthia Dewi, Dana Christina, Marissa Haque, Ayu Azhari, Dian Nitami, Inneke Koesherawati adalah beberapa contoh. Lantas siapakah yang paling banyak main di film Warkop?

Dia adalah Eva Yanthi Arnaz. Aktris yang namanya sudah dikenal sejak film pertamanya *Intan Perawan Kubu* (1972), *Duo Kribo* (1977), dan *Sakura dalam Pelukan* (1979) itu main di sembilan film Warkop! Debut Eva di film Warkop dimulai lewat *Pintar Pintar Bodoh* pada 1980. Lalu sejak itu Eva seperti sudah menjadi semacam pendamping setia.

Ia tampil di *Manusia 6.000.000 Dollar, Maju Kena Mundur Kena, Pokoknya Beres, Tahu Diri Dong, Atas Boleh Bawah Boleh, Depan Bisa Belakang Bisa,* dan *Sabar Dulu Doong...!* Terakhir, Eva yang kini sudah hajah dan banyak menekuni agama muncul di film Warkop produksi tahun 1991: *Lupa Aturan Main.*

"Jauh hari sebelum main film dengan Warkop, saya *udah ngefans* dengan mereka. Saya termasuk orang yang sering *ngedengerin* lawakan mereka saat masih siaran di Radio Prambors," tutur Eva Arnaz. "Itu sebabnya saya ingin banget main di film Warkop. Sebelumnya waktu saya sudah main dengan beberapa pelawak di beberapa film," tambahnya.

Wajar juga, setelah menjalin hubungan kerja sama selama lebih dari 10 tahun, personel Warkop buat Eva sudah seperti saudara sendiri. Pertemanan Eva memang terjalin bukan hanya di film, tetapi juga dalam kehidupan sehari-hari. "Misalnya dengan almarhum Mas Dono. Saya bukan cuma berteman dengan almarhum, tetapi juga dengan almarhumah istri Mas Dono. Sering curhat. Macam-macam deh. Kita juga sering ngobrol tentang masa depan, karena memang sadar juga bahwa sebagai aktris kan tidak selamanya ada di dunia film. Jadi ya kami bicara soal buka usaha ini-itulah," jelas perempuan kelahiran Bukit Tinggi 14 Juli 1959 itu.

Aktris terbanyak kedua yang paling banyak main di film Warkop adalah Sally Marcelina. Ia tercatat mendukung Warkop lewat *Mana Bisa Tahan, Sudah Pasti Tahan, Bisa Naik Bisa Turun, Masuk Kena Keluar Kena*, dan *Pencet Sana Pencet Sini.* Sementara di posisi ketiga, ada nama Lidya Kandou.

Ada empat film Warkop yang dibintangi Lidya dalam kurun waktu 1983-1985. Ada *Maju Kena Mundur Kena, Pokoknya Beres, Tahu Diri Dong*, plus *Kesempatan dalam Kesempitan.* Selanjutnya tercatat sekian nama tenar yang main di tiga film Warkop. Mereka adalah: Chintami Atmanegara, Lia Waroka, Ira Wibowo, Nia Zulkarnaen, Nurul Arifin, Kiki Fatmala, Gitty Srinita.

Buat Kiki Fatmala, bisa main di film Warkop merupakan sesuatu yang membanggakan. "Ya bangga, mereka waktu itu sudah sangat *ngetop.* Lagi pula kan sebenarnya tidak sembarangan artis bisa main bersama Warkop. Jadi kalau ada yang bilang bahwa nama artis akan semakin *ngetop* kalau sudah main di film Warkop, ya ada benarnya," ujar perempuan kelahiran 26 Oktober 1969 itu.

Bicara soal *ngetop*, pendapat serupa juga datang dari Nurul Arifin. Nominator lima kali Piala Citra itu—antara lain lewat film *Nagabonar*—mengatakan, "Kalau saya melihatnya kalau memang ingin menjadi aktris yang lebih komersial, ya antara lain lewat film Warkop. Sebab kan ada juga aktris yang sudah *ngetop* tetapi tidak mau komersial."

Menjadi aktris yang lebih komersial? Boleh jadi pendapat Nurul benar. Bahkan aktris peraih Piala Citra, Lidya Kandou atau Meriam Bellina, pun main di film Warkop. Padahal di sisi lain ada juga kritik

Kiki Fatmala

Nurul Arifin

tentang kehadiran perempuan cantik.

"Kalau saya sih sadar bahwa kehadiran saya di film kelompok ini memang seperti kosmetik. Bintang utamanya ya Warkop itu sendiri," jelas Nurul. Eva Arnaz juga tak memungkiri peran itu. Katanya, tanpa kehadiran cewek-cewek cantik film Warkop sebenarnya bisa saja tetap laris.

"Dulu, saya sering memperhatikan tuh. Kalau ada *preview* film siapa saja yang hadir. Banyak bapak-bapak atau kakek-kakek. Alasannya mungkin ingin mengantar anak atau cucu. Teman-teman banyak yang menggoda saya, '*Alaaa*, mereka tuh datang gara-gara *pengen ngeliat* kamu Va,' hahaha! Saya waktu itu cuma ketawa *aja*."

Lepas dari soal kehadiran perempuan cantik, Nurul Arifin mengatakan bahwa sebagai kelompok lawak Warkop itu mengusung lawakan cerdas. "Mereka mengolah isu sosial, menciptakan lawakan baru. Bahkan dalam film-filmnya sebenarnya ada semacam satir juga. Entah lewat cerita tentang anak-anak *kost* dalam problem sehari-hari atau tentang karakter sok tahu, atau orang yang kaget ketika melihat cewek-cewek cantik. Memang ada humor *slapstick*, tetapi *slapstick* di Warkop tentu dimaksud agar mudah "dikunyah" segala usia dan golongan masyarakat," tuturnya.

Perempuan kelahiran Bandung 18 Juli 1966 itu juga menambahkan, "Dengan konsep seperti itu tidak heran kalau Warkop bisa bertahan, karena isu yang diangkat di film memang kejadian sehari-hari di mana kemungkinan besar setiap orang juga mengalaminya. Saya menjadi tidak heran ketika film Warkop itu tetap bisa dinikmati, bahkan oleh generasi penonton yang berikutnya. Film mereka memang *timeless*."

Buat Nurul, tiga anggota Warkop punya karakter menonjol. Dono dalam catatan Nurul ia kenal sebagai orang yang santun, sangat *human*, dan paling sensitif atas lingkungan sosial. "Kalau Kasino, saya pikir dia orang yang moderat, punya *leadership* meski juga kalau bicara suka ceplas-ceplos."

Kesan hampir mirip juga dilontarkan Eva Arnaz. Di mata Eva, Dono adalah pria cerdas, rendah hati. Sementara Kasino dikenang sebagai pemilik kepribadian yang luar biasa. "Dia sih sudah seperti bapak buat kita-kita. Dia orang yang bisa menenteramkan."

Bagaimana dengan Indro? " Dia yang paling liberal," kesan Nurul. "Indro, kalau dia sih orang yang paling suka jahil. Semua anggota Warkop memang kocak, tapi yang paling suka konyol ya Indro," jelas Kiki sambil tertawa. Lain Kiki, lain pula Eva. "Indro tuh kira-kira perannya kayak pengawal, *jeger*-lah hahaha! Yang jelas dia gaul. Gaya-gaya anak muda ya Indro jagonya."

> ...tanpa kehadiran cewek-cewek cantik film Warkop sebenarnya bisa saja tetap laris.
>
> —EVA ARNAZ

Di luar aneka kepribadian yang ada di tubuh Warkop, Nurul, Eva, dan Kiki memperoleh kesan bahwa Warkop adalah kelompok lawak yang solid di panggung, di tempat syuting film, dan dalam kehidupan sehari-hari. "Saya harus bilang salut kepada Warkop karena beberapa hal. Mereka profesional. Mereka rekan yang paling enak di mana bisa menjaga hubungan kerja yang nyaman buat semua pendukung. Tidak pernah membosankan," kata Kiki.

Eva Arnaz juga menyampaikan kesannya. "Warkop itu kuat karena selain *background* pendidikannya, mereka punya manajemen yang kuat. Mereka kompak dan menjaga hubungan sampai maut memisahkan. Juga berkonsep ya. Sebelum memutuskan berbagai hal, mereka biasanya rapat. Jadi memang segala sesuatunya *dipikirin* betul."

"Sebagai kelompok hubungan mereka erat, punya solidaritas dan kesadaran tentang mengelola kelompok. Boleh dibilang Warkop itu ada karena roh tiga orang yang ada di dalamnya. Masing-masing tidak membawa egonya. Saling menghargai. Saya baru tahu kalau Mas Kasino dan Mas Dono sempat tidak tegur-teguran. Kalau benar itu yang terjadi, mereka hebat sekali, karena saya pun yang pernah main film bersama mereka tidak melihatnya. Barangkali hal-hal seperti itu tidak dipunyai kelompok lain," ujar Nurul.

Kiki, Eva, Nurul. Mereka kini pelan-pelan sudah menjauh dari dunia sinema. Kiki sibuk mengelola sanggar senam dan agen properti. Eva yang kini dikenal sebagai Siti Syarifah kian tekun mendalami agama. Sementara Nurul kini tercatat sebagai anggota DPR RI, setelah sekian lama menjadi aktivis antinarkoba dan HIV/AIDS.

Begitulah. Para gadis James Bond tidak ada yang menjadi anggota legislatif kan?

Bagian 4

Dari kiri ke kanan: Nanu, Dono, Elvie Sukaesih, Kasino, dan Indro.

Ujung-ujungnya Pertemanan

Rudy Badil

Sekali-kali dong ente wawancara *kite-kite nih.* Kan ente *udah tau* Warkop kayak apa kelakuannya. Ya kagak, ya kagak," begitu gaya Dono *nyindir* karena dia mau *banget* berprofesi jadi wartawan. "Tapi gua *gak* jadi wartawan harian *Kompas* juga *gak* apa-apa, kan tetap biar sering diwawancara juga, he-he," ujar Dono lebih-kurang begitu.

Sebagai wartawan harian *Kompas* sejak 1980, saya pun pasti akan salah tingkah hilang gaya kalau harus meliput Warkop lagi syuting atau *ngocol* di panggung. Sesekali di saat senggang tugas, saya mampir di kantor Warkop di dekat Radio Prambors. Ya sekadar ngobrol dan *ngasih-ngasih* bahan banyol-an. *Ngelepas kangen gitu loh* dengan teman-teman semenjak tahun 1973 sampai 1980. Sekitar delapan tahun lebih, meski sering absennya, kami selalu kumpul *ngedeprok* dan bercanda *abis*, lalu *dehek kabir* atau "ketawa besar" meminjam istilahnya Arianto Toegiyo.

Juga Warkop Prambors masih *inget-inget*, betapa kami harus *tengkyu-tengkyu* kepada manajemen Radio Prambors yang mengenalkan kami istilah honorarium alias gaji bulanan, sambil kami belajar soal disiplin dan tanggung jawab kinerja. Juga kami masih ingat betapa Ook Soerjoko dari Pramaqua berani kasih honor Rp25 juta *jreng*, sebagai upah Warkop Prambors yang direkam dan dijadikan kaset laris, sewaktu manggung di Palembang dan Pontianak tahun 1979.

Khusus mengenai Nanu yang kini kami sapa dengan Almarhum Nanu Mulyono, karena pada 1983 di usia 31 tahun telah mendahului kami, sungguh kritis nasib cerita akademiknya. Sebab, sejak main bareng Warkop dalam film *Mana Tahaaan...*, Nanu terancam *drop out* dari Jurusan Sosiologi FISIP UI. Bersamaan dengan itu, Nanu juga agak menurunkan tensi aktivitasnya di panggung dan di film. Lowongan *casting* untuk film Warkop ke-2 dan selanjutnya terpaksa diisi pemeran pengganti. Malah saat Nanu bermain untuk film Nya' Abbas Acub, *Rojali dan Juleha*, tersiar kabar bahwa Warkop pecah. Nanu bersolo karier dan mulai hilang dari peredaran pergaulan di arena Warkop dan kampus UI. Dengar-dengar kabar, Nanu ternyata mengidap penyakit serius juga.

Kami pun sempat berkumpul lengkap. Artinya, lima sekawan Warkop Prambors berkumpul di rumah kediaman Nanu. Saat itu, kalau tidak salah, hari ulang tahunnya yang ke-30 tahun. Canda dan tegur sapa hangat menjadi isi acara malam yang ramai dan hangat suasananya.

Indro dan Dono menjadi penengah dan pengencer suasana kaku. Berbagai info dan bahan ejekan tumpah-ruah dengan ledakan ketawa-ketiwi. Kasino yang saat itu berperan sebagai "manajer" kelompoknya tetap Kasino yang Seki yang melucu terus-terusan. Bahkan Kasino dan Nanu duet maut lagi, apa lagi kalau bukan memenuhi *request* hadirin dan hadirat, ya nyanyi *Tirtonadi Mas Bei/dhuwe anak loro lanang wedhok/sing lanang ngising ora cewok/sing wedhok ora nganggo kathok*!

Entah hari apa, tapi saya mendapat telepon dari redaksi. Beritanya supaya segera balik ke Jakarta, karena Nanu Mulyono tutup usia dan akan dimakamkan esok siang. Dari lokasi peliputan bencana alam letusan Gunung Galunggung, saya langsung ke rumah duka Nanu di Jalan Setiabudi Barat, Jakarta Pusat.

Hadirin dalam khalayak perkabungan siang hari itu rata-rata berwajah sedih dengan mata tertunduk. Kami, teman-teman Nanu, kaget dan tidak pernah menyangka kawan suka dan duka dalam pergaulan di kampus dan

Dok. Indro Warkop

Santai bersama Hengki, staf Kedutaan Besar Indonesia di Inggris.

radio itu hari itu kami antar ke makamnya, sebagai tempat terakhir sang bujangan ini di alam dunia nyata, di tempat pemakaman Tanah Kusir, Jakarta Selatan.

Setelah kehilangan Nanu, Warkop Prambors yang masih aktif tinggal Kasino, Dono, dan Indro. Namun, ketiga kawan ini (dan saya) sudah terlalu sibuk dengan urusan pekerjaan dan aktivitas masing-masing. Sesekali kami berjumpa dan ngobrol, terutama kalau Warkop mengisi acara hiburan di perusahaan dan di pedalaman, biasanya saya suka diajak serta sebagai "manajer doa restu" yang di balik layar.

Kasino, yang berperan besar sebagai penjawab dan penerima orderan main atau istilahnya "undangan" atau "tarikan", berinisiatif dengan menghubungi rekan penulis dan terutama pers majalah hiburan agar menyetorkan bahan lawakan mutakhir untuk Warkop *ngocol* di panggung. Biasanya teman-teman pers itu mencari dan mengetik kisah anekdot, cuplikan teks

Nanu "Warkop Prambors" Meninggal

(*Kompas*, Rabu 23 Maret 1983)

JAKARTA, *Kompas*—Nanu Mulyono (31), yang pernah dikenal sebagai pelawak dalam grup Warkop Prambors, meninggal dunia kemarin pukul 13.00 di RSCM Jakarta karena sakit ginjal. Menurut keterangan yang diperoleh *Kompas*, almarhum dibawa di rumah sakit sekitar pukul 09.00 Selasa kemarin.

Pemunculannya yang terakhir sebagai pelawak ialah ketika ia tampil di layar televisi di malam tahun baru lalu. Kariernya sebagai pelawak dimulai tahun 1973 ketika dia bersama Kasino dan Rudy Badil mengasuh acara Warung Kopi di Radio Prambors. "Kami muncul seminggu sekali di malam-malam seram," kenang Rudy Badil pada acara yang dulu muncul setiap malam Jumat itu.

Di tahun-tahun berikutnya, Warkop Prambors dengan formasi Nanu Mulyono, Kasino, Dono, dan Indro membawa lawaknya ke pentas, bahkan film. Lawakan mereka sering dianggap "seram", apalagi bagi yang enggan banyolan yang menyerempet kritik sosial serta hal-hal cabul. Pernah seorang pejabat buru-buru pulang ketika menyaksikan grup lawak ini menyinggung-nyinggung korupsi dan kebocoran biaya pembangunan.

Nanu dalam lawakannya sering dikira orang Batak. Padahal, anak keenam dari tujuh bersaudara ini ayahnya almarhum adalah orang Jawa, sedangkan ibunya Sunda. Namun, semasa sekolah pun gurunya pernah terkecoh, mengiranya Batak *beneran*. "Ah, kamu. Tak kukira Jawa *kowek*!" ujar gurunya.

Warkop Prambors makin terkenal sejak mereka berempat membintangi film *Mana Tahaaan*... Sesudahnya, Nanu yang oleh rekan-rekan dekatnya sering dipanggil Tullo nyaris saja renggang dengan grupnya ketika ia bermain sendiri dalam film *Rojali dan Juleha*.

Misterius

Karena sakitnya bulan Agustus 1980, Nanu benar-benar tak pernah muncul lagi dengan ketiga rekannya, yang terus meniti sukses. Film *Gengsi Dong!* oleh Prambors memperoleh Piala Antemas—sebuah penghargaan untuk film yang laku keras.

Nanu sendiri pernah mencak-mencak ketika seorang wartawan sebuah majalah ibu kota memberitakannya "sakit misterius" yang disebabkan oleh rekan-rekan sendiri. "Masa, diberitakan penyakit saya misterius dan penyebabnya rekan-rekan saya sendiri," ujarnya waktu itu. Yang jelas, Nanu memang diketahui mengidap penyakit pada saringan ginjal, *nephrotic syndrome*.

Selain menyenangi musik jazz dan fotografi, Nanu semasa aktif kuliah di FIS UI juga dikenal sebagai olahragawan. Dia dikenal sebagai pemain bola kaki, basket, juga tenis.

Namun karena penyakitnya, dia akhirnya lebih sering di rumah, atau kalau keluar paling banter pergi ke laboratorium dan ke dokter. Berat badannya terus turun, bahkan pernah sesekali dia membanyol, "Ikan piranha dikasih makan badan gua juga enggak doyan."

Nanu lahir di Jakarta, 17 November 1952. Menurut rencana, almarhum akan dikebumikan hari Rabu ini di pemakaman Tanah Kusir, berangkat dari rumahnya di Jl. Setiabudi Barat pukul 10.00. (DN/SNM)

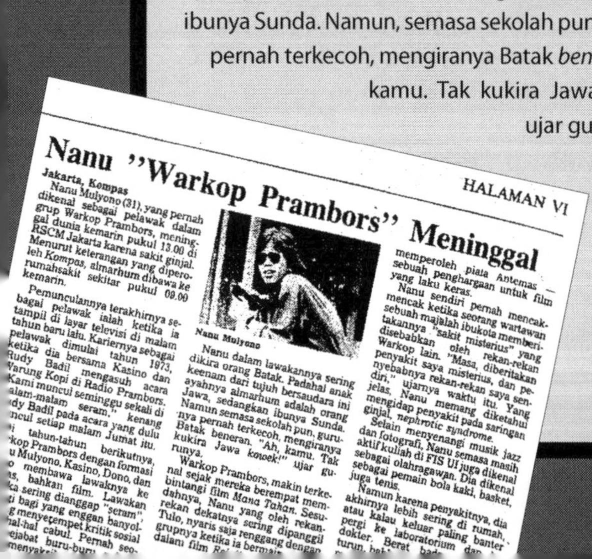

HALAMAN VI

Nanu "Warkop Prambors" Meninggal

Jakarta, Kompas

Nanu Mulyono (31), yang pernah dikenal sebagai pelawak dalam grup Warkop Prambors, meninggal dunia kemarin pukul 13.00 di RSCM Jakarta karena sakit ginjal. Menurut keterangan yang diperoleh *Kompas*, almarhum dibawa ke rumahsakit sekitar pukul 09.00 kemarin.

Pemunculannya terakhirnya sebagai pelawak ialah ketika ia tampil di layar televisi di malam tahun baru lalu. Kariernya sebagai pelawak dimulai tahun 1973, ketika dia bersama Kasino dan Rudy Badil mengasuh acara Warung Kopi di Radio Prambors.

Nanu Mulyono

Nanu dalam lawakannya sering dikira orang Batak. Padahal anak keenam dari tujuh bersaudara ini ayahnya almarhum adalah orang Jawa, sedangkan ibunya Sunda. Namun semasa sekolah pun, gurunya pernah terkecoh, mengiranya Batak beneran. "Ah, kamu. Tak kukira Jawa *kowek*!" ujar gurunya.

Warkop Prambors, makin terkenal sejak mereka berempat membintangi film *Mana Tahan*. Sesudahnya, Nanu yang oleh rekan-rekan dekatnya sering dipanggil Tulo, nyaris saja renggang dengan grupnya ketika ia bermain dalam film ...

memperoleh piala Antemas — sebuah penghargaan untuk film yang laku keras.

Nanu sendiri pernah mencak-mencak ketika seorang wartawan sebuah majalah ibukota memberitakannya "sakit misterius" yang disebabkan oleh rekan-rekan Warkop lain. "Masa, diberitakan penyakit saya misterius, dan penyebabnya rekan-rekan saya sendiri," ujarnya waktu itu. Yang jelas, Nanu memang diketahui mengidap penyakit pada saringan ginjal, *nephrotic syndrome*.

Selain menyenangi musik jazz dan fotografi, Nanu semasa masih aktif kuliah di FIS UI juga dikenal sebagai olahragawan. Dia dikenal sebagai pemain bola kaki, basket, juga tenis.

Namun karena penyakitnya, dia akhirnya lebih sering di rumah, atau kalau keluar paling banter pergi ke laboratorium dan dokter. ...

TERIMA AMPLOP... "MANA TAHAAAN"

MUNGKIN merasa cukup memberi gaji, pimpinan *Kompas* sungguh keterlaluan memberlakukan aturan "dilarang terima amplop" bagi wartawannya, tentunya saya termasuk juga. Suatu ketika kami janjian bertemu di "kantor Warkop" yang *nyewa* apartemen antik di Jalan Borobudur, kira-kira awal tahun 1980. Kami duduk dan mencicipi hidangan pasta di Café Prambors di depan lapangan tenis, ngobrol kiri-kanan atas-bawah dan tukar-tukaran info.

Indro, Kasino, dan Dono permisi pergi sebentar. Tinggallah Nanu dan saya ngobrol soal rencana rekaman isi kaset dan bahas soal order *ngocol* dari kantor dan perusahaan besar. Nanu tiba-tiba mengeluarkan amplop tebal lalu dibanting di atas meja.

"Isinya kaset apa *tuh*, tebal banget," saya bertanya.

"Enggak *tau tuh*, *elo* buka *aja*," jawab Nanu.

Amplop kertas coklat tebal itu saya buka dan isinya ternyata segepok duit kertas. "Buat bayar apa Nu," saya balik tanya.

Nanu menyeringai dan bilang, "Itu jatah *elo*. Royalti buat *elo* yang *ngebantu* proyek kaset Warkop, juga bantu film *Mana Tahaaan*. Itu dari Warkop, jatah ente yang baru sempat sekarang kita bagi-bagi. *Ba'il deh*. Itu bukan duit amplop kok."

Mau bilang apa, mau menolak, mau kembalikan, atau mau minta tambah? Uang "royalti" itu memang segepok uang kontan bernilai Rp5 juta. Di kejauhan kelihatan jelas, Kasino, Indro, dan Dono melambai-lambaikan tangan dan terdengar kata-kata, "*Tengkyu* ya. *Makasih* Dil."

Saya pun makin bingung, menerima amplop pada jam dinas sebagai wartawan. Uang saya terima, bawa pulang dan simpan, tapi lupa mengucapkan terima kasih. *Makasih* ya Dro, Nanu, Kasino, dan Dono. *Tengkyu temans, lima jeti* mana tahaaan!

komedi dari majalah dan lainnya, lalu menyetor ke Kasino yang bertindak sebagai pemesan.

"Ente juga ikut *nyetor* dong. *Teleponin* Batara *aja*," ujar Kasino menyebut nama Batara yang karyawan Radio Prambors sebagai "sekretaris" Warkop.

Beberapa kali saya ikut terjun menjadi *stage manager* Warkop, lalu mengamati perilaku penonton pertunjukan Warkop yang aneka rupa kelompok usia dan status sosialnya. Sepulangnya dari arena mengamen itu, kami kadang-kadang sempatkan waktu untuk membahas mengenai perilaku dan ekspektasi penonton Warkop. "*Lo* lihat kan, susah-susah gampang kan mancing orang *gergeran*. Kalau lima menit pertama udah *garing* suasananya, daripada *tengsin* dan *jayus* langsung kita alihkan materi lawakan ke bahan dasar yang rada-rada porno, kalau penontonnya dewasa dan kantoran, bukan di gelanggang hiburan yang banyak bocah-bocah recehan," begitu kilah Kasino soal kiat lawakannya.

Dono, Kasino, Indro mengakui, karena kaset Warkop cukup laris dan banyak beredar di pasaran, juga film Warkop memancing penonton dan menuju angka *box office*, sekitar hari libur hari raya Lebaran dan Tahun Baru, tentu saja konsekuensinya lawakan Warkop sudah makin sempit ruang siarannya. Mau bercanda politik dan *ngritik* Orde Baru yang lagi superkuat, Dono yang jagonya bikin lawak kritikan mengaku susah dan serba salah, juga serba bingung.

"Paling susah kalau melawak di televisi. Gua terus terang bingung, karena audiens kita itu enggak jelas kan. Bisa anak-anak balita, remaja, atau pemuda dan *juppies*, atau manusia sukses atau manula yang sudah setengah jompo.

MANGGUNG BARENG ABAH IWAN DI HUTAN KALTIM

MUNGKIN sekitar tahun 1981-an, saat Nanu masih segar energik, Warkop mengajak saya ikut rombongannya. "Kita diminta isi acara di kamp staf karyawan HPH-nya Bob Hasan, di Muara Ancalong di kawasan Muara Wahau, Kalimantan Timur. Beh ikutan ya, di sana daerah Dayak dan hutannya masih perawan, *perokaw maan*," ajak Indro dengan tambahan kata *maan* yang *ngetop* di zamannya musik reggae *No Women No Cry* Bob Marley.

Kami terbang dari Kemayoran, ya Kemayoran, karena belum ada Cengkareng. Setibanya di Samarinda, lalu dilanjutkan penerbangan dengan helikopter ke Muara Wahau, Camp Georgia Pacific. Malamnya kami istirahat, karena manggungnya baru esok malam harinya. Sekitar tengah malam, kami mendengar suara perahu klotok singgah di perumahan. Lalu terdengar suara ribut-ribut dan suara lantang: "Mana nih *barudak* Warkop. Ei Kasino, Kasino... *hayoh bangun euy*," kata sapaan tengah malam itu.

Ternyata *surprise* sekali. Yang datang dan bikin berisik itu rombongan Iwan Abdurachman yang gembongnya Wanadri. "Gua lagi survei hutan, lalu dengar ada Warkop main di Camp GP, kami turun dan mau *refreshing* dong, *dah* sebulanan di hutan nih. Eh *gak* tahunya ada konco lama. Badil *elo* yang jadi mandornya nih. Ya *udah, sok-lah*," begitu sapa hangat si Abah Iwan "Ompong" Abdurachman yang saat itu belum plontos, tapi giginya sudah somplak.

Singkat kata, rombongan kami makin meriah karena Kasino ternyata anggota organisasi Damas

Dok. Indro Warkop

atau Daya Mahasiswa Sunda, juga sudah kenal lama dengan Abah Iwan.

Jam pertunjukan tiba, Warkop pun beraksi dengan susunan acaranya, berikut menampilkan penyanyi top Jakarta dan bintang film Enny Haryono yang cantik molek. Penonton bersiul-siul dan teriak-teriak kecil, lalu Kasino yang jadi MC segera *nyeploskan* kata-katanya: "Jauh dari Bandung dan Lembah Jayagiri, datanglah Iwan Abdurachman untuk ikut nyanyi, menyapa teman-teman asal Bandung dan Jawa Barat, agar bergembira di hati. *Sok mangga atuh* Kang Iwan…."

Halo-halo Bandung, Melati dari Jayagiri, Bulan Merah, dan lagu-lagu pamungkas Abah Iwan dinyanyikan sendiri dengan petikan gitarnya. "Yang penting bukan suara merdunya, tapi aslinya karena dinyanyikan sama saya yang penciptanya," begitu ujar Iwan yang mungkin sekitar 30 menit mengisi acara sukses dan penuh kejutan di hutan Kaltim.

Itu kenangan abadi dari pertemanan sesama pencinta alam Indonesia. Indro yang saat itu baru mau menikah mengaku belajar banyak dengan kehadiran Iwan yang begitu mantap dan mampu menyihir penontonnya. "Tolong deh Beh, *kalo nulis* kejadian itu jangan lupa tegaskan lagi kalau Warung Kopi berterima kasih banget sama Abah Iwan," begitu ujar Indro, bulan Mei 2010, ketika menyelesaikan draf naskah ini. Buat Abah Iwan, *nuhun euy*!

KIAT OOK SOERJOKO KEJAR *COPYRIGHT*

LAGU *Wo Ai Ni Ichien Pay* bikin Ook Soerjoko yang *owner*-nya Aquarius menjadi penasaran *abis*. Saat menyelesaikan buku ini, Ook sebagai *co-publisher* berniat buku ini di-*bundling* dengan CD khusus lawakan banyolan Warkop Prambors, serta menyisipkan lagu "legendaris" zamannya Warkop *ngetop* 30-an tahun lalu.

Lagu *Wo Ai Ni* menjadi pilihannya. Namun, Aquarius maunya main bersih, alias tidak mau ada buntut somasi dan protes soal pembajakan hak cipta. Maka Ook mengerahkan staf Aquarius untuk mencari tahu siapa pencipta atau siapa keturunannya, pihak mana yang memiliki hak atas tembang kocak yang lagu *gacoan*-nya Kasino. Ujung-ujungnya ketemu juga. "Kalau tidak ada hambatan teknis, lagu lucu yang berarti serius *Aku Cinta Kamu Seribu Kali* itu, akan kami sisipkan sebagai kejutan pembeli buku Warkop ini," ujar Ook. Ya, semoga tidak ada hambatan teknis, biar *kite-kite* bisa menikmati suara dan lagu khas Kasino yang ikon penting grup Warkop DKI.

Jadi, kalau mau jadi jagoan melawak, ya kudu kuasai bahan yang cocok dengan situasinya. Mulai dari komedi *slapstick* yang kalau di film pakai *back-sound kwaang-kwaang*, sampai bercanda otak berisi usik kritik politik. Untuk nyanyi dan musik, ada Kasino dan Indro yang berani *acting*. Kalo gua, kan, cuma korban diejek-ejek bilang bemo-bemo segala, tapi Kasino itu punya andalan nyanyi kocak dan lagu parodi, serta lafal bicara gaya Cina sudah paten. Jadi kami bertiga ini kayak *Three Musketeers* yang *one for all, all for one* he-he," begitu ujar Wahjoe Sardono alias Dono Warkop.

Lalu situasi mengatasi permintaan "pasar" ini, apalagi Warkop sudah "trio", mau tidak mau teman-teman Warkop ini lebih kreatif. Dengan adanya "kantor" dan "sekretaris manajer", teman-teman Warkop Prambors pun hadir dengan manajemen *one-stop order*, kira-kira artinya mereka berani memborong suatu acara komplet, berikut mengajak serta rombongan band dan penyanyi top nasional sesuai permintaan pemesannya.

Juga Kasino biasanya memprakarsai jumpa atau mewawancara calon pengundangnya, terutama perusahaan besar dan multinasional, supaya mengetahui psikografi sosial calon audiensnya. Persiapan ini dirasa sangat perlu, bahkan Indro yang paling bungsu pun merasa soal kostum atau pakaian dinas Warkop di panggung mereka usahakan tampil keren dan berkelas. "Kalau tamu kami pakai batik, kami pakai jas lengkap. Kalau mereka pakai jas, kami tampil dengan jas *tuxedo*. Untuk tampil di undangan itu, kami tidak mau mengenakan baju perempuan atau kostum gaya banci-banci salon. Soal jadi perempuan jadi-jadian, itu kan permintaan produser film," kata Dono yang lama-kelamaan suka juga berpakaian necis. "Tuntutan profesi dong."

Warkop DKI dan pendukung acara "50 Tahun Kemerdekaan RI" bersama Duta Besar Indonesia untuk Inggris waktu itu, Junus Effendi Habibie, di depan Kedubes Indonesia.

Menghadapi grup lawak muda-muda, Warkop menganggap kelompok itu bukan pesaing atau seteru profesinya. "Bisa tanya ke rekan-rekan Bagito, Jimmy Gideon, Sersan Prambors, dan lainnya, termasuk teman-teman mantan Srimulat, kami malah sempat main bareng di panggung atau muncul di siaran televisi kok. Tidak ada persaingan atau musuh-musuhan, biasa-biasa saja. Lalu soal order dan rezeki, itu sudah ada jalurnya sendiri-sendiri," begitu ucap Dono dalam suatu perjalanan pulang dari luar kota.

"Guyonologi" Jiplak-jiplakan

Kalau diingat-ingat lagi, saat grup Warkop hadir di arena bisnis hiburan berbarengan dengan main film dan rekaman kaset komedi, rasanya tahun1980-an pasar sudah ramai dengan jenis media hiburan macam Warkop. Sebab, selain adanya warung-warung lawakan lainnya, di Jakarta juga sudah

KASINO KIRIM BAJAJ LONG CHASIS

FOR *good times and bad times/ I'll be on your side forever more... That's what friend are for...* nyanyian Dionne and Friends ini terbukti juga. Sekitar paruh tahun 1980-an, di zaman lagu ini *ngetop* di Radio Prambors, teman-teman trio Warkop *ngajakin* ketemu dan *obrolin* soal dunia *entertainment*. Indro mulai keluar jahilnya, dia bilang, "Beh, coba maju-*mundurin tuh* jip Warkop, rasanya *asik* punya kan."

"Ya pastilah Ndro, kan jip ini lagi *ngetop* banget."

"Ini kuncinya, ente bawa pulang *aja*, bisa kan?"

Kaget dan *lemes*, karena ini bercandaan paling "telak". Diminta *ngetes* maju-mundur jip Willys CJ-5 yang *macho* dan keren *abis*, tapi langsung disuruh bawa pulang. "Ente *pade gile nih*, garasi gue cuma pas *diparkirin* Vespa, he-he.... Paling top yang muat, ya sejenis bajaj atau paling gede ya bajaj *long chasis*," begitu jawaban diplomatis.

Selang beberapa hari kemudian, Kasino telepon. "Itu serius ya, ente naksir bajaj? *Lo* mau *narik* lagi, bajaj *long chasis aja* yang lebih keren, warna apa yang *asik* tuh," tanya Kasino.

Dua minggu kemudian, Kasino minta *dikirimin* fotokopi KTP. "Buat bikin akta penting, ente kan pendiri Warkop juga. Warkop ada perlu nih. Ente bisa ke rumah gua lusa malam. Kita tunggu ya," begitu kata Kasino yang orang Jawa Gombong dan bukan orang Arab, tapi

hadir industri lawak grup Srimulat dari Surabaya dan Solo. Malah grup lawak sepantaran Warung Kopi juga tampil dan ada penggemarnya.

Dono, Kasino, Indro sadar bahwa gaya *entertainment* Warkop sudah telanjur dianggap bercanda intelek, juga mampu mempersembahkan musik segar kocak dan rada merdu. Hobi dan talenta musikal Kasino dan Indro amat dimanfaatkan grup lawak kaum alumni kampus ini. Misalnya mereka sangat rela kalau Kasino suka me-mandarin-kan lagu-lagu top.

Lagu *Come Together* dari The Beatles, atau lagu hit *Beautiful Sunday* dari Daniel Boone, umpamanya, menjadi lagu beraksen *Made in China* yang tidak kejuntrungan. Namun, ada satu lagu Mandarin yang disimak Kasino dan rada dihafal. Kawan satu ini, kalau menyanyi lagu *Wo Ai Ni Ichien Pay* sambil merem-melek termehek-mehek, padahal teks aslinya mungkin bukan kisah soal putus asmara berahi atau patah sambung cinta monyet. Katanya, lafal Mandarin lagu ini oke punya.

"*Yu* orang kudu tahu punya ya, *ai* nyanyikan lagu ini karena jatuhnya cinta *ai* sama si Giok. *Ai* bilang kalau *yu* kasih seribu persen cinta buat *ai*, maka *ai* selalu berbicara pake *ane* dan ente dialek Arab Betawi, bukan *ana* dan *antum*.

Di hari yang lusa itu, saya ditemani Don Sabdono ke rumah Kasino di sekitaran Kayu Putih daerah Pulo Mas. Ngobrol punya ngobrol Kasino berkata serius dan tetap *aja pake* sisipan humor. "Dil, Warkop tetap teman *elo* ya. Kita pernah sama-sama susah, juga harusnya sama-sama senang, ya kan. Di garasi gua, Warkop sudah *siapin* bajaj *long chasis*, ya *long chasis* juga sih, tapi bukan bajaj, mereknya Daihatsu Mini Cab warnanya putih, biar gampang dicat warna kesukaan *lo*, mau *item kek* mau loreng *kek*, atau mau transparan kek, he-he, oke," katanya. "STNK dan BPKB lengkap atas nama ente. Tinggal *lo* jual dan *ringkesin* jadi dokat lembaran juga bisa. Cabut deh, ente setir *aja* sendiri."

Alhasil, sejak itu saya pakai Mini Cab. Malah untuk inaugurasi mobil baru itu, saya langsung bawa kemping ke Cibodas... *Well you came and offered me/ And now there's so much more I see/ And so by the way I thank you...* itu nyanyian Dionne and Friends, juga kata-kata terima kasih saya khususkan ke Indrojoyo Kusumonegoro, karena Nanu, Kasino, dan Dono sudah lewat duluan. *That's what friends are for*, kata dalam hati saya, ya!

akan *bales* menjadi sepuluh ribu, ya *ceban* persen cinta *ai* buat si Giok. *Yu* kagak percaya, *tanyain* ke toko sebelah ya," begitu lantunan kalimat senandung Kasino, menjelang lagu usai. "Gile ya, *tinejer* China aja *kalo ngerayu* tetap *aja* bisnis, dikasih *seceng* atau *ichien* yang seribu *dibales* sepuluh ribu, wah untung sembilan ribu tuh, *coan* lagi *coan* lagi, ya untung lagi untung lagi."

Saya masih ingat sekali betapa Kasino yang jago nyanyi lagu Mandarin *ngawur* ternyata juga pandai berkoreografi gerakan silat dengan tarian serius. Di sela pertemuan nasional lingkungan hidup yang dihadiri orang-orang penting LH, Kasino, Dono, dan Nanu yang ikut (tanpa Indro yang lagi sibuk ujian sipenmaru) naik ke podium dan biasalah... *ngocol*. Namun, begitu sesi nyanyi-nyanyi, Kasino terang-terangan menjiplak Carl Douglas yang membuka lagu dengan intro *wow-wow-wow-wouuw*, lalu ditimpali Nanu dengan garukan gitarnya serta ketimpring perkusinya Dono. Kasino membawakan lagu *Kungfu Fighting* dengan meniru gerakan Bruce Lee dalam film *Enter the Dragon*, teriakan dan pekikan serta mimik muka yang dibikin judes-judes sangar. "Itulah gerak *kungfu fighter* dari perguruan Siao-lin Enter

AWALNYA JADI WARKOP DKI

SEBENARNYA tidak ada apa-apa yang prinsipiil dengan Radio Prambors, karena tahun 1987-an santer sekali berita yang diembus-embus, Warung Kopi Prambors bubar, Warkop Prambors bubar. Sisanya hanya ada Warkop Dono Kasino Indro yang disingkat menjadi Warkop DKI.

Apa pun embel-embelnya, Warkop tetap Warkop, meski pakai Prambors atau DKI, ya Warkop tetap Warkop. Kelompok anak-anak muda yang makin lama makin tua dan mulai botak kepalanya, memang awalnya main-main meski hasilnya "bukan main". Entah disebut apa *kek*, Indro yang saksi hidup dan saya yang saksi "setengah hidup" terus terang tidak merasakan kenyataan isu itu. Buktinya kami tetap halo-haloan sama "anak-anak tua" Radio Prambors. Juga hubungan silaturahmi antara "sisa" Warkop dan Radio Prambors, menurut kosakata gaul anak zaman sekarang, ya *fain-fain aja*.

Kalaupun ada perubahan nama menjadi Warkop DKI, menurut ingatan dan katanya Indro, itu sih urusan administrasi dan pindahan manajemen saja. "Bayangkan tahun 1986, Radio Prambors lagi mencor-mencornya dan sibuk luar biasa dengan program andalan anak mudanya. Malik dan Imran mana ada sisa waktu dan tenaga *ngurusin* Warkop yang saat itu juga sibuk bikin film, main di panggung, dan bikin tur dan *show* ke daerah. Kami baik-baik bicarakan antarmanajemen, lalu mengajukan usul sebaiknya Warkop memiliki sendiri manajemennya, begitu cerita intinya," ujar Indro yang "Warkop I" dari Warkop DKI.

the Pompa Dragon," katanya sambil menggerakkan tangan dan kakinya begitu lentur, mirip jagoan kungfu betulan. Ujung-ujungnya Kasino *ngedumel*: "Ya kagak *ditambahin* honornya ya, padahal gua ngos-ngosan nih, bukan *acting,* he-he."

Lagu keroncong merupakan musik pamungkas Kasino Hadiwibowo, apalagi kalau dia sudah menyanyikan lagu keroncong *Dewi Murni* dengan cengengesan dan (maaf) termonyong-monyong, benar-benar hadirin dan hadiratnya menjadi tersirap dan *fly*, jadi *giting* dan mata pun menatap kosong saking merdu atau ngantuknya. Namun, kalau Kasino sudah duet dengan Nanu, membawakan lagu ciptaan seniman besar almarhum Gesang, lagu *Tirtonadi* itu pun menjadi lagu superkocak dan jahil rada-rada jorok tapi sopan.

Suatu hari, mungkin menjelang tengah tahun 1990-an, Kasino menelepon dan mengajak saya main sepeda. "Ketinggalan zaman *lo*, ikut kita *nyepeda* ke Puncak, lewat Serpong dan gue akan kelola Bike's Camp di Cipayung, di tanahnya ipar gua," ajak Kasino yang tiba-tiba hobi bersepeda gunung, di zaman belum ramai-ramainya orang *ngantor* sepedaan atau *bike to work*. "Dono enggak minat, Indro *nolak* karena enggak hobi. Cuma si Gabuk *tuh* suka ikutan. *Ajakin* anak-anak Mapala lainnya ya, sayang lokasi sepedaan itu bakalan cakep. *Lo* jangan naik gunung doang. *Cobain* sepeda gunung ya. Gua tunggu kabar, oke."

Dapat salam dari Warkop. Kasino, Dono, Indro titip salam kompak. *Ditanyain* anak-anak Warkop, ke mana *aja nggak* pernah kontak-kontakan. Sudah sekian lama kami

Dok. Arianto T

Warkop DKI dan keluarga bersama Om Wawan Harley di Belanda.

tidak kumpul kompak berempat lagi, akibatnya ya itu tadi, seringkali mendapat titipan salam dari Dono, Kasino, Indro. Namun, sempat juga kami beberapa kali reunian, artinya saya ajukan order ke Warkop yang sumpah mati "rindu order", meski sobat-sobat itu pasti gagu dan tidak berani buka mulut soal besarnya upah atau honorariumnya untuk mengisi acara peringatan ulang tahun *Kompas* dan *Intisari* atau malah Kelompok Kompas Gramedia.

"*Elo aja putusin*. Kita kan *nggak* mungkin pasang harga. *Nggak* enak sama *Kompas*," paling-paling begitu alasannya.

Pada hari ulang tahun majalah *Intisari* yang dirayakan besar-besaran tahun 1990, grup Warkop ikut main dengan merek Warkop DKI, tidak lagi pakai label Warkop Prambors karena urusan tertib administrasi dan manajemen saja. Dono, Kasino, Indro bermain bagus dan mampu bikin *gergeran* tamu pesta *Intisari*. Juga mereka sempat mengisi acara ultah harian *Kompas* di panggung Convention Hall. Saat itu mereka tampil *ancur-ancuran* dengan seragam polisi Chips, ya naik sepeda motor mini masuk panggung dan bikin gempar.

DONO WARKOP EKSPEDISI KAPUAS-MAHAKAM

TIDAK percuma Dono dilantik sebagai warga Mapala UI dengan nomor sakti M-094-UI. Sementara Kasino Hadiwibowo M-091-UI, Nanu Mulyono M-098-UI, dan Indrojoyo Kusumonegoro pun dilantik dengan nomor urutan MK-669-UI. Dono yang kebetulan saat itu mengaku lagi vakum, artinya kosong order manggung dan lagi *ngaso shooting* film dulu. "Gua ikut, gua ikut," begitu sergap Dono saat saya mengajaknya gabung dalam Ekspedisi Kapuas-Mahakam 1994, bulan Juni.

Ekspedisi lintas Kalimantan dari Pontianak di Kalimantan Barat hingga tembus ke Samarinda di Kalimantan Timur. Menyusuri dengan kapal dan perahu mesin dari muara Sungai Kapuas hingga ke muara Sungai Mahakam, melewati Pegunungan Muller sambil jalan dan gendong barang, memakan waktu kira-kira 48 hari. "Ya, *elo* ikutan dari Pontianak sampai ke ujung Kapuas. Sekitar 10 hari *aja*, tapi di Putussibau, ente *bantuin* pegang acara ya," ujar saya membujuk sambil menyayangkan juga. "Seki dan Indro positif *gak* ikut, ya sayang ya. Oke, kita ketemu di redaksi deh."

Perjalanan 34 anggota ekspedisi ini sukses, hanya teman "Warkop D" ini tidak menduga, betapa popularitas itu sungguh mengganggu kenyamanan hidup tenteram. Di Pontianak boleh dikata Dono aman. Dia banyak sembunyi di kamar hotel, kecuali mengunjungi rumah Gubernur Kalbar untuk makan siang dan silaturahmi dengan staf Pemprov Kaltim. "Eh Mas Dono, duduk di sini Mas, nanti kita bikin foto," begitu sapaan ramah, maka Dono pun membalas dengan senyum "bemo" obralan, sambil membalas sapaan basa-basi itu dengan senyuman basi juga.

Tim dilepas resmi Gubernur dan jajarannya. Rombongan ekspedisi pun menikmati hidup di biduk besar yang disebut *bandung* menyusuri Sungai Kapuas dari muara menuju hulu. Kerja kami hanya makan tidur dan bercanda sampai basi, akhirnya setelah semingguan di kapal besar dan singgah di beberapa kota bagus seperti Sanggau, Sintang, Danau Sentarum, Sekadau, lalu kami pun masuk ke Putussibau. Namun, semua anggota tim ekspedisi terkejut, karena Sungai Kapuas yang lebarnya lebih dari 75 meter itu, dari ujung ke ujung tepian seberangnya ada spanduk besar dengan kalimat: "Selamat Datang Dono Warkop di Bumi Khatulistiwa—Putussibau". Dono pun disambut, anggota tim ekspedisi *dikacangin* alias didiamkan saja. Ya nasib ya nasib.

Bupati Kapuas Ulu H. Djapari menerima hangat rombongan, terutama Dono Warkop yang disilakan tidur di kamar tamu bupati yang pakai AC. "Meriah sekali ya, sampai tukang afdruk foto kerja keras, karena ratusan warga kami mencetak foto bareng Mas Dono. Juga pengusaha sewa *laser disc* panen, karena banyak yang sewa LC Warkop," ujar Bupati Djapari. Celakanya, Dono pun disambut layaknya tamu agung, di suatu pesta adat Dayak di Desa Malapi. Artinya, Dono harus meneguk sajian tuak ketan di setiap pintu 30-an keluarga penghuni rumah panjang itu. Alhasil, sore sampai malam harinya Dono terjatuh mabuk dan tidur *abis* sambil mengigau.

Esok harinya Dono bergabung lagi sambil terhuyung-huyung, karena rombongan akan "naik jeram" dengan perahu motor. Tiba di Tanjunglokang, desa perbatasan terakhir di Kalbar, Dono lalu gabung dengan rombongan Menteri KLH Sarwono Kusumaatmadja yang sengaja ke sana untuk merestui ekspedisi, bukan sebagai tim ahli atau sosiolog, tapi supaya bisa *nebeng* pesawat kembali ke Pontianak dan ke Jakarta secara enak dan singkat. Hanya dua hari di perjalanan, Dono sudah tiba di Jakarta dan mau kerja lagi. Enaknya Dono, setelah 10-an hari "disiksa" fans Warkop sampai jatuh mabuk di kampung Dayak, di hari akhirnya malah dapat tebengan rombongan Menteri KLH ke Jakarta, ah!

Di saat-saat macam itulah, kami berempat kumpul dan ngobrol bareng serta bernostalgia mengenang zaman di kampus selama tahun 1970-an, serta mengulas apa saja perilaku Warkop selama tahun 1980-an, serta rencana menapak di tahun 1990-an sampai ke depannya. Kasino, yang sebenarnya aktivis pengelola organisasi Warkop DKI, sudah merasa kalau pemunculan dan kehadiran Warkop yang laris manis saat itu seharusnya disertai dengan rencana taktis. Berfalsafah "jaga kuncup mekarnya" nama Warkop Prambors yang sudah menjadi Warkop DKI, supaya tidak dijauhi penggemar Warkop yang memang *asik* dan banyak punya.

Dono dan Kasino suka berdiskusi serius juga. Mereka tetap menganggap panggung, siaran televisi, film, dan kaset harus ada rancangannya. Jangan terlalu sering, tapi juga jangan *ilang-ilang* timbul. "Ibarat kata kita ini bunga, nah tugas kita harus jaga kembang itu supaya tetap mekar dan menarik hati orang-orang, paling kagak ya tetangga kita," ujar Kasino yang tiba-tiba *omongin* falsafah kuncup-mekarnya kembang. "Gua *omongin* kembang *beneran* ya, bukan kembang sedap malam yang kembangnya kuntilanak itu *loh*."

Hubungan antarkami, ya hubungan "*anget-anget* tinja unggas" kata Kasino. Artinya kalau jauh ya kagak kecium baunya, tapi kalau dekat-dekat dan terinjak kaki, pasti jadi bau karena yang terinjak itu "tahi ayam yang hangat". Untuk itulah kami secara berkala suka mengatur pertemuan dadakan, atau perjumpaan di luar rencana. Perhatian rekan-rekan Warkop terhadap saya sebetulnya besar, paling tidak kalau ada "kejadian aneh", salah satu dari tiga ini pasti kontak-kontakan.

Suatu hari di akhir 1980-an, tiba-tiba datang kurir membawa bungkusan besar, beralamat untuk saya. Isi bungkusan itu ternyata kamera Nikon *gress* terbaru, lengkap dengan lensa panjang dan tulisan: "*Lo* bisa *motret* tapi kagak pernah *motretin* Warkop. Ini kamera baru, selamat dan sukses jadi wartawan!" Ternyata itu hikmahnya jadi wartawan, karena diberitakan saya menang dan mendapat penghargaan sebagai fotografer kedua terbaik. Lumayan dapat Nikon F3 dengan *casing* kulit merah. Andaikan jadi juara utama, pasti kadonya sepasang Nikon dong, begitu kata hati kecil yang kemaruk.

Makin tambah tahun, makin tampak perubahan diri. Dono kelihatan segar, tapi perutnya agak buncit. Kasino masih tetap ceking, kekar, dan gesit. Indro yang bungsu sudah kelihatan bakat kepalanya makin berambut tipis, dan dahinya makin mundur ke ubun-ubunnya. Kalau dibilang makin tua, teman-teman Warkop ini emoh menjawabnya kontan, pasti akan berkelit dan berpepatah-petitih juga. "*Gini-gini* kita nih pinggang ke atas ya *ampir* Pepabri, tapi dari *puser* ke bawah masih Akabri, ya selalu siap dan *ciaat* kalau ada musuh kiri dan *ciaat* ada musuh belakang," ujar Dono yang selalu *ngacangin* dan *ngecengin* ABRI.

Indro paling terhibur kalau sudah bicara soal umur dan GT alias *gejala toku*; Indro bebas *screening* sebab dia memang secara KTP umurnya masih jauh di bawah batas setengah abad. Selain suka diejek "anak bawang" di internal Warkop, Indro pun suka merah kupingnya kalau diejek sebagai anggota "ABRI Semua Umur", mengingat mantan aktivis Pramuka Indonesia yang sudah menerima brevet penghargaan ini-itu dan pernah ikut dalam Jambore Pandu Asia Pasifik di Manila, Filipina. "Gua merasa doktrin pandu dari Sir Baden Powell yang bapak pandu dunia itu menjadi fondasi disiplin yang ada di diri ini. Aku bangga menjadi Pramuka atau Pandu," katanya tegas.

Namun lebih tegas lagi saat di panggung, Indro pernah menuturkan *mob* alias lelucon soal manula atau manusia lanjut usia. "Di panti jompo, *surveyor* mencari responden untuk meneliti rahasia panjang umur. Jumpalah peneliti itu dengan orang tua pertama," tutur Indro.

"Kegemaran Om apa ya, lalu hobi Om apaan. Hobinya sejak kapan dan umur Om sekarang berapa tahun?"

"Saya selalu minum bir setiap habis sarapan dan makan malam. Hobi saya setiap malam satu kali berhubungan dengan wanita cantik. Saya begitu sejak umur 15 tahun... sekarang umurku sudah 85 tahun."

"Lalu peneliti itu jumpa lagi dengan orang tua kedua, tampaknya lebih tua reyot dibanding yang pertama. Kegemaran Pakde apa, hobi Pakde apa, sejak kapan dan umur berapa?"

"Saya gemar minum bir setiap jam setiap hari. Hobi saya setiap habis santap pagi siang dan malam selalu berhubungan seks dengan wanita muda. Saya *begituan* sejak umur 15 juga, umurku sudah 95 tahun!"

"Menjelang survei selesai, peneliti itu melihat ada seorang tua paling peyot-reyot dan hampir ambruk. Kegemaran Kakek apa, hobi Kakek apa saja dan sejak kapan? Umur Kakek sudah berapa banyak?"

Dok. Indro Warkop

Kasino: "Ini Indro jadi tinggi banget ya? *Pake* baju *apaan* sih?"

DONO JADI VISA MASUK KE MPR/DPR

DI zaman pendudukan Gedung MPR/DPR selama beberapa pekan di paruh awal 1998, Dono yang sejak lama memang "aktivis gerakan pemuda dan mahasiswa" amat bermanfaat bagi rombongan peduli dan pendukung pemuda mahasiswa yang menduduki areal gedung keramat terhormat itu.

Misalnya kalau mau membawa ransum dan vitamin serta obat-obatan, beberapa aktivis dan kaum peduli gerakan reformasi asal kampus FISIP UI senang mengajak Dono. "Kita suruh Dono duduk di kursi depan dan buka kaca jendelanya. Kontan tentara dengan senjata api panjang plus bayonetnya akan bersikap lentur dan mau manggut dan malah ada yang menyapa dengan muka damai," ujar Arianto.

"Begitu juga yang *steling* di depan ruang kantoran, begitu Dono manggut-manggut dan kasih sapaan dengan tangkupan tangannya, tentara yang biasanya bermuka sangar langsung mereda tensinya. Paling-paling tentara piket itu bertanya mau ke mana, atau apa yang bisa dibantu. Senyumnya dan mukanya rupa familiar buat anggota ABRI. Itu untungnya jadi selebriti kelasnya Dono. Tampang Dono jadi visa masuk ke Gedung MPR/DPR. Itu kesaktiannya," kata Arianto yang rekan Dono selama aktif di "zaman gerakan reformasi" yang sekarang dibilang "zaman demo".

"Saya... eh... selalu minum wiski setiap jam. Hobi saya ya... hobi, setiap dua jam... eh... saya melakukan hubungan seks... eh... saya ketagihan itu sejak umur 15 tahun juga... eh... tapi umur saya sekarang... sudah 35 tahun!!"

Indro pun cengengesan merasa menang dengan cerita "Kakek Reyot 35 Tahun". Kasino dan Dono tertawa pahit, kalau tidak salah berkomentarlah kedua kawan itu: "Gua kira kakek itu sudah di atas *cepek* umurnya... sok muda *lo* Ndro... wah kakek 35 tahun itu salah gaul tuh, masak main seks melulu sampai 12 kali sehari semalam... *lo* tanya si kakek *muke gile* itu dong, pengalaman pertamanya main cewek sejak umur berapa, jangan-jangan sejak balita kali."

Lain waktu sehabis *check-up* kesehatan di kantor, saya ketemu Dono di kantornya Anto Gabuk. Dia kagum melihat plester penutup bekas lubang tusukan jarum penyedot darah. "Lu *kenape*, cek darah ya, takut kolesterolan ya? *Inget-inget* kalau makan, jangan *ngembat* jeroan dan banyak olahraga dong," tukasnya sok bijak macam mantri puskesmas. "Gua *usulin* supaya setiap habis makan berat, *lo* banyak-banyak minum deh. Biar sering-sering kencing dan lemak darah akan berkurang sendirinya. Juga jangan sembarangan makan asem-asem, entar asam urat bisa menyerang ke asam aurat, urat aurat *lo* jadi asem-asem lho he-he...."

Legenda "Tertawalah Sebelum Dilarang"

Suatu hari di bulan November 1996, ada kabar kejutan masuk. "Kasino kolaps, dia sudah dibawa ke Rumah Sakit Advent, Bandung.

Dok. Indro Warkop

Indro & Dono masuk ke dalam gedung pertunjukan dibonceng klub Harley-Davidson di Perth, Australia.

Koordinasi ya Beh. Ente yang paling tua harus ke sana dong. *Kite* barengan ya Beh," ucap Indro yang selalu berbabeh-babeh menyapa saya dan membujuk. Kami pun berangkat berempat, bareng Anthy Warkop yang istrinya Indro.

"Kita bermalam dan tunggu perintah dokter. Kebetulan dokter di rumah sakit itu dan bertugas di bagian saraf itu masih keluarganya Anthy. Sejauh ini kita bergerak diam-diam dulu, jangan kontak ke sana dan ke sono, entar kenalan malah makin panik," ujar Indro yang menangani masalah ini. "Mas Dono jangan diganggu dulu ya, dia pasti panik dan rasanya belum terbiasa mengurus soal rumah sakit. Mudah-mudahan Mas Kasino hanya kecapekan, karena sebelumnya kami repot juga," ucap Indro dengan nada ditenang-tenangkan, sambil menuturkan soal Kasino yang tiba-tiba kolaps di daerah pariwisata Lembang.

Singkat cerita kami tiba di Bandung, tentunya sambil mengabarkan berita perkembangan untuk Dono dan Anto Gabuk serta kawan-kawan FISIP UI lainnya. Kami berkoordinasi dengan dokter Heri Fadjari yang familinya Anthy, serta berusaha menghibur Kasino yang tampak agak kuyu dan sedang rebahan, tentu berpakaian pasien RS Advent.

"Tenang *aja* Mas Kasino, semua orang pasti mengalami hal ini. Lagian dokter yang *nanganin* ente itu familinya Anthy. Sebentar lagi masuk ke ruang untuk *scanning* radiologi, memeriksa kemungkinan adanya gangguan di kepala. Ini prosedur umum. Ente santai *aja*. Kita semua ada di sini," begitu kira-kira bujuk Indro. "Si Babeh nih ada di samping. Dia juga akan *nginap* dan *nungguin* ente. Besok Mas Dono dan Mas Gabuk bakalan datang. Kita selalu *doain* untuk semuanya ya."

Kami bersama pihak keluarga Kasino ramai-ramai mengiringi Kasino menuju ruang radiologi untuk *scanning*. Sambil rebahan, Kasino rasanya bemuka agak tegang, tangannya sempat mengacungkan jempol di hadapan kami, tentu sambil mengulum senyumnya. Kami pun ikut-ikutan mengacungkan ibu jari sambil tersenyum lebar-lebar. "Siapa yang mau masuk ke dalam, silakan ikut, tapi harus berpakaian steril dulu ya," kata sang dokter, tapi rasanya saat itu tidak ada suara "ya" atau anggukan kepala. Roda kereta pasien pun berderit-derit menggelinding terus, masuk ke ruangan tindakan. Kasino sendirian masuk ke ruang *scanning*, suasana di luar pun hening.

Entah berapa lama kami menunggu dan menanti, pikiran melayang-layang dan mengingat kilas balik pertemanan dengan Kasino Hadiwibowo, sarjana FISIP UI alumnus tahun 1978 yang menjadi komedian kampus di Radio Prambors, lalu beranjak menjadi tokoh *entertainer* di panggung dan film, termasuk rekaman kaset banyolan kelompok lucu-lucuan ini.

Terlalu banyak kenangan indah dan lucu-lucu selama berteman dengan Kasino. Rasanya setiap pertemuan dan jumpa rada *lamaan*, Kasino selalu memanfaatkan waktu untuk bertukar pikiran dan mencari titik temu percakapan soal dunia hiburan, paling tidak soal bahan *ngocolan* atau lawakan. "Tolong dikoordinir ke teman-teman pers, Warkop besar karena dukungan media massa. Tolong kami diberitakan juga, terserah sih soal isinya. Yang jelas, kami Warkop tetap prihatin dengan kondisi negara kita ini, makanya kami memasang slogan: Tertawalah Sebelum Tertawa Itu Dilarang!"

Bahkan Kasino pernah berdialog khusus, soal masa depan dan pandangan dan harapannya tentang usaha di masa depan. "Gue terus terang kagak bisa *ikutin* ambisi Dono, karena Si Don MacOentoe (maksudnya Dono Warkop dalam sapaan pertemanan sesama kami—Ed.) itu bercita-cita menjadi doktor sosiologi lawak. Indro juga ada ambisinya, menjadi pengusaha sekitaran soal *entertainment* dan operasionalnya. Gue kepikiran juga bergerak di bidang itu, menjadi impresario dunia hiburan sambil menjadi *master of ceremony*, kalau masih dikasih order dan ada rezeki. Makanya kita harus bersiasat agar masih tampil, serta menjadi ikon komedian panggung yang kelas eksekutif," katanya beberapa waktu menjelang kolaps.

Mesem-mesem dan Termehek-mehek

Memasuki tahun "aib" reformasi 1998, Dono dan Indro selaku duo Warkop masih tetap beraktivitas di panggung dan tayangan televisi. Dua kawan akrab yang *soul mate* istilahnya tetap eksis dan memelihara gaung dan gema nama Warkop sebagai sarana gaul, juga mau tidak mau menerima statusnya sebagai selebriti yang istilah baru muncul di zaman itu.

Dok. Indro Warkop

Terus terang kalau kebetulan kami berjumpa, salah satu omongan dan keluhannya, ya, soal selebriti itu. "Gue dan Indro boleh dibilang kagak punya *privacy*," begitu kilah Dono menyontek kalimat apologi khas kaum pesohor di zaman memasuki tahun "Orde Reformasi". Dono mengisahkan betapa harkat dirinya sering terusik saat anak-anak kecil dan remaja menyapa dengan nada mencemooh: "He Bemo, hei Dono Bemo."

Sama seperti Indro, Wahjoe Sardono ini tidak sempat mengatur waktu untuk ber-*fitness* dan jaga kebugaran tubuhnya. "Badan makin *gloyor-gloyor*, kalau kalian kan masih *sempat-sempatin* naik gunung dan masuk hutan. Gue sama Indro cuma *datangin* studio dan order lokasi *ngemsi doang.* Indro dan gue harus mesem-mesem terus, apalagi kalau diminta foto bareng. Mesem-mesem terus, padahal kita lagi termehek-mehek."

Dono dan Indro masing-masing punya tiga anak. Dono dengan Titi memiliki tiga anak yang semuanya putra, Indro dan Nita atau Anthy berputri dua orang dengan seorang putra bungsu. Kasino dengan Mieke hanya berputri tunggal Hana saja. Nanu meninggal saat masih *jomblo* alias bujangan. Saya menikah paling belakang, tapi tidak sempat membawa putra tunggal saya gabung bermain dengan anak-anaknya Dono, Kasino, dan Indro.

Namun, dalam satu kesempatan emas, kami kumpul dalam acara reuni antaranggota Family Camp Mapala UI. Saya dengan keluarga datang, begitu pun Dono dan tanpa kehadiran Indro yang ada kesibukan acara keluarga juga. Di Pantai Labuan sekitar pertengahan 1997, kami 75-an orang kumpul bersama dan bermalam di vila sewaan, lalu malam harinya ramai-ramai mengisi acara ala zaman muda dengan nyanyi-nyanyi dan bercanda di keliling api unggun. Kasino yang kesehatannya belum pulih 100 persen tampak senang bukan main. Tentunya ia tetap tertawa-tawa dan berkomentar jahil.

"Kasihan Kasino, semua teman lamanya memanggil dia Seki dan Seki. Biasanya Kasino kagak mau dipanggil Seki yang artinya pesek idung, khususnya di kalangan anak-anak film. *Tuh dengerin*, anak-anak kecil juga manggil Om Seki he-he-he. *Rasain* Om Kasino yang Seki," ujar Dono yang *ngebales* jasa Kasino yang sering *ngerjain* dirinya.

Mungkin hari-hari indah reunian itu salah satu acara penuh kehangatan antarteman lama. Mantan rekan sepenyontekkan di kelas, sesama teman sependakian gunung, bekas sahabat di alam bebas, juga sesama sahabat saling curhat dan *curpet* alias curahan isi dompet atau saling utang-utangan di zaman bulan tua dan belum datang kiriman duit dari orangtua.

Malam reunian itu, kalau tidak salah, kami isi dengan bakar ikan atau *fish grill* dengan bumbu barbekiu. Lalu nyanyi bersama semua peserta, kecuali putra-putri yang di bawah umur. Ya, takut anak-anak kecil itu sawan mendengar dan lihat emak-bapaknya nyanyi-nyanyi lagu yang aneh-anehan, misalnya lagu *Putih Putih si Melati* yang liriknya jadi *Putih-putih Paha Mami*, atau lagu *Balonku Ada Lima* ternyata terpeleset menjadi lagu *Balenku Ada Dua*.

Pokoknya tanpa diduga dan dinyana, jam-jam bahagia itu merupakan masa-masa terakhir bagi Kasino dan Dono untuk mengecap dan menikmati secuil kenangan tentang hangatnya persahabatan, intimnya tegur sapa dengan bahasa gaul yang kasar kedengarannya, tapi lembut dan menyentuh rasa jiwa yang sudah terasa kaku, khususnya di masa-masa krismon alias krisis moneter yang dampaknya masih *ngefek* sampai kemarin.

Itulah ujung-ujungnya hari pertemanan kami, mantan kru penyiar acara Warung Kopi Prambors, yang asalnya main-main jadinya bukan main dalam ukuran ketenaran dan rezeki duniawi. Di Pantai Labuan, Jawa Barat, itulah saat kami bebas menyapa dan bertukar pikiran sebagai sesama mantan rekan sekampus, teman seasrama, sahabat seperjalanan, juga kawan diskusi dan kolega seangkatan di kampus UI.

Ada saatnya kami berkumpul dan berhimpun, ada pula saatnya kami berpisah satu per satu sesuai garis tangan jalan hidup masing-masing. Di hari indah itu, kami harus berpisah lagi. Harus melakoni hidup sesuai peranan masing-masing. Kasino sambil mesem-mesem kembali lagi ke rumahnya, begitu juga Dono. Kami berpisah dan berkumpul kembali, begitulah antara lain isi pertemanan kami yang kerap berkumpul dan berpisah, termasuk berkumpul untuk menyaksikan hari perpisahan abadi antarkami, seperti kami berkumpul sambil menundukkan kepala, di muka pusara Nanu Mulyono dan Kasino Hadiwibowo, sekian waktu lalu yang sudah berlalu.

Akhiri Pengetatan Likuiditas

Hari Pertama Bermandi ...

Jakarta, Kompas
Hujan medali emas bagi kontingen Indonesia seperti diramalkan menjadi kenyataan di hari pertama Pesta Olahraga Asia Tenggara (SEA Games) XIX, Minggu (12/10). Waduk Jatiluhur dan ujung tol Cikampek menjadi saksi keperkasaan pertama putra-putri Indonesia dengan meraup kedelapan medali yang disediakan. Sukses itu masih dilengkapi dengan keberhasilan lifter putri, Sri Indriyani yang memecahkan rekor dunia yunior untuk kelas 46 kg.

SABTU, 11 OKTOBER 1997

WARTA WARKOP

Cat dan Kesuburan Rambut

ANALISIS KWIK KIAN GIE

Kebijakan Sendiri Jalan Terus

Penyumbang terbanyak

SPOTEC
SELAMAT BERJUANG ATLET SEA GAMES XIX !

WARTA WARKOP

Rekor Dunia Bulu Kuduk

Harian Untuk Umum
KOMPAS
Amanat Hatinurani Rakyat

Pembukaan SEA Games XIX

Sukses, Pembukaan SEA Games XIX

Jakarta, Kompas
Keprihatinan yang sedang dirasakan, termasuk kesulitan keuangan yang sedang dialami, tidak menyurutkan keinginan panitia penyelenggara SEA Games untuk menyuguhkan sebuah acara pembukaan yang menarik. Dengan memadukan kemampuan penguasaan teknologi dan kayanya kebudayaan nasional, acara pembukaan SEA Games XIX di Stadion Utama Senayan, Sabtu (11/10), memancing decak kagum dari 100.000 penonton yang hadir serta jutaan penonton yang menyaksikan dari layar kaca.

SPOTEC
SELAMAT BERJUANG ATLET SEA GAMES XIX !

Indonesia tak Tampak Kesulitan

WARTA WARKOP

Juara, Kiri, dan Jaguar

Junjung tinggi SPORTIFITAS !

Diana dan "Hantu" Camilla

SENIN, 20 OKTOBER 1997

WARTA WARKOP

Royalti Tertawa

Oleh Dono Warkop

Warkop "Pojok Kompas", Klop!

Rudy Badil

SAYA masih ingat, betapa Dono pernah *ngiri* saat saya menjadi wartawan harian *Kompas* tahun 1979 dulunya dulu. "Mestinya aku, karena itu cita-cita gue jadi wartawan, bukan pelawak yang *ngamen* di panggung dan main film," katanya.

Berkat kenangan ini, saya ajukan ke pimpro peliputan SEA Games XIX *Kompas*. "Nanti gue akan minta Dono, Kasino, Indro menjadi reporter, *lobbyist*, juga *host* buat *Kompas*. Kita bikin *meeting point* di Plaza Timur Senayan biar di sana anak-anak Warkop mengisi acara sesuai susunan acara untuk wawancanda dengan atlet Indonesia yang berprestasi. Kita bikinkan program hariannya, lalu sediakan rubrik Warta Warkop setiap hari dan ajak kerja sama *Indosiar* untuk isi acara *Fokus* yang kerja sama dengan *Kompas*, buat siaran pagi dan sore. Soal Warkop, nanti gue yang urus," ucap saya berpromosi soal Warkop kepada Suryopratomo, Irving Noor, Anton Sanjoyo, Brigitta Isworo, Yesayas Octavianus, dan terutama Budiarto Shambazy yang sohib *kentel*-nya Dono di kampus UI.

Rencana pun matang, meski Dono seperti biasanya teridap penyakit selebriti, datang terlambat dengan alasan ini-itu. Keberatan utama Warkop, karena Kasino pasti tidak bisa ikutan. "Seki kan ente tahu, lagi *rebe-rebehan* alias *bed rest* karena sakitnya belum oke juga," ucap Dono yang menyebut nama Kasino dengan Seki.

"Gua dan Indro ya kudu kerja keras, karena Warkop itu identik harus lucu. Sedangkan kami harus menjadi pewawancara, *host* sekaligus penghibur. Wah, Seki itu, Kasino, yang jagonya nyanyi *ndangdut* dan keroncongan. Tapi kami mau, hanya harus siapkan materi SEA Games dan catatan rekor serta apa saja itu ke-34 cabang olahraganya," ucap Dono yang menengok ke Indro, minta dukungan 'kali. "Satu lagi yang gua minta, sediakan tempat untuk ulasan gua di edisi terakhir Warta Warkop, oke?"

> Mas Kasino biar *begeng-begeng* begitu, dia itu atlet sepeda serius. Genjotannya kuat banget. Juga kalau dia sudah mau dan tekuni, beliau itu serius.
>
> —INDRO

Tenteering alias *briefing* atau tukar pikiran dan pengayaan bahan "pengetahuan" tentang *event* olahraga, khusus SEA Games, menjadi mata diskusi serius dengan Dono dan Indro. Sejarah olahraga antarnegara Asia Tenggara ini, berikut latar belakang politiknya, menjadi lalapan buat Dono yang suka "olahraga politik". Juga deretan prestasi ke-34 cabang olahraga SEA Games pun menjadi sasaran pertanyaan kritis. "Jadi kita mengenalkan pencak silat sebagai cabang baru dan andalan prestasi, lalu menyediakan *coach* untuk melatih negara luar yang berminat pencak. Wah, jangan-jangan nanti kita kelewatan sama negara baru itu, karena soal disiplin dan motivasi rasanya Indonesia juga harus di-TC-kan," begitu sinyalemen Dono 12-an tahun lewat.

Indro menyayangkan Kasino absen. "Mas Kasino biar *begeng-begeng* begitu, dia itu atlet sepeda serius. Genjotannya kuat banget. Juga kalau dia sudah mau dan tekuni, beliau itu serius," ujar Indro.

"Dro, sejak kapan *nyapa* Kasino pakai kata *beliau* segala?"

"Ya, namanya juga *doi* lagi sakit dan kudu dirawat serius *toh.* Perlu hiburan batin, kan? Aku sama Mas Dono juga *udah nyampein* rencana *Kompas.* Dia *ngedukung* meski bilang enggak mungkin bisa hadir ke Plaza Timur Senayan. Kasino juga semangat waktu gue kasih tahu Warkop akan pasang logo dengan siluet trio DKI di Tenda Pojok *Kompas.* Wah, beliau eh dia senang banget."

Indro dan Dono ikutan bangga saat BINhouse sebagai rumah kain batik sutra mau ikutan meramaikan Pojok *Kompas*. Dono malah mendukung setuju penuh, bahkan meminta selendang batik BINhouse lengkap, maksudnya meminta setiap motif dan warna suvenir yang ada.

"Gua, kan, orang Solo. Tahu banget makna batik. *Wuah,* selendang bikinan Obin itu *ngetop* punya," ujar Dono.

> Gua, kan, orang Solo. Tahu banget makna batik. *Wuah,* selendang bikinan Obin itu *ngetop* punya,
>
> —DONO

"Sori Mas, sori nih ya, ente Solo sebelah mana? Delanggu itu kota kagok, Klaten ya kagak, apalagi Solo yang masih 30 kilometer 'kali, ha-ha...," balas Indro. "Minta ya minta *aja*, jangan *ngaku-ngaku* Solo. Gua juga mau minta jatah lebihan ya, buat koleksi dan anak bini."

"nDrow, ente jangan bawa-bawa nama Delanggu dong. Ente juga anak Purbalingga yang cuman *ngetop* tempe mendoannya, kalah jauh sama Delanggu yang calon ibu kota Jawa Tengah, hayoo."

"Eh Mas Dono yang Wahjoe Sardono, orangtuaku memang asli Purbalingga dan kelahiran Purbalingga, juga berbahasa Jawa *ngapak* Purbalingga, tapi aku pribadi Indrojoyo Kusumonegoro ini memang orang Purbalingga, tapi kelahiran Rumah Sakit Saint Carolus dan gede dari bayi *sampe segini* di Jalan Borobudur di Menteng, he-he.... *Nuwun sewu gitu* Mas Wahyu," balas Indro.

"*Yo wis, yo wis,* kini kita rembukan bagaimana mendukung saran dan ide Presiden RI Soeharto agar memasyarakatkan olahraga dan mengolahragakan masyarakat, he-he jadinya olahraga yang dibolak-balik masyarakat. Coba kalau beliau meminta mengomedikan olahraga dan mengolahragakan komedi, jangan-jangan kita jadi Ketua KONI-nya, he-he, atau ajak Kasino Hadiwibowo menjadi ketumnya," ujar Dono.

"Yah itu anak, lagi zamannya SEA Games *pake* sakit segala lagi. Terus terang kami berdua bakalan bingung. Bikin guyonan berdua, artinya harus kompak dan dua-duanya kudu saling isi. *Kalo* gua atau Indro tiba-tiba mati gaya, ya sudah, Warkop juga mati gaya hilang daya dan kagak lucu-lucu lagi. nDrow, ente sehat-sehat kan, atau Kasino kini *panggilin* jago pengobatan alternatif atau supernatural biar mendadak sembuh dan muncul bertiga. Kalau ada Kasino, *event* massal ini makanan dia. Terus terang, Kasino kalau berhadapan dengan massa umum di tempat umum macam Senayan, itu makanan dia untuk *ngebanyol* sambil nyanyi-nyanyi dangdutan keroncong dan lagu pelesetan. *Imej* Warkop buat fans dan warga umum, ya Warkop yang di film-film yang langganan diputar setiap Lebaran dan Tahun Baru itu. Ayo Ndro, kita kompak dan kompak," sambung Dono.

Indro yang kebetulan semasa mudanya main softbol di Prambors, juga penggemar fanatik motor gede Harley-Davidson, ya mau tidak mau harus intim dengan kegiatan olahraga juga. Makanya untuk urusan catatan rekor dan prestasi, itu bagian Indro untuk menelisiknya.

> Bikin guyonan berdua, artinya harus kompak dan dua-duanya kudu saling isi. *Kalo* gua atau Indro tiba-tiba mati gaya, ya sudah, Warkop juga mati gaya hilang daya dan kagak lucu-lucu lagi.
>
> —DONO

"Aku mau tahu beratnya cakram besi dan peluru untuk lontar peluru itu sampai berapa kilo ya? Tolak peluru istilah luarnya *shot-put, javelin throw* itu lempar lembing, cakram itu *discus,* kalau tolak peluru kendali itu apa jadinya," tukas Indro. "Juga nomor *track and field* dalam atletik ini, minta bahan-bahannya, ya, Beh."

Alhasil, rencana itu berjalan mulus. Rencana kerja dan jadwal operasional Warkop sudah tersusun meski harus mendapat dukungan keras dari staf redaksi dan umum *Kompas*. Sebab, redaksi harus mengatur jadwal pertemuan untuk wawancara sambil bercanda—selain untuk tulisan bersambung yang kami padatkan berikut ini, juga untuk tayangan televisi *Indosiar*. Redaksi olahraga *Kompas* harus memanfaatkan semua relasi atlet dan pejabatnya agar semua pihak merasa *win-win solution*.

Hasil akhirnya memang membanggakan, Indonesia pun menjadi juara umum SEA Games XI, serta memperoleh 194 keping medali emas, 101 perak, dan 115 perunggu (bandingkan dengan perolehan medali Indonesia di SEA Games XXV Laos, 9-12 Desember 2009, dengan catatan perolehan medali: 43 keping medali emas, 53 perak, dan 74 perunggu, sebagai juara di urutan ketiga). Waktu itu Dono dan Indro dalam kesempatan jamuan makan malam dengan atlet undangan dan pengurus SEA Games di teras lantai III sempat berseloroh lagi, "Terbukti kan, Warkop hanya wawancanda dan bukan melatih fisik dan mental, nyatanya Indonesia menjadi juara umum. Lain kali bikin lagi *event* olahraga besar, biar Indro dan saya menjadi *coach* atlet kita, kalau memang pemerintah mengesahkan slogan mengolahragakan komedi dan mengomedikan olahraga, oke," ucap Dono bergantian dengan Indro.

Cuplikan kejadian harian yang bertajuk Warta Wakop itu kami sengaja padatkan dalam runtutan berikut ini. Malah tulisan Dono Warkop kami pasang utuh sebagai bukti Wahjoe Sardono itu memang wartawan tulen *Kompas*, meski hanya 10 hari bertugas sebagai pewawancanda yang tangkas, serta penulis kocak edisi akhir Warta Warkop, klop! (BD)

Cat dan Kesuburan Rambut

(*Kompas*, 11 Oktober 1997)

DI pelataran Plaza Timur kompleks Gelora Senayan hari Jumat (10/10) sore, di kawasan stan penjaja SEA Games XIX ini, ada sepasang bangunan kerucut mirip tenda putih. Ada puluhan penonton berdiri tak tenteram karena suka ikut menyeletuk atau malah tertawa lebar dengan sesekali terpingkal-pingkal.

Tontonan yang ada bukan tontonan adegan tukang obat. Dua tumpuk alat pengeras suara terus-menerus mengumandangkan suara tanya-jawab, tanpa musik atau nyanyian panas. Tak lama muncul ke muka tenda itu seorang lelaki gagah dengan jam tangan di tangan kanan, memimpin nyanyi lagu gembira.

Pemimpin nyanyi bersama itu tak lain Ketua Panitia Penyelenggara SEA Games XIX, Wismoyo Arismunandar. Sebelum rombongannya meninggalkan tenda putih itu, Wismoyo masih sempat bergurau lagi dengan duet pembawa acara.

Kehadiran Wismoyo ikut meresmikan pemakaian stan Pojok *Kompas* diharapkan menjadi gelanggang baru di Senayan. Dalam bangunan unik itu, Dono (Wahjoe Sardono) dan Indro (Indrojoyo Kusumonegoro) dipercaya menjadi "tuan rumah" stan berukuran 7 x 12 meter itu. Mereka yang sudah 22 tahun berprofesi sebagai komedian, atau pelawak, dari grup trio Warkop atau Warung Kopi bersama Kasino yang absen karena sakit.

• • •

SASARAN pertama Warkop, Soraya Perucha dan Ronny Pattinasarany, mantan perenang nasional dan bintang sepak bola Indonesia. Dono dan Indro melempar pertanyaan berkisar soal olahraga dan tontonan.

Ronny menjelaskan olahraga itu harus mempertontonkan prestasi, juga tontonan hiburan. "Oh, makanya ada pemain kita yang mencat rambutnya menjadi merah supaya ditonton?" tanya Dono yang dibantah Ronny, kalau cat rambut dihubungkan dengan prestasi kepiawaian mengolah bola. "*Lha* Mbak Ucha, Anda sebagai mantan perenang, kira-kira apanya sih dari perenang itu yang enak ditonton?"

Dono-Indro melanjutkan bertanya kepada Ronny, soal posisinya sebagai libero yang bebas berlari-larian menyepak bola di lapangan hijau. "Mas Ronny, mungkin Anda memilih posisi libero karena paling capek, artinya honornya paling gede dong, kan lari-lari terus," celetuk Dono yang disambut Indro: "Jadi kesimpulannya, kiper itu paling kecil gajinya...."

Soraya atau Ucha menjadi sasaran diskusi agak serius soal kolam renang. "Padahal perenang, terutama atlet renang laki-laki, modalnya paling kecil kalau *nebeng* kolam renang tetangga. Ya, dia kan tak usah pakai sepatu, seragam, sarung tangan, kaca mata, atau helm. Modalnya cuma celana segi tiga," kata Indro.

• • •

TAK lama muncul barisan wanita muda. Semuanya berambut melewati bahu, malah ada yang rambutnya tergerai sampai ke pinggul. Dono segera menjadi komentator pandangan mata hingga gadis cantik itu tersipu-sipu malu tapi bohong.

"Saya mau tanya, rambut kalian ini asli atau wig?"

"Asliii!"

Ke-19 gadis SMU dan perguruan tinggi, berusia 16-18 tahun asal Kabupaten Magelang, ini kemudian duduk berimpitan. Salah satu gadis berambut panjang bilang kira-kira begini: "Rambut panjang ini lambang kesuburan!"

Indro yang kepalanya amat hemat rambut pura-pura tersinggung. "Apa hubungannya rambut dengan kesuburan? Saya biar begini nih (sambil mengusap kepalanya—Ed.), sudah punya anak tiga orang, itu pun sudah ber-KB. *Opo aku ora subur jeng*?" (Sudah Dipadatkan/BD)

Juara, Kiri, dan Jaguar

(*Kompas*, 12 Oktober 1997)

PERTEMUAN Dono-Indro dengan rombongan putri bulu tangkis Indonesia, meski tanpa smes, lob, King *smash, dropshot, netting*, dan *backhand*, ternyata tetap memikat banyak penonton di hari Sabtu (11/10) pagi.

"Susi kan pengantin baru, sampai kapan masih mau main?" tanya Warkop.

"Saya masih ingin main bulu tangkis sampai dua tahun lagi. Mudah-mudahan sebelum berhenti, adik-adik sudah ada yang menggantikan," kata Susi yang datang bersama Mia Audina, Deyana Lomban, Indarti Isolina, Elysa, dan tentunya pelatih Liang Chusia.

"Kembali ke soal pengantin baru, enak kan? Tapi yang kami tanya, ada pandangan kalau atlet yang baru kawin biasanya prestasinya melorot turun," tanya Indro.

Susi yang sudah terbiasa menghadapi wawancara santai sempat tersenyum-senyum dalam wawancanda serius Warkop ini. "Saya berusaha bermain bagus," katanya sambil memberi contoh kasus perkawinan Yayuk Basuki dan Suharyadi. Katanya, Yayuk Basuki justru setelah kawin prestasinya terus menanjak sampai ke peringkat ke-19 dunia.

"Kalau punya anak nanti, mau dididik jadi pebulu tangkis juga?"

Rupanya Susi dan Alan bakal menjadi orangtua demokratis. Susi bilang, mereka tak akan memaksakan putra atau putrinya menjadi atlet juga. Terserah kemauan anak atau anak-anak itu saja.

"Kalau begitu, didik saja supaya menjadi anggota DPR RI!" kata Dono cengengesan.

Mia Audina sebagai calon ratu bulu tangkis yang masih gadis usia muda, hampir 18 tahun, tak ayal menjadi pertanyaan penuh godaan Dono-Indro yang mantan bujangan.

Setibanya dalam pertanyaan "wajib", Dono-Indro bertanya soal prospek tim Indonesia dalam SEA Games XIX. Kubu putri bulu tangkis Indonesia untuk nomor regu dan perseorangan seharusnya lebih unggul dibandingkan kubu putri negara Asteng lainnya.

"Di atas kertas, kami yang menang," kata Susi.

"Kalau begitu, kita gelar saja pertandingan di atas kertas!"

• • •

BABAK selanjutnya mulai babak belur. Warkop mulai bertanya liar, karena mendapat lawan bicara bukan sembarang orang. "Ini boleh dibilang adu jago antartukang omong," kata Dono mulai memancing. Soalnya, narasumber Warkop itu adalah Syamsul Anwar Harahap, mantan petinju nasional yang terkenal sebagai pengulas olahraga tinju di *Indosiar*, dan Andi Darussalam Tabusalla, komentator sepak bola *RCTI* dan petinggi berbagai organisasi olahraga.

“Profesi Anda ini cocoknya dibilang apa: presenter, *anchor*, atau komentator?”

“Apa juga boleh, asal bukan koruptor!”

Suhu obrolan mulai memanas. Syamsul berkisah satu hal kecil, tapi gede humornya. Waktu petinju ini ikut bertanding di Asian Games di Teheran tahun 1974, dia duduk di pinggir ring memberikan semangat bagi Ferry Moniaga. Syamsul pun memberikan teriakan semangat. “Ferry, pakai *straight* kiri, kiri Fer, kiri kiri!” Begitu teriaknya.

Makin keras berteriak kata *kiri*, makin banyak orang di sekitarnya memelototi dirinya. “Saya heran, kok orang Iran judes sekali,” tuturnya.

Syamsul naik pitam sambil berdiri dan berteriak lagi. “Pukulan kiri, kiri Fer, kiri, kiri!”

Penonton Iran makin berang. Melototnya makin besar. Matanya menyorot tajam ke Syamsul yang omong besar *kiri kiri* melulu. Tiba-tiba datang staf KBRI di Teheran. Katanya, “Pak Syamsul jangan bilang itu. Jangan bilang *kiri*. Dalam bahasa Parsi, *kiri* itu berarti alat kemaluan lelaki!”

Plos hati Syamsul. “Sejak itu saya takut mengucapkan kata *kiri* di muka umum… tidak berani bilang kata *kiri* versi Iran…. *Kiri kiri* ya *kiwo*,” katanya.

• • •

LALU Warkop keheranan menafsir slogan memasyarakatkan olahraga dan mengolahragakan masyarakat. “Apakah dalam cabang tinju ada slogan memasyarakatkan tinju dan meninju masyarakat?”

Menyinggung selama persiapan SEA Games XIX, hanya terekspos betapa cekaknya keuangan untuk persiapan dan pelaksanaan, Andi dan Syamsul hanya angkat bahu. “Seharusnya pihak konsorsium berani mengungkapkan terbuka. Sebab, kalau tidak, masyarakat hanya mencibirkan bibir,” ujar Andi. “Apalagi sementara omong soal keterbatasan dana, tapi berseliweran mobil sedan mewah Jaguar dan Audi A-8 terbaru untuk kendaraan ofisial SEA Games. Lalu masuk Hyundai, padahal kita lagi mengatrol mobnas Timor.”

Kok *gitu*? Mau Jaguar kek, jagur kek, Audi kek, atau *do'i* kek, suka-sukalah. (Sudah Dipadatkan/BD)

Rekor Dunia Bulu Kuduk

(*Kompas*, 13 Oktober 1997)

INI tamu istimewa. "Orangnya boleh kecil, tapi angkatannya...."

Tamu yang dicecar Dono-Indro itu, Sri Indriyani dan Winarni, lifter putri peraih emas asal Lampung, tersenyum malu-malu.

"Omong-omong, apa sih resep menjadi atlet angkat besi? Apakah ada menu khusus biar kuat angkat besi?" tanya Dono.

"Kalau menu, pagi hari kami makan empat butir telur," jawab Winarni.

"Apa? Telur empat kilo? *Gile* penonton, dia makan empat kilo telur," ujar Dono menyambar.

Winarni yang terpojok dalam angkat bicara berkata lagi, "Di samping telur, kami juga kadang-kadang makan nasi, mi, atau roti."

Dono tidak mau berhenti menggoda atlet peraih medali emas kelas 50 kg itu. Menurut dia, pelatih kok tega-teganya tidak memikirkan atletnya. "Kok pelatnas bisa tidak memberi makan atletnya. Buktinya mereka kadang-kadang saja makan," celetuk Dono.

"Bukan kadang-kadang makan. Maksudnya, kadang-kadang dia makan nasi, kadang-kadang roti," lagi-lagi jawab Indro mencoba "menyelamatkan" tamunya.

Kalau siang makan apa? "Kalau siang kami makan ayam. Nasinya sedikit saja. Selain itu, kami diberi vitamin dan obat-obatan," jelas Winarni.

"Mengapa memilih olahraga angkat besi, bukannya olahraga jahit-menjahit misalnya?" tanya Dono enteng.

"Kalau saya pilih angkat besi, karena lebih mudah untuk berprestasi. Kalau bulu tangkis, saya harus berjuang dulu dari tingkat kecamatan. Kalau angkat besi, bisa langsung ke tingkat nasional," jawab Winarni polos.

"Kalian sudah punya pacar belum?" tanya kru Warkop ini.

"Belum," ujar Indri pelan. Kalau Winarni? "Sudah," jawab Winarni malu-malu.

"Pacarnya juga atlet angkat besi?" tanya Dono mengejar. "Ya," jawab Winarni.

"Waduh-waduh. Apa enggak lempar-lemparan besi kalau *berantem*?" kata Dono.

"Pasti enggak dong ya. Enggak lempar-lemparan, angkat-angkatan saja," sambut Indro.

Lalu staf dari KONI yang siang hari Minggu panas di Pojok *Kompas* dengan bahagia mengumumkan bahwa Indonesia siang itu sudah mendapat 12 medali emas. "Baru saja Yolandini dan Pino dalam nomor perseorangan merebut medali emas taekwondo. Keduanya dari kelas bulu," ujar Togi yang disambut riuh tepuk tangan penonton di luar tenda.

Bagi Dono-Indro, justru kata *bulu* menjadi bahan diskusi. "Kalau yang seram-seram, ya bulu kuduk."

Makanya supaya menang, selain berdoa dan berusaha, sebaiknya kalau bertanding, jangan pandang bulu. Pandang kuduknya! (Sudah Dipadatkan/BD)

Sport Jantung ke-35

(*Kompas*, 15 Oktober 1997)

WARTA WARKOP

CABANG yang dipertandingkan di SEA Games XIX semuanya cuma 34. Kini ada cabang tambahan. Cabang ke-35 itu adalah sport jantung alias olahraga kardiak. Cabang ini didukung ratusan "atlet" putra-putri. Pimpinannya Enggartiasto Lukito.

"Sebagai cabang baru tanpa lawan, mereka bakal memborong medali emas bikinan sendiri," kata Warkop.

Sport jantung yang dimaksud itu bukan olahraga yang pemacu jantung agar sehat dan tidak jantungan, tetapi sport penuh dag-dig-dug yang bisa bikin sehat, bisa juga maut. "Cocok, kan, namanya? Pekerjaan orang konsorsium memang berhubungan dengan jantung sehat. Artinya, kalau kurang *dikuat-kuatin*, kami bakalan benar-benar kena stroke," ujar Enggar, Ketua Bidang Promosi dan Usaha Panpel SEA Games XIX.

"*Duileh* duit seratusan miliar itu berapa tumpuk ya? Jangan-jangan Pak Enggar irama jantungnya berbunyi dak-doku-dug, bukan dag-did-dug. Menurut kabar, konsorsium itu masih kurang 45 miliar rupiah lagi. Kami bisa ikut doa restu saja. Kalau doa restu konkrit agak sulit karena rupiah kita hampir stroke," ujar Indro.

• • •

GERAKAN indah, aksi anggun, dan penampilan OK, itu salah satu nilai lebih dalam cabang olahraga yang penilaiannya subjektif sang juri. Myrna Sukasah, mantan peloncat indah dan kini menjadi tim psikologi atlet SEA Games Indonesia, menganggap ada kesamaan antara peragawati dan atlet loncat indah. "Jalan di *catwalk* dan jalan di papan lentur menjelang loncat sama-sama berpengaruh dalam penampilan," katanya.

Atlet renang, meski minim pakaiannya, menurut Myrna, perlu sentuhan *fashion designer*. Sambil cekikikan, Dono membayangkan kalau atlet renang harus dandan dan berhias. "Bedaknya luntur, gincunya leleh. Rambutnya lepek, pakaiannya kuyup, kaki *nyeker*, di mana daya tariknya? Lha kalau perenang pria, cuma kancut *thok*. Untung saya cuma tertarik menonton lomba renang antarputri," ujar Dono yang tiap hari memang ke stadion renang sebelum dinas di stan Pojok *Kompas*. (Sudah Dipadatkan/BD)

Bongkar Dor!

(*Kompas*, 16 Oktober 1997)

MENGAPA sepak bola Indonesia sulit maju?

"Bagaimana mau maju. Tim baru dibentuk dan belum solid sudah dibongkar, dipasang, dibongkar lagi," ujar Indro di Pojok *Kompas* hari Rabu (15/10).

Bongkar pasang ini mirip peristiwa sehari-hari. Trotoar jalan baru *dibagusin* sudah dibongkar lagi untuk pasang kabel telepon. Baru dipasang, nanti dibongkar lagi untuk pipa ledeng. Pokoknya, di satu lokasi yang sama bisa bongkar pasang bongkar pasang melulu. Jalanan macet, lalu lintas terganggu, bukan urusan proyek bongkar pasang.

"Kita tidak bisa menyalahkan PSSI, Ndro. Bongkar pasang itu, kan, sudah jadi bagian hidup kita. Bintang sepak bola ini sebenarnya hanya korban kebiasaan," kata Dono.

"Ya sabar deh," jawab Indro mencoba menghibur pemain.

"Wak Haji" Andrie Amin yang ditanya soal ini memang tidak bisa menjawab. "Saya mau jawab apa, *wong* nasib saya juga bisa-bisa terkena bongkar pasang. Saya, kan, ditunjuk sebagai manajer hanya untuk SEA Games ini. Setelah itu saya pun tidak tahu nasib saya, apalagi nasib para pemain ini," ujar Andrie.

• • •

"TAPI omong-omong, kenapa penonton sepak bola sekarang ini cenderung brutal? Apakah mereka kurang hiburan sehingga memilih berbuat onar sebagai hiburannya?" tanya Dono.

Ansyari mengaku risi dengan ribut-ribut yang terjadi di sepak bola belakangan ini. Kebrutalan yang terjadi membuat konsentrasi pemain untuk menyuguhkan permainan terbaik menjadi terpecah.

"Terus terang kami pun takut kalau tampil di lapangan. Kami selalu waswas, dilempar apa enggak sama penonton," ujar Ansyari.

"Saya pribadi meminta para penonton untuk tidak melempar-lempar. Janganlah membuat onar di stadion. Datanglah ke lapangan untuk menikmati pertandingan. Kami pasti akan menyuguhkan permainan terbaik," janji Ansyari.

"Tapi apakah tindakan brutal itu bukan dipancing oleh pemain sendiri," tanya Dono.

• • •

KOLAM renang menjadi masalah juga. Sebab kedatangan Shenny Ratna Amelia (13), bintang cilik peraih perak loncat indah nomor menara, menjadi sasaran pertanyaan jahil Dono-Indro. "Saya bayangkan kalau mau menilai keindahan loncatan atlet, sebaiknya bikin nomor baru, loncat indah dari menara setinggi 100 meter. Biar atletnya lama melayang-layang sehingga dewan juri mudah kasih skor," ujar Dono berandai-andai.

Tanya-jawab kedua pewawancara konyol ini harus hati-hati saat hadir tiga petembak ulung. Lettu (Polwan) Bari Agustini Said, Serma (Polwan) Nuris Melly, dan Pelda (Polwan) Yohana Lawalata, regu peraih medali *air pistol*, bersama Elly Ch., perebut perak *sport rifle*.

Kata Warkop, jangan pandang sebelah mata terhadap mereka meski keempat petembak ini kalau beraksi juga hanya memakai mata sebelah. "Maksudku, mereka kalau membidik, kan, hanya memakai sebelah matanya, Ndro. Kita yang jangan memandang sebelah mata kepada atlet ini, bukan karena mereka Polwan, tapi mereka, kan, atlet berpistol," kata Dono. (Sudah Dipadatkan/BD)

Genjot-genjotan

(*Kompas*, 17 Oktober 1997)

WARKOP datang, anak-anak senang. Dono-Indro bertanya, orang tertawa-tawa, pada Kamis siang (16/10) di Stadion Velodrom Rawamangun, Jakarta Timur. "Kini kami mendatangi sumber, tidak cuma mangkal di Plaza Timur Senayan."

Setelah sukses *ngebacain* petugas pencatat skor waktu, Dono-Indro pun menghadapi atlet balap sepeda Nurhayati dan Herry Janto Setiawan, pelatih Endang Subagio dan Wahyudi Hidayat, serta manajer tim balap sepeda Subronto Laras.

Dono pun mengincar Nurhayati yang sudah mengantongi empat medali emas. "Sudah ada yang punya?"

"Sudah."

"Betul nih sudah ada yang punya?"

Indro segera menyergap. Indonesia yang sudah dijajah selama 350 tahun mampu merebut kemerdekaan. "Nurhayati paling-paling baru dua tahunan. Yang 350 tahun saja bisa, apalagi yang baru dua tahunan. Rebut dah!"

Warkop mensinyalir kini ada tren perjodohan endogam antaratlet. Pacar Nurhayati juga pebalap nasional. "Sama-sama jago genjot-genjotan sepeda. Bicara soal genjot, saya tak banyak komentar, di sini banyak anak kecil *tuh*. Kecuali kalau kita mau *omongin* genjot sepeda, bukan genjot-genjotan yang lain," ujar Dono memakai kata bersayap.

• • •

SETELAH meminta Subronto Laras menjabarkan prospek tim balap sepeda Indonesia, Warkop kemudian mengejar pelatih masalah pembinaan. "Kita harus usahakan supaya olahraga balap sepeda ini makin berkembang dan maju. Cuma bagaimana, ya, hak hidup pengendara sepeda di Jakarta ditentukan sopir bus kota," kata Indro.

Subronto Laras yang "gila" sepeda gunung diminta menerangkan liku-liku perlombaan nomor sepeda gunung. "Setelah sepeda gunung, Subronto bisa-bisa mengembangkan lagi balapan sepeda roda tiga, sepeda tandem. Kalau perlu sepeda statis," celetuk Indro.

Dono-Indro sudah semingguan ini tiba-tiba menjadi "wartawan" lepas dan penyaji wawancanda terbuka di stan Pojok *Kompas*. Tak cuma tanya-jawab miring yang diekspos, Dono-Indro pun kadang-kadang bertanya serius dan berharap jawaban tulus. Herry alias Ateng yang kecurian medali emasnya diminta menjelaskan di muka ribuan penonton velodrom. Ateng dengan alat pengeras suara menjelaskan tulus dan gamblang kesalahannya. "Untuk kesalahan saya ini, saya mohon maaf kepada penonton. Sekali lagi minta maaf," kata pebalap yang sudah mendapat dua emas ini.

Tepuk tangan panjang mengiringi apologi Herry. "Inilah kejadian langka. Ateng ini atlet sejati. Dia berani mengakui kesalahannya. Dia merasa ditugaskan masyarakat Indonesia agar meraih emas. Dia gagal, tapi segera minta maaf serta tak menyalahkan pihak lain," kata Dono.

• • •

DARI stadion velodrom, Warkop *ngamen* lagi ke Stadion Senam Radin Inten di Jakarta Timur. Gedung senam megah yang dijejali penonton menjadi panggung guyon Warkop.

Warkop amat kagum kepada gadis pesenam cilik ini. "Apakah ada batasan usia untuk latihan senam?" tanya Dono.

Sherly menjelaskan. "Kalau mau latihan senam, harus dari kecil. Kalau sudah tua, nanti patah," katanya.

Teriakan penonton bergayung sambut dengan banyolan Warkop. Usai wawancanda singkat ini, Warkop pamit dan masuk ke Padepokan Pencak Silat di Taman Mini Indonesia Indah.

Eddy Marzuki Nalapraya sebagai Ketua Umum IPSI menyambut kedatangan Warkop. "Di hadapan jawara dan pesilat tangguh Indonesia, kami juga ingin menyampaikan bahwa Warkop juga pakar silat... silat lidah," katanya.

"*Numpang* tanya Pak, apakah banyak pejabat tinggi yang nonton pencak silat?"

Eddy Nalapraya tertawa lebar. "Selama puluhan tahun ini, kedudukan saya belum ada yang mau menggantikan," kata Nalapraya berkias. "Pondok Gede mungkin terlalu jauh, makanya bapak-bapak itu belum kemari," katanya.

"Jatiluhur di Purwakarta lebih jauh Pak Eddy. Kok sudah didatangi?"

Fokus percakapan kemudian tertuju pada soal atensi dan kunjungan petinggi ke arena pertandingan. Idealnya, pejabat dan petinggi RI membuat jadwal kunjungan ke stadion dan lapangan olahraga.

Bayangkan kalau selama SEA Games XIX ini ada 844 atlet terbaik Indonesia bertanding dan berlomba, atau genjot-genjotan menurut istilah Warkop, tetapi di hati beberapa atlet dan ofisial olahraga tertentu merasa sedih karena keberadaannya agak *dicuekin*.

Tolong saja, kalau ada sisa waktu, datangilah atlet yang lagi genjot-genjotan ini supaya makin banyak genjot medali. (Sudah Dipadatkan/BD)

Anak Presiden

(*Kompas*, 18 Oktober 1997)

WARTA WARKOP

DONO-Indro tertarik cabang atletik untuk nomor lempar, tapi bukan lempar lembing atau cakram. "Ada enggak sih olahraga lempar batu sembunyi tangan?" tanya Dono kepada Tigor Tanjung, pimpro pelatnas atletik.

"Kalau ada, peminatnya pasti pihak ketiga. Pelatihnya mungkin aktor intelektual!"

Rombongan tamu yang tertawa-tawa mendengar banyolan Dono-Indro mendapat giliran dicecar Warkop. Endri Oktaviantoro, Syamsul Jais, Tedi Hidayat, Pedro Bartolomeuz L., dan Loudrian Arizon Maspaitela.

Atlet "keenaman" bola voli yang jangkung-jangkung ini dipertanyakan kejangkungannya apakah mutlak? "Badan tinggi mutlak. Untuk mengeblok dan mensmes, perlu badan yang tinggi."

Dono dan Indro menolak kesimpulan ini. "Salah, yang benar karena net volinya tidak bisa diturunkan," katanya.

Indro mengajukan pertanyaan standar, "Kapan berhenti main?"

"Lie Siauw Bok baru pensiun dari voli waktu umur 33 tahun."

"Apa, pensiun? Memang atlet ada yang pensiun?"

Mereka tertawa bareng, bilang kalau atlet voli tak ada bantuan dana pensiun.

"Begini saja, usulkan ke DPR RI, mumpung masih orang baru semua, supaya mereka memperjuangkan dana pensiun buat atlet nasional, terutama atlet voli, setuju enggak?" usul Indro. "Kalau kalian berhasil, nanti kami juga akan menuntut agar pelawak dapat pensiun, kalau sudah tidak lucu lagi."

• • •

MASUK babak ketiga, wawancara Warkop ini rada unik. Selain tamunya superistimewa, juga cara *interview*-nya agak nekat. Tamu itu, Cristina M. Ramos-Jalasco (37), putri Presiden Filipina Fidel Ramos, yang datang ke SEA Games XIX sebagai Ketua Umum Komite Olimpiade Filipina (Philippine Olympic Committee).

Beberapa jawaban Ketua KONI-nya Filipina ini disambut gelak tawa penonton di luar tenda. Ny. Ramos-Jalasco pun tersenyum manis meski tak mengerti. "Sekilas bahasa Indonesia itu kedengarannya seperti bahasa Filipina, begitu juga orangnya. Banyak kesamaan antara Filipina dan Indonesia. Tapi yang paling sama... kemacetan di jalan raya," kata anak presiden itu.

Putri presiden yang menduduki jabatan penting di olahraga Filipina ini mengatakan, dia dibesarkan dalam kalangan olahragawan. "Saya sendiri mantan atlet voli nasional, juga pemain gelandang sepak bola wanita Filipina yang mendapat perunggu pada SEA Games di Singapura," kata ibu tiga anak yang juga penggemar olahraga selam dan mantan karateka kyu-6 atau sabuk ungu ini.

"Sebagai anak presiden, sisi baiknya tentu Anda tahu.... Yang tak enak, tentunya ada perasaan tertekan sebagai putri presiden. Banyak orang yang membicarakan diri saya sebagai anak presiden, tentu saja bisa begini dan begitu. Itu sisi buruknya."

Kedua kru Warkop ini berdiskusi. Mereka mengandaikan kalau dirinya menjadi anak presiden. "Salah ya, kita enggak jadi anak presiden. Coba kalau aku anak presiden, pasti aku akan... lancar berbahasa Inggris," kata Indro. "Maksudku jadi anak Presiden Filipina." *Gimana*? (Sudah Dipadatkan/BD)

Awas Waswas!

(*Kompas*, 19 Oktober 1997)

KATA *awas* bertetangga dengan *rasa waswas*. Peringatan yang bikin waswas ini memaksa Dono-Indro membuat rencana baru untuk Pojok *Kompas* selama hari Sabtu (18/10). Semula, duet Warkop ini mau mengunjungi rumah sakit, membesuk atlet yang sakit. Ternyata semua atlet Indonesia sehat segar. "Atau kita ke Subang, ke Jatiluhur, atau ke *venues* lainnya?"

Buntutnya, Warkop kerja lembur dulu. Mereka diundang untuk meramaikan malam perayaan ulang tahun atlet Indonesia di Hotel Century, Jumat malam lalu.

Di kafetaria hotel atlet itu, Warkop diminta menjadi pembawa acara. Perayaan yang standar ini sedapat mungkin dibuat meriah Dono-Indro. "Di sini komitmen kami diuji. Sebagai pelawak, begitu masyarakat menilai Warkop, kami ini sebenarnya sudah serba salah. Sebab, konsepsi pelawak ala Indonesia tak jauh dari konsep seseorang yang secara badaniah aneh, kedungu-dunguan, juga kebodoh-bodohan. Pelawak itu harus seseorang yang ditertawakan karena kelucuannya yang verbal agak vulgar," kata Dono yang mau menulis buku sosiologi humor.

Sikap serba salah ini tampak selama Dono-Indro menjadi tuan rumah Pojok *Kompas* di Plaza Timur Senayan. Mereka selalu disapa, ditegur, ditanya, diteriaki, dan diejek segala macam orang. "Dro, buka topi *lo*. Botaknya jangan *ditutupin*. Tuh si Dono. Hei Dono, bemo *elo* di mana?" Begitu antara lain jenis pertanyaan "akrab" bagi Dono-Indro.

"Anak kecil yang benar-benar tulus kalau menegur dan menyapa kami. Kalau yang sudah gede, ya *gitu*, cuma *ngebacain doang*," kata Indro sambil membubuhkan tanda tangannya di buku seorang anak SD.

• • •

WAKTU 10 hari manggung dan menjadi pewawancara di Pojok *Kompas*, tugas enteng-enteng berat. Kalau bertanya bertele-tele dan kering tanpa humor, siapa yang mau dengar. Lagi pula, bukankah Dono-Indro itu pelawak. Mereka harus lucu. Warkop ini kalau perlu harus setengah sinting dan bikin orang tertawa jungkir balik. Kalau tak lucu, Warkop bukan pelawak.

Dono-Indro yang debutnya mulai dari kampus mengaku terus terang susah sekali tampil di muka umum. "Kami sulit mencari bahan lucu yang cocok untuk semua lapisan dan golongan masyarakat. Bagaimana harus menghibur kakek-nenek, ibu-bapak, anak-cucu, paman-bibi, dan keponakannya sekaligus dalam satu waktu dan tempat?" tanya Indro.

Idealnya, dalam kalimat bertanya dan bercanda dengan tamunya, Warkop suka menyelipkan kalimat yang menyerempet persoalan umum yang peka. Dono-Indro beberapa kali menghumorkan isu komedi "cincin emas", nikah dan kawin, perjodohan, pelesetan kata, serta celetukan spontan dan situasional yang menurut Dono berformula "kom-sit" alias komedi situasi.

Kepiawaian duet ini masih teruji bagus. Paling tidak, nama besarnya sebagai grup lawak Warkop amat membantu mengembangkan situasi. Ibaratnya Warkop batuk pun, anak-anak sudah tertawa geli. "Sayangnya Kasino lagi sakit. Dari kami, hanya Kasino yang jago nyanyi dan lagunya cocok untuk masyarakat umum," kata Indro.

"*Ngocol* berduaan risikonya gede kalau salah satu dari kami macet," tutur Dono. Untung narasumber yang diwawancara sebagian besar siap diajak senda-gurau. "Tapi kami tetap harus mengadakan persiapan, misalnya membaca tulisan tentang dia, atau bertanya ke wartawan asli."

"Kami selama ini sudah mewawancara jagoan anggar, lari, senam, balap sepeda, pencak silat, wushu, tenis, binaraga, angkat besi, Pak Wismoyo, Djoko Pramono, Togi Hutagaol, Enggartiasto, dan ofisial lainnya. Ini pengalaman gila," kata Indro yang mantan pemain softbol.

Namun, pengalaman paling unik tentunya saat menerima kedatangan Ny. Cristina Martinez Ramos-Jalasco, Ketua Komite Olimpiade Filipina dan putri Presiden Fidel Ramos.

"Itu kan Mbak Tututnya Filipina," ujar Dono. "Putri Presiden Filipina kita wawancanda sampai lewat magrib, pakai gigitan nyamuk lagi."

Malam Minggu kemarin kedua Warkop ini hanya menonton siaran televisi, sambil sesekali menelepon bertanya perkembangan SEA Games XIX. Dono-Indro katanya mau menulis sendiri pengalamannya, sebagai tulisan edisi penutup Warta Warkop.

"Kami tak terbayang kalau ada di Pojok *Kompas* malam hari. Pasti kami akan serba salah. Bagaimana mau bercanda dengan massa yang kecewa tak kebagian karcis masuk, atau bagaimana mau mengajak tertawa massa yang frustrasi karena kalahnya sepak bola Indonesia," kata Indro.

Untung mereka mendengarkan nasihat petugas sekuriti itu. Untung peringatan awas itu disambut hati waswas. Nyatanya, pas! (Sudah Dipadatkan/BD)

Royalti Tertawa

Oleh Dono Warkop

(*Kompas*, 20 Oktober 1997)

KRIIING! Ada telepon dari Indro. Katanya Warkop ditawari *Kompas* untuk *nimbrung* di acara SEA Games XIX. Saya benar-benar skeptis. Saya diundang rapat dan datang terlambat. Ternyata saya memang ditunggu. Alamak serius amat rupanya. Saya harus profesional, Indro juga meyakinkan begitu. *Kompas* menawarkan untuk acara berbincang-bincang dengan semua yang terlibat di SEA Games XIX itu.

Saya menyanggupi oleh karena saya ingin tahu isi perut SEA Games. Acara itu diberi nama Pojok *Kompas*. Saya dan Indro dipercaya sebagai penunggu pojok. Warkop, wartawan, juga pengunjung yang lain boleh bicara apa saja dengan tamu yang datang.

Hari pertama dibuka saat SEA Games belum dibuka resmi. Tamu pertama, Soraya Perucha dan Ronny Pattinasarany. Dua orang mantan atlet ini sebagai kelinci percobaan. Omong *ngalor ngidul*, sodok sana sodok sini, kritik sana kritik sini. Saya masih tetap menganggap ini bekas atlet yang barangkali memang kecewa, *post-power*. Betul-betul otak saya ini isinya cuma garis negatif melulu.

Saya benar-benar terhenyak saat tamu Pojok *Kompas* Sri Indriyani dan Winarni, dua atlet angkat besi Indonesia. Sri Indriyani gadis kecil, mungil,

Harian Untuk Umum

KOMPAS

Amanat Hatinurani Rakyat

HARIAN PAGI TERBIT 28 HALAMAN

SENIN, 20 OKTOBER 1997

WARTA WARKOP

Royalti Tertawa

Oleh Dono Warkop

KRIIING! Ada telepon dari Indro. Katanya Warkop ditawari *Kompas* untuk nimbrung di acara SEA Games XIX. Saya benar-benar skeptis. Saya diundang rapat dan datang terlambat. Ternyata saya memang ditunggu. Alamak serius amat rupanya. Saya harus mo-

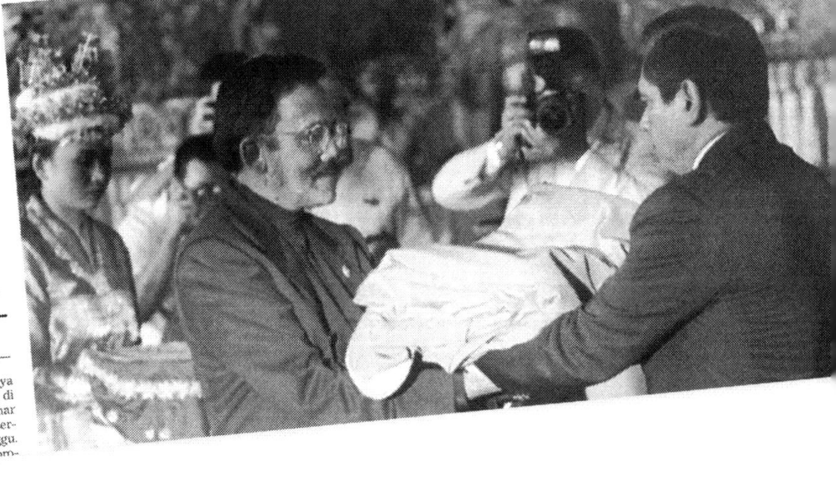

manis, murah senyum, anak Lampung yang bersahaja. Ia telah memecahkan rekor dunia angkat besi junior. Dan Winarni juga memecahkan rekor SEA Games. Alamak! Ternyata dua gadis ini telah beradu dengan orang dari belahan bumi lain, yang punya kebanggaan akan negerinya masing-masing.

Kedua orang ini seperti setrum ratusan watt, untuk membalikkan pikiran negatif saya, menjadi positif. Bahwa hidup bernegara bukan hanya membincangkan soal demokratisasi, keadilan, atau nilai rupiah yang semakin merosot. Tetapi sebuah aktivitas kecil semacam kemenangan olahraga, juga salah satu kebanggaan nasional.

• • •

HARI berikutnya saya berdua bertambah semangat. Ditemani wartawan *Kompas* dan kru televisi Fokus dari *Indosiar*. Berangkat pukul sepuluh pagi pulang pukul enam sore. Malah saya lupa makan saat harus berkunjung dari satu *venue* ke *venue* lainnya.

Ternyata rakyat tak hanya membutuhkan atletnya berjaya, tetapi juga hiburan. Akhirnya konsep Warkop di Pojok *Kompas*, seperti layaknya *show* Warkop dengan korban para atlet dan ofisial.

Terus terang saya trenyuh, melihat antusias penonton yang datang dari jauh untuk menyemangati para atletnya yang bertanding. Mereka hanya diberi fasilitas gratis untuk masuk ke stadion, selebihnya bayar sendiri.

Saya bertemu dengan sebuah keluarga yang datang dari Cengkareng. Sang ayah bekerja sebagai porter pengangkat barang di Bandara Soekarno-Hatta. Gajinya tergantung dari banyaknya barang angkatannya. Saat saya tegur, mereka sangat gembira. Dan ia mengatakan datang dari jauh untuk melihat Stadion Utama Senayan yang selama ini hanya dilihat di televisi. Juga ingin menyemangati atlet yang bertanding agar menang.

Kebijaksanaan menggratiskan seluruh pertandingan boleh diacungi jempol. Memberikan kegembiraan kepada penyumbangnya. Namun, kelemahannya, penonton menjadi tak selektif. Tapi apakah memang harus selektif agar punya rasa bangga dilihat atlet negara lain?

Sementara itu, banyak penonton dan pengunjung di banyak stadion berpakaian dan berpenampilan lusuh, tak teratur. Anak-anak kecil yang belum tahu apa-apa juga berseliweran dengan bau badan yang aduhai. Tapi itulah realita kita. Itu harus kita terima. Penonton kebanyakan rakyat kecil. Saya tersinggung saat salah satu atlet balap sepeda Malaysia di velodrom membagikan uang ribuan kepada anak-anak kecil. Saat mereka rebutan, sang atlet pun tertawa-tawa. Saya ingin tanyakan apa maksudnya, tetapi sang atlet telah masuk ke dalam mobilnya.

Aih! Kenapa jadi sensitif begini? Apa gara-gara mendengarkan lagu *Indonesia Raya* saat Nurhayati atlet balap sepeda kita menerima medali emas dan bendera Merah Putih pelan-pelan dikerek di tiang bendera? Apakah ini yang dinamakan olahraga membangkitkan rasa bernegara?

• • •

SAAT sepak bola final antara Indonesia dan Thailand diselenggarakan, Pojok *Kompas* sengaja ditutup. Benar juga, paginya stan Satelindo persis di depan pojok yang penjaganya cantik-cantik itu rata dengan tanah.

Terjadi diskusi di antara orang-orang yang mampir di pojok, membahas keberingasan penonton. Ada yang mengatakan orang Indonesia terlalu fanatik. Ada yang mengatakan itulah hasil sosialisasi. Semua persoalan selalu diselesaikan dengan kekerasan. Juga ada yang berpendapat, itu semua adalah muara dari kekecewaan atas ketidakadilan dan kesenjangan ekonomi. Sebab, menang atau kalah selalu saja membakar dan membuat kerusuhan.

Lepas dari semua itu, orang Indonesia ternyata senang tertawa, senang pula menertawakan. Dan yang selalu membuat tertawa pengunjung pojok jika Indro bilang kalau maskot SEA Games XIX itu sejujurnya diilhami oleh tampang saya. Ah, seharusnya saya minta royalti kepada panitia via Enggartiasto Lukito atas kemiripan saya itu. Ha-ha-ha….

Dono Warkop atau Wahjoe Sardono

Sosiolog dan Anggota Warkop DKI

Kasino Meninggal Dunia

(*Kompas*, 19 Desember 1997)

JAKARTA, *Kompas*—Dunia lawak Indonesia kehilangan salah satu tokoh utamanya. Kasino Hadiwibowo yang memperkenalkan lawakan intelektual dengan membentuk kelompok Warung Kopi, hari Kamis (18/12) menghembuskan napas terakhir di ruang intensif RS Cipto Mangunkusumo.

Menurut rekan almarhum, Indrojoyo Kusumonegoro atau akrab dikenal Indro, almarhum Kasino meninggal pada pukul 23.00 WIB. Almarhum menghembuskan napas terakhir setelah dirawat sekitar dua pekan.

"Kami masih menunggu keterangan resmi dari pihak dokter mengenai penyebab kematiannya. Namun terakhir, gula darah almarhum dilaporkan meninggi. Selain itu juga sempat diindikasikan adanya pertumbuhan kanker baru di sekitar otaknya," jelas Indro lirih.

Indro mengaku sangat terpukul dengan kepergian sahabat karibnya itu. Bagi Indro dan juga Dono (Wahjoe Sardono), inilah pukulan kedua setelah sebelumnya juga mereka sempat ditinggal seorang personel lainnya, Nanu.

"Bagi saya, almarhum Kasino bukan hanya sekadar teman di panggung, tetapi juga kakak. Almarhum tidak ubahnya seperti keluarga sendiri bagi saya. Ibaratnya, dialah yang membiayai keluarga kami apabila sedang dalam kesulitan dan sebaliknya demikian," tutur Indro.

Secara khusus Indro meminta kepada masyarakat untuk memaafkan kesalahan yang pernah diperbuat almarhum semasa hidup baik yang disengaja maupun yang tidak disengaja. Indro juga meminta doa dari masyarakat agar almarhum diterima di sisi-Nya sesuai dengan amal dan ibadahnya.

Indro belum bisa menjelaskan tempat dan waktu pemakaman bagi almarhum. "Kami masih akan membicarakan secara lebih rinci dengan pihak keluarga. Yang pasti jenazah almarhum akan disemayamkan di rumah mertuanya di Jl. Kayu Putih," jelas Indro yang mengurusi jenazah Kasino di RSCM.

Dari Radio Prambors

Kasino yang lahir di Gombong, Jawa Tengah, 15 September 1950, mulai dikenal setelah menjadi penyiar Radio Prambors pada tahun 1974. Sarjana Fakultas Ilmu-Ilmu Sosial Jurusan Administrasi Negara Universitas Indonesia 1979 ini, mulai muncul dalam kelompok Warung Kopi pada tahun 1975.

Setelah mencuat dalam lawakan-lawakan di kampus, Warkop menjadi dikenal luas setelah diberi kesempatan tampil di TVRI. Kritikan-kritikan khas yang ditampilkan kelompok ini membuat mereka langsung mendapat tempat di hati kalangan pencintanya. Pada tahun 1978, bersama almarhum Nanu, Dono, dan Indro, Kasino sempat membuat rekaman lawak yang juga diterima baik oleh pencintanya.

Setelah itu bendera kelompok Warkop semakin berkibar. Pada tahun 1979, mereka mulai merambah layar putih. Sekitar 12 film layar lebar dibuat kelompok ini dan selalu ditunggu masyarakat di saat-saat perayaan Lebaran yang memang menjadi momen dirilisnya film-film Warkop terbaru.

Di samping kesibukannya di dunia lawak, Kasino pernah menjabat sebagai Direktur Klinik Spesialis Rawamangun dari tahun 1977 hingga 1978.

Kesehatan Kasino mulai terganggu ketika ia *collapse* di Bandung pada bulan November 1996. Hasil pemeriksaan menunjukkan adanya tumor di bagian otak.

Operasi pertama di RS Advent Bandung berjalan dengan baik. Namun Kasino harus menjalani operasi kedua di RSCM Jakarta.

Setelah itu kondisi Kasino naik-turun dan ia pun harus keluar-masuk rumah sakit. Namun demikian semangatnya tidak pernah luntur, terbukti dengan kehadirannya sebagai pembawa acara di sebuah acara di Indosiar. Kasino bahkan dengan keterbatasannya tetap mencoba tampil di serial komedi "Warkop 2", juga di Indosiar. (TON/TOM)

Nama dan Peristiwa

(*Kompas*, 26 Desember 2000)

WAHJOE Sardono (49) alias Dono Warkop masih belum siuman betul dari efek obat bius setelah operasi tumor di Rumah Sakit Kramat, Jakarta Pusat, Senin (25/9) siang. Ditemani dua putranya, Andiko Ario Seno (20) dan Damar Canggih Wicaksono (14), Dono sudah kehilangan berat badan sekitar empat kilogram. Seorang lagi putranya adalah Satrio Sarwon Trengginas (8).

"Tumor saya ketahuan empat bulan yang lalu. Saya baru sekarang berobat karena takut. Tetapi lama-lama sakit juga, terutama dua bulan terakhir ini," ujar Dono, yang kini menduda setelah kematian istrinya tahun yang lalu itu. "Tumornya sebesar kepalan tangan saya," kata Dono lagi.

Seperti biasa, tamu komedian yang kocak yang belakangan ini sibuk *shooting* itu tidak kunjung habis. Termasuk, tentunya wartawan televisi dan media cetak. Terganggu? "Enggak *tuh*!" kata mantan dosen Jurusan Sosiologi FISIP UI itu.

Rabu malam, Dono sudah pulang ke rumah, tetapi dia masih harus cek secara rutin untuk menjaga supaya tumor di atas bokong kanannya itu tidak kambuh lagi.

Grup komedi Warkop yang dimulai sejak tahun 1970-an dari stasiun Radio Prambors itu pada awalnya terdiri dari Dono, Indrojoyo Kusumonegoro, Kasino Hadiwibowo, Nanu Mulyono, dan Rudy Badil. Yang terakhir ini bertahan tidak lama, begitu juga Nanu yang kemudian mencoba bersolo karier. Akhirnya, Warkop bertahan dengan trio Dono, Kasino, dan Indro. Nanu meninggal tahun 1983, sementara Kasino tutup usia tahun 1997. (BAS)

DONO WARKOP MENINGGAL DUNIA

(*Kompas*, 29 Desember 2001)

JAKARTA, *Kompas*—Komedian Wahjoe Sardono (50), yang lebih populer dengan nama Dono Warkop, tutup usia di Rumah Sakit St. Carolus, Jakarta, Minggu (30/12/2001), pukul 00.50 dini hari. Dono yang menderita kanker paru-paru dilarikan ke St. Carolus sekitar pukul 04.00 hari Sabtu dari rumah salah seorang anggota keluarganya di Bogor.

Sejak bulan Ramadhan, Dono yang belakangan sibuk *shooting* sudah beberapa kali menjalani perawatan. Dia juga sudah menjalani operasi tumor di Rumah Sakit Kramat, Jakarta, pada 25 September 2000. Sejak itu, mantan dosen Jurusan Sosiologi FISIP UI itu juga sempat bolak-balik ke dokter untuk menyembuhkan penyakitnya.

Namun Tuhan Yang Maha Esa berkehendak lain. Sejak penyakitnya kambuh kembali bulan puasa lalu, kondisi kesehatan pria kelahiran Solo, 30 September 1951, itu makin memburuk. Pada saat-saat terakhir, dokter-dokter di St. Carolus masih mencoba mengeluarkan cairan yang sudah memenuhi kedua paru-parunya.

Sejak pagi hingga malam Sabtu, puluhan handai taulan, rekan-rekan seprofesi, dan *civitas academica* FISIP UI berdatangan menjenguk Dono. Sampai sekitar petang hari, Dono masih mampu mengenali satu per satu penjenguk sekalipun napasnya sudah tersengal-sengal.

"Sebagai dosen, Dono termasuk bagus kalau sedang memberikan kuliah," ujar salah seorang rekannya sesama dosen di masa lalu, Prof. Dr. Paulus Wirotomo.

Sosiolog yang pernah mengajar mata kuliah Pengantar Sosiologi yang diasuh Prof. Dr. Selo Soemardjan itu meninggalkan tiga putra, yakni Andiko Ario Seno (21), Damar Canggih Wicaksono (15), dan Satrio Sarwo Trengginas (9). Istri Dono, Titi Kusumawardhani, tutup usia dua tahun yang lalu akibat kanker payudara.

Grup komedi Warkop yang dimulai sejak tahun 1970-an dari stasiun Radio Prambors itu pada awalnya terdiri dari Dono, Indrojoyo Kusumonegoro, Kasino Hadiwibowo, Nanu Mulyono, dan Rudy Badil. Yang terakhir ini bertahan tidak lama, begitu juga Nanu yang kemudian mencoba bersolo karier. Akhirnya, Warkop bertahan dengan trio Dono, Kasino, dan Indro. Nanu meninggal tahun 1983, sementara Kasino tutup usia tahun 1997.

Sampai berita ini diturunkan belum ada kepastian di mana Dono akan dimakamkan. Namun, anak-anaknya, menurut adik Dono, Tri Sudiastuti, menginginkan Dono dimakamkan di Solo.

Jenazah disemayamkan di rumah ibu mertua, Ny. Sudarto Prawiro Negoro, di Jalan Lenteng Agung Raya, Nomor 131, Jakarta Selatan. (BAS/RTS)

DONO WARKOP DIMAKAMKAN DI TPU TANAH KUSIR

(*Kompas*, 31 Desember 2001)

JAKARTA, *Kompas*—Dihadiri ratusan pelayat dari berbagai kalangan, jenazah komedian Wahjoe Sardono—atau biasa dikenal sebagai Dono Warkop—dimakamkan di TPU Tanah Kusir, Jakarta Selatan, Minggu (30/12) siang. Sebelumnya, sekitar pukul 11.45, jenazah lelaki kelahiran Solo, 30 September 1951, ini terlebih dahulu disembahyangkan di Masjid Jammi Nurul Huda, yang berjarak sekitar 200 meter dari rumah duka di Jalan Lenteng Agung 131, Jakarta Selatan.

Upacara pemberangkatan jenazah menuju ke peristirahatan terakhir, di TPU Tanah Kusir, dipimpin rekan seprofesinya, Indrojoyo Kusumonegoro alias Indro Warkop. Usai prosesi pemakaman, Indro—yang saat itu menggunakan pakaian dan peci berwarna hitam—mengatakan, ia tidak tahu bagaimana Warkop di masa datang. Ia hanya memastikan bahwa dirinya tidak akan membentuk Warkop baru. "Saat ini Warkop hanya tinggal saya sendiri," kata Indro.

Tidak membentuk Warkop baru dengan mengganti personel Warkop yang telah tiada, menurut Indro, sesuai dengan "pesan terakhir" Dono sendiri. Indro bercerita, beberapa waktu lalu, ia pernah berkata kepada Dono bahwa Warkop mendapat tawaran untuk acara malam Tahun Baru dan Halal Bihalal. Menyadari kondisinya yang sedang sakit, Dono mengatakan agar Indro saja yang memenuhi undangan-undangan tersebut. Indro merasa keberatan. Namun, oleh Dono ia diberi tahu bahwa masing-masing personel Warkop adalah Warkop. "*Lo*, Warkop. Indro Warkop," ujar Indro menirukan ucapan Dono.

Selain "pesan terakhir" Dono tersebut, tidak membentuk Warkop baru juga sesuai dengan prinsip Indro bahwa dunia komedi tidak bisa direkayasa untuk memunculkan pelawak-pelawak baru. "Seorang pelawak hadir dengan sendirinya," demikian Indro.

Aktif

Dalam pandangan Dedy Gumelar alias Miing "Bagito", Dono adalah orang *simple*, praktis, dan memiliki spontanitas tinggi. Selain itu, Dono adalah orang aktif. "Saat sedang di hotel, Dono sudah tidak ada di kamar pada pukul tujuh pagi, ia gunakan untuk jalan-jalan. Saat balik ke hotel, ia sudah keringatan," kenang Miing.

Dedy Mizwar mengatakan, kepergian Dono tidak bisa tergantikan. Hal ini, menurut Dedy, karena para pelawak adalah orang-orang yang memiliki kekhasan masing-masing. Pemeran utama dalam film *Naga Bonar* itu mengakui bahwa Dono memiliki peranan penting dalam perkembangan dunia lawak.

Selain dihadiri artis, seperti Miing, Dedy Mizwar, Sys Ns, Renny Djajoesman, Didin "Bagito", Taufik Savalas, Eko Patrio, dan Nani Wijaya, juga tampak sejumlah rekan dan kolega almarhum dari FISIP UI. Di antaranya Prof. Dr. Juwono Sudarsono, Prof. Dr. Paulus Wirotomo, serta rekan-rekan Dono dari Mapala UI. Pemakaman Dono Warkop juga dihadiri mereka yang berasal dari kalangan biasa.

Keterikatan orang-orang biasa dengan Dono juga terlihat ketika iring-iringan jenazah berjalan menuju TPU Tanah Kusir. Banyak dari mereka yang berasal dari kalangan biasa itu berdiri di tepi jalan untuk melihat iring-iringan kendaraan jenazah. (M11)

SOAL JIPLAK DAN PROTES PENYU

SUATU waktu sekitar 12-an tahun lalu, saya bersama Arianto Toegiyo atau Anto Gabuk mengajak Dono Warkop ke pantai selatan Jawa Barat di Ujunggenteng, Sukabumi Selatan, untuk sekadar rileks dan santai, menikmati suasana sepi dan indahnya pantai selatan dan mengintip penyu laut naik ke pantai dan bertelur.

Dono kontan oke karena suasana Jakarta di awal tahun 1998 itu sudah memanas, bukan karena dollar sudah melejit Rp15.000-an per keping dollar AS, tapi juga kekuasaan Orde Baru kian hari kian meruncing dan rasa-rasanya mendekati titik ledaknya.

Perjalanan darat yang jauh membawa kami ujung-ujungnya ngobrolin Warkop juga. "Kita sebaiknya *sharing* soal *jokes*, ya soal lelucon dan guyonan itu lho. Gua pernah tersinggung, tapi tidak mungkin marah karena Warkop *kite*, ya *elo* juga ikutan, kan, he-he, dituduh tukang jiplak bahan guyon untuk cari duit dan kaya sendiri," katanya mewakili Kasino dan Indro.

Tukang jiplak, plagiator, atau tukang tiru, mengikuti materi pembicaraan orang atau kelompok lain untuk dijadikan bahan leluconnya. "*Bayangin* guyonan soal marga Tapanuli yang angin Siregar, banyak Tobing tinggi, jalanan naik dan Manurung, dikejar si Rajaguguk sampai bikin baju ke Panjaitan, katanya Warkop menjiplak dari suatu kelompok lawak *ngetop*, lha susah dikasih tahu. Mereka minta Warkop minta maaf, mungkin UUD—ujung-ujungnya duit—karena mereka menyebut betapa kaya rayanya kita merekam bahan itu, kasetnya pun *ngetop* gara-gara bahan lawakan yang *dibawain* si Tulloh Nanu," ujar Dono lebih-kurang begitu.

Kami pun tertawa lebar, tidak mau berkomentar panjang soal tuduhan jiplak-menjiplak itu. Sebab, guyonan "marga Tapanuli" yang berbau "ejekan suku bangsa" atau *ethnic slur* itu sungguh bahan contekan dari mata kuliah folklor Indonesia di Jurusan Antropologi FS UI tahun 1972-an dari Prof. Dr. James Danandjaja.

Dari dokumentasi yang ada, guyonan atau leluconan yang "dijiplak" Warkop itu tercatat mulai dikenal mahasiswa UI sejak akhir tahun 1960-an. Saat itu dalam dunia gerakan dan aktivitas mahasiswa, kawan-kawan aktivis mahasiswa asal Tapanuli tiba-tiba naik daun namanya. Khususnya marga Tapanuli yang saat 1960-an itu *ngetop*, antara lain Batubara, Napitupulu, Simorangkir, Sihombing, Tobing, Siregar, Rajaguguk, dan lainnya lagi.

"Itu buat kalangan kita, kan, sudah tahu, tapi teman kelompok lawak yang menuntut Warkop harus minta maaf, kan, sulit *diceramahin* soal disiplin ilmu folklor yang serba sok tahu akademis itu," begitu Dono menyanggah. Sebab, dalam tinjauan akademis, bercandaan lisan suku bangsa itu tercatat sebagai salah satu dari tujuh kategori *jokes about nationalities* atau lelucon bangsa.

Kebakaran di Samarinda, Pemalang, Jakarta

...tahun sebelumnya. Film itu per episode berdurasi 70 menit dengan cerita lepas."

Sambil begadang dan menunggu berjam-jam penyu mendarat di pantai gelap, Dono banyak berkisah soal profesinya. Dia bersama Indro memikirkan apakah film Warkop di stasiun *Indosiar* bakal terus ditayangkan atau tertunda akibat krisis moneter. "Kalau rupiah terus melemah, lalu film komedi dihentikan, apa lagi hiburan buat masyarakat ya?" tanyanya. "Kapan dollar turun? Kapan penyu naik?"

Penyu hijau yang dinanti-nanti memang naik ke darat sejenak, lalu kembali ke laut bebas lagi. Tak ada yang mau menggali lubang dan bertelur. Dono tak mau disalahkan. "Bukan gara-gara sorotan senter *gue*, tapi gara-gara nilai dollar;" ujarnya tanpa sadar suaranya mungkin menakutkan penyu. **(bd)**

***

RUPANYA nyaris tak ada tempat aman bagi **Dono Warkop** (Drs Wahjoe Sardono, 47), meski dia pergi ke pantai Ujunggenteng, di ujungnya Sukabumi Selatan sekalipun. "Yah *tengsin* (ketahuan – **Red**) lagi," katanya, saat serombongan pemuda nelayan datang menyapa dan meminta tanda tangannya, malam Selasa (20/1) lalu.

Dono ke pantai selatan sepi ini, tanpa maksud mau *nyepi* atau tirakatan, apalagi minta berkah di suatu makam keramat. Dia cuma mau menyaksikan penyu bertelur di pantai Pangumbahan. "Mumpung

Dono Warkop

Adapun lelucon dan anekdot Indonesia, menurut tulisan Danandjaja dalam buku *Folklor Indonesia–Ilmu Gosip, Dongeng dan Lain-lain* (Temprint, 1984) itu ada anekdot agama, lelucon seks, lelucon suku bangsa, lelucon politik, lelucon tentang angkatan bersenjata, lelucon orang pandai, dan lelucon kolektif lainnya. Materi folklor itu dianggap sebagai bahan lisan yang ada di masyarakat, diucapkan dan dikisahkan lisan sebagai bahan lelucon atau sindiran. Juga bahan folklor ini jarang sekali diketahui siapa penciptanya. Malah beberapa materi dianggap memiliki kesamaan, karena ada kesamaan dan sifatnya boleh dikata universal.

Lelucon folklorik itu secara tradisional sudah ada, entah siapa memulainya dan kisah lisan itu beredar dan berkembang karena ada kelompok masyarakat pendukungnya. Kalau membaca pustaka khusus soal folklor Indonesia, ternyata bukan hanya menjelaskan kisah lisan tentang hal-hal lucu saja, tetapi juga menceritakan kisah suci, kisah setan, takhayul, dan dongeng rakyat—termasuk teka-teki dan nyanyian anak-anak.

Dono seringkali menyatakan dirinya selalu hati-hati dan menjauhi konflik kepentingan dengan pihak lain, terutama pendengar obrolan bercandaan Warung Kopi di rekaman kaset, pertunjukan, ataupun film dan siaran sinetron televisi.

"Sejauh ini belum ada protes yang begitu keras seperti tuduhan menjiplak dan minta bagian royalti itu. Untung saja PWI tidak protes karena aku suka guyoni kisah wartawan yang kalau mau intim dengan istrinya selalu bilang: aku mau mengetik. Lalu istrinya menolak dengan jawaban: pita mesin tulisnya lagi merah. Besoknya si wartawan tanya, jawaban sama: pita

Dok. Indro Warkop

masih merah. Tiga hari kemudian istrinya mulai gemas dan bertanya: Enggak mau *ngetik* Mas, pita tintanya *udah* normal. Wartawan pun menjawab: Wah, aku sudah tulis tangan kok," begitu ucap Dono alias Wahjoe Sardono yang selalu guyonan.

Dono juga menuturkan bahan lawakannya tentang P4, di zaman keras-kerasnya P4 bagi semua warga Indonesia. Zaman itu Warkop pernah membawakan materi kocak itu dengan porsi yang benar, tidak bermaksud menghina suatu golongan atau kelompok masyarakat, pokoknya kagak SARA, kagak *nyinggung* suku bangsa, agama, ras, dan antargolongan. Misalnya Warkop menuturkan betapa salahnya manggala P4 mendidik peserta dengan gambar dan foto. Saat mereka memperlihatkan lambang garuda malah bilang "burung nuri nengok kanan", atau saat diperlihatkan gambar R.A. Kartini, malah *nyebut* "Nyonya Meneer" yang terkenal kuat karena perempuan itu sudah berdiri... sejak tahun 1918.

Penyu Sedollar Rp15.000

"Aku akan ajak teman-teman kampus mau bikin disiplin baru, ya semacam sosiologi lawak gitulah, atau ilmu baru yang *nerusin* folklor, ya ilmu guyon atau guyonologi, ya enggak?" tanya Dono yang berlatar belakang disiplin sosiologi. Dono merasa, pengalamannya muncul di corong radio, di panggung, dan di muka sorotan kamera film selama hampir 25 tahun, sudah banyak mengenyam asam garamnya dunia komedi Indonesia.

Paling tidak, menurut Dono Warkop, mereka dan grup pelawak lainnya harus saling menyumbang ide dan gagasan. Terutama berbagi pengalaman perihal perilaku audiens, sehingga tiap individu dan kelompok lawak paling tidak sudah punya pegangan siapa dan bagaimana khalayak pendengar dan penontonnya. "Tentu sambil tukar-menukar bahan lawakan bermutu, juga tidak *nyinggung* dan *ngeguyonin* hal berbahaya, soal SARA itu. Aku juga kurang berkenan karena di kalangan pelawak sendiri yang ada cuma soal sirik-sirikan serta klaim-klaiman kalau si A *ngejiplak*, si B hanya fotokopi, si C kayak beo yang *niru* bunyi doang," begitu kira-kira kata Dono.

"Sebab, masyarakat Indonesia masih butuh dan perlu adanya guyonan sebagai katup peletup rasa kejenuhan dan impitan kejiwaan yang kita bilang *sutres* atau stres itu *loh*," begitu ujar Dono yang terus terang tersinggung kalau disapa bemo. "Mau *diapain* lagi, gigi gua *udah* dari sononya *dah gitu* kok. Nama bemo itu pemberian Nawi Ismail sejak film *Mana Tahaaan...* menjadi cap diri Dono Warkop. Sedangkan Kasino enggak *ngetop* dengan nama julukan Seki yang artinya pesek idung. Indro juga kagak terkenal sebagai Indro Gundul, padahal rambutnya makin kedorong ke belakang dan pelan-pelan klimis."

Saat itu Dono mengaku masih meneruskan sinetron *Malu-malu'in* bersama Indro. Komentarnya soal sinetron Warkop yang dianggap pengamat masih berkadar agak ecek-ecek, "Di sini kita diuji antara realitas dan idealisme. Meski gua akui hanya mengikuti permintaan pasar dan produser, gua pikir itu salah satu trik promosi agar Warkop tetap eksis dan menjaga hubungan dengan penggemarnya. Ya *gimana*, kami kan profesional komedian," kata Dono yang saat itu bisa menjabarkan betapa film Warkop di tayangan televisi mampu bertahan selama belasan tahun. "*Gak* sombong, film kami mirip tontonan wajib selama hari Idulfitri, kayak ketupat dan opor lebarannya."

Soal jiplak-menjiplak?

Silakan saja selama jiplakannya lebih bagus.

"Artinya ada pengembangan, *developing*. Artinya sang penjiplak itu lebih kreatif sehingga bahan standar dan sudah dikenal umum itu menjadi kemasan baru yang lebih segar dan tentunya lebih lucu, ya enggak ya enggak," sekitar begitulah kilahnya Dono.

Jadi bikin guyonologi?

"Itu kan baru ide dan akan aku tanya ke rekan-rekan lainnya, kalau bisa sih dengan grup pelawak muda yang sudah makin banyak. Nanti aku ajak Indro. Dia kan lebih muda," begitu gaya *ngeles* Dono.

Perjalanan di pasir Pantai Pangumbahan selewat tengah malam, kami bertiga yang ditemani penduduk setempat berusaha mencari penyu naik ke pantai dan bertelur. Akhirnya ada seekor betina naik ke pantai, lalu melepaskan 100-an telurnya yang kemudian dikubur pasir, maksudnya biar menetaskan tukik-tukik penyu hijau lagi.

"Gua tahu kenapa penyu yang biasanya puluhan kini hanya dua ekor yang naik ke pantai, he-he, karena *tengsin* dan malu sama dollar yang naik terus, tiap hari naik terus. Penyu berhak protes juga kan. Jadi kapan beresnya republik kita ini, dollar naik terus dan penyu saja enggak betah dan tahu gelagat itu," kata Dono di bulan Januari 1998, kala kurs satu dollar AS sekitar Rp15.000. Begitulah gaya Dono yang protes ikut-ikutan penyu, *nyook*!

(Arianto T dan Rudy Badil)

Bagian 5

Dok. Indro Warkop

Melawak di Tengah Perubahan Zaman

Frans Sartono

BAHWA menjadi seniman komedi itu adalah hak azasi manusia, dan oleh sebab itu seniman komedi di tanah air ini harus dilestarikan....” Itu adalah bagian kalimat dalam Rancangan Mukadimah Anggaran Dasar Persatuan Seniman Komedi Indonesia (PaSKI), pada 21 April 2005.

Rancangan naskah itu dibacakan oleh Djathi Kusumo, pelawak yang pernah membentuk grup lawak Kwartet S. Kalimat Djathi mendapat interupsi dari seorang anggota grup lawak Elbeha—Lembaga Bantuan Humor. Dia mempertanyakan soal subjek yang harus dilestarikan itu.

”Yang dilestarikan itu seniman atau seninya Pak?”

Interupsi itu diterima dan redaksi mukadimah pun diubah menjadi ”... dan oleh sebab itu seni komedi di tanah air ini harus dilestarikan dan dikembangkan karena bagian dari budaya bangsa....”

Interupsi naskah Mukadimah itu tidak terjadi di pentas lawak, tetapi di acara Musyawarah Seniman Komedi Indonesia I yang digelar di ruang Kirana, Hotel Kartika Chandra, Jakarta. Musyawarah mengukuhkan berdirinya PaSKI. Musyawarah juga memilih Indrojoyo Kusumonegoro alias Indro Warkop sebagai Ketua Umum Paski. Dedi "Miing" Gumelar terpilih sebagai Sekretaris Jenderal, sedangkan Tarzan dan Eko Patrio masing-masing menjabat Wakil Ketua I dan II.

Suasana musyawarah memang diwarnai gelak tawa. Akan tetapi, ketika tiba waktu pembahasan materi, mereka bisa serius. Musyawarah dihadiri sekitar 260 pelawak. Di antara mereka waktu itu terdapat nama-nama lama seperti Edy Gombloh, Eddy Sud, Us Us, Otong Lenon, John Tralala, John Sapulete, Timbul, Tarzan, Marwoto, Mamiek Prakosa, sampai Memet Mini.

Ada juga pelawak generasi "pertengahan" seperti Mandra, Parto dan Eko Patrio, Derry, Sion Gideon, sampai Taufik Savalas. Hadir juga hampir seluruh pelawak peserta kontes lawak Audisi Pelawak TPI (API) seperti SQL, SOS, Limau, Hoki, Glopot, dan lainnya yang diam-diam menyimpan potensi besar sebagai pelawak.

Begitulah seniman komedi mendirikan organisasi untuk membenahi profesi mereka di dunia lawak yang saat ini telah menjadi bagian penting dari industri hiburan di Indonesia. Miing Bagito, yang bersama Tarzan dan sejumlah pelawak lain menggagas musyawarah tersebut, menginginkan lawak diperlakukan sebagai pekerjaan profesional layaknya profesi lain di jagat hiburan.

"Kami tidak ingin lagi ada pelawak yang sakit lalu mengedarkan *list* untuk meminta bantuan," kata Miing.

Selain masalah kesejahteraan, PaSKI nantinya juga akan membenahi sumber daya para pelawak. Alasannya, peta industri hiburan telah berubah. Stasiun televisi nasional yang kini berjumlah 11, ditambah beberapa stasiun televisi lokal, dilihat Miing sebagai bagian dari lahan yang terbuka lebar bagi para komedian.

Pasar berubah, kelompok masyarakat Indonesia baru bertumbuhan, termasuk kalangan *the new rich.* Generasi baru konsumen hiburan bermunculan. Mereka adalah generasi yang tidak mengenal Basiyo, Kwartet Jaya-nya Bing Slamet, Bagyo, dan Srimulat. Mereka menyerap beragam format komedi mulai dari lawakan *stand-up comedian*, tampilan komedian tunggal, hingga *sitcom*, komedi situasi.

Dok. Indro Warkop

Implikasi perubahan tersebut, pelawak harus berbicara dengan bahasa lawak yang baru. Mereka juga harus menyesuaikan dengan manajemen modern yang berlaku dalam industri hiburan yang menuntut kecepatan produksi. Mereka dituntut untuk lebih sigap tampil di berbagai format tampilan di depan penonton yang berbeda. Dan yang penting, mereka dituntut untuk tetap lucu di segala situasi.

"Kami ini kan enggak ada sekolah untuk meningkatkan *skill* dan *knowledge* (keterampilan dan pengetahuan). Organisasi itu nantinya diharapkan menjadi fasilitator untuk meningkatkan sumber daya pelawak," kata Miing.

PaSKI, seperti dikatakan Indro, nantinya akan memberi pengetahuan seputar manajemen, asuransi, selain juga kemampuan seni peran. Indro, misalnya, mempunyai gagasan untuk memberi pengetahuan seputar tata krama di meja makan atau *table manner* kepada para pelawak.

"Selain bisa menjadi bekal mereka dalam pergaulan sosial, *table manner* itu nanti kan bisa jadi bahan lawakan," kata Indro.

Table Manner

Table manner, budaya yang menabukan makan dengan cara *dipuluk* dengan tangan telanjang itu, bisa dilihat sebagai penanda perubahan zaman. Indro seperti melihat adanya semacam pergeseran (atau pelebaran) wilayah yang harus dilayani pelawak. Dagelan seputar *cap jae*, atau cap cay yang sering terdengar di pentas Srimulat itu, harus disesuaikan dengan kelas masyarakat pemilik kultur *table manner*.

Selama ini pelawak masih dalam posisi menonton masyarakat pemilik kultur *table manner*. Mereka berada di pinggir panggung kehidupan kelompok masyarakat tersebut. Mereka belum masuk ke dalam kultur itu. Yang lahir kemudian adalah lelucon kreatif hasil kegagapan pelawak terhadap budaya "baru". Muncullah, misalnya, lelucon *coffee shop* yang oleh Kadir diartikan sebagai "kopi campur sop".

Srimulat di zaman Edi Geyol sering melontarkan lawakan yang berangkat dari kegagapan sosial serupa. Dia, misalnya, bertindak sebagai tamu yang berlagak menolak tawaran makan siang. Dia beralasan, baru saja dari restoran. Ketika tuan rumah membatalkan tawaran makan itu, Edi Geyol berbalik meminta makan karena di restoran dia hanya *nunut ngeyup*, numpang berteduh.

Lawakan yang berangkat dari kegagapan budaya semacam itu masih banyak dilontarkan pelawak dan masih banyak yang tertawa. Masalahnya, sampai kapan tawa itu terdengar di tengah kondisi masyarakat yang berubah cepat.

Sebagai pelawak yang berangkat dari kultur masyarakat ludruk tradisional, Tarzan mengaku harus banyak belajar mengenal segmen penonton baru. Pelawak yang berangkat dari kultur *tobong-bedeng* yang digunakan untuk pertunjukan tradisional harus berhadapan dengan panggung yang lebih besar bernama televisi yang berskala nasional.

Masalah sosial ekonomi dan kultural dari masyarakat agraris yang biasa menjadi bahan guyonan di pentas lawak tradisional kini hanya menjadi bagian lawakan. Mereka harus melakukan transformasi materi lawakan agraris untuk masyarakat industri modern yang lebih kompleks.

Tarzan menyadari keterbatasan pendidikan formalnya, dan untuk itu dia terbuka terhadap hal baru. Misalnya dengan banyak membaca berita tentang berbagai aspek kehidupan. Membaca berita masalah hukum atau kedokteran, misalnya, bagi Tarzan akan berguna sebagai pengetahuan pribadi, selain juga bisa menjadi amunisi di pentas lawak.

"Kami memang dituntut untuk belajar dari keadaan ini. Tapi, pada akhirnya yang bisa menghasilkan tawa itu adalah mereka yang tanggap dengan situasi. Kami yang berasal dari pelawak tradisional ini menang di jam terbang yang terlatih untuk tanggap. Saya misalnya, sering berlagak *sok pinter* tapi keliru dan *gerr...*," kata Tarzan.

Jam terbang dan bakat alam yang dibawa seniman lawak tradisional itu memang diperlukan. Akan tetapi, menurut Us Us, untuk menghadapi industri hiburan yang terus berkembang, pelawak harus mau banyak belajar soal ilmu pemanggungan. Spontanitas, kata pelawak dari grup D'Bodor itu, tetap diperlukan karena tanpa kemampuan tersebut pelawak akan terlihat kaku, tidak responsif dengan reaksi audiens.

"Pelawak juga perlu naskah. Kami memerlukan *script writer*, penulis naskah, agar tidak stagnan dan terhindar dari pengulangan materi. Kita gabungkan naskah dengan kemampuan improvisasi," kata Us Us sambil memberi contoh Bob Hope yang memanfaatkan kekuatan naskah dan improvisasi spontan.

Pelawak Generasi Cakep

Warkop, dan kemudian Bagito, dianggap sebagai grup lawak yang mulai tanggap dengan perkembangan atau pergeseran pasar. Mereka mulai menggunakan naskah. Dari cara berpakaian, misalnya, mereka juga mulai menggunakan pakaian resmi, termasuk jas. Oleh pengamat lawak Arswendo Atmowiloto, mereka disebut sebagai pelawak dari generasi cakep—setidaknya dari sisi penampilan. Akan tetapi, materi lawakan sebagian masih menyisakan bau agraris warisan generasi Srimulat.

Para pelawak atau komedian itu kini sedang menata diri di tengah pergeseran segmen. Tapi, sebenarnya apa yang mereka hadapi lebih kompleks.

Mereka berada di tengah masyarakat yang setiap hari diberi suguhan berita tentang para maling nasional itu. Mereka seperti kehilangan bahan lawakan karena maling-maling itu kadang lebih lucu.

Boleh jadi mereka perlu belajar dari masa renaisans. Ketika itu Erasmus (1466-1536), dalam *Moriae Encomium*, menyodorkan sastra yang dengan cerdik melawan dogma-dogma yang dianggapnya mengekang manusia. Humor, ketika itu, menjadi senjata ampuh untuk membebaskan manusia dari degradasi Abad Kegelapan.

Erasmus tentu bukan pelawak, tapi situasi yang dihadapi lebih-kurang sama. Pelawak yang tergabung dalam PaSKI itu kini sedang berada di tengah meriahnya industri hiburan di tengah negeri yang sedang berada di alam "abad kegelapan". Rakyat menunggu lelucon mereka.

Dok. Deny Sakrie

Main dalam pergelaran Guruh Sukarnoputra bersama Swara Maharddhika, 1979.

Inspirator Kelompok Humor

Dahono Fitrianto

Kelompok komedi Warkop DKI boleh saja disebut sudah selesai sejak dua dari tiga personelnya, yakni Dono dan Kasino, meninggal dunia. Namun, jauh setelah trio lawak tersebut vakum dari dunia pentas komedi Indonesia, pengaruh gaya melawak mereka masih terasa pada grup-grup lawak yang bermunculan setelah itu.

Bahkan, dua grup lawak yang sedang berada di puncak popularitas saat buku ini ditulis pertengahan 2010, yakni Project Pop dan Bajaj Group, mengakui hingga saat ini belum ada lagi grup lawak yang bisa menandingi atau bahkan menyamai Warkop DKI. "Jujur aja belum ada grup lawak sebesar Warkop lagi sampai sekarang," tutur Isa Wahyu Prastantyo. Pria 29 tahun itu dikenal publik sebagai Isa Bajaj. Di kelompok Bajaj Group ia yang paling gede badannya dan berambut *grib* alias gondrong kribo.

Project Pop bahkan mengakui, meski gaya melawak mereka yang menggabungkan lawak dan menyanyi disebut-sebut menyamai gaya Warkop zaman dulu, sebenarnya mereka hanya melakukan sebagian kecil saja dari yang pernah dikerjakan Warkop.

Dok. Indro Warkop

"Kalau kami sejak masih bergabung dengan P-Project (perkembangan dari kelompok lawak Padhyangan, yang merupakan grup lawak mahasiswa dari Fakultas Sastra Universitas Padjadjaran dan FISIP Universitas Katolik Parahyangan, Bandung), sudah dirancang untuk menyanyi. Dan P-Project itu mengkhususkan diri pada parodi. Hanya parodi saja. Sementara kakak-kakak Warkop itu apa pun sudah dilakukan. Parodi lagu, parodi orang, melawak, *stand-up comedian*, sudah pernah semua," ungkap Djoni Permato alias Udjo, yang diamini para anggota Project Pop lainnya.

Udjo menambahkan, Warkop menjadi pelopor gaya melawak seperti itu. "Pionir gaya melawak seperti itu, ya, Warkop. Baru setelah itu kita kenal sama mas-mas Bagito dan sebagainya," katanya.

Bagaimana para pelawak masa kini itu memandang Warkop DKI? "Yang pertama pasti (mereka itu) legenda! Dan yang pasti mereka *multitalented.* Mereka enggak cuma *ngelawak* yang ngomong-omong, tetapi juga bernyanyi,

Dok. Indro Warkop

berakting, bermain film, dan di panggung mereka juga *ngemsi*. Lengkap. *Multitalented* bangetlah tiga orang itu." kata Kartika Rachel Panggabean, atau lebih akrab dipanggil Tika, satu-satunya anggota perempuan di Project Pop.

Isa Bajaj juga memandang Warkop sebagai legenda dunia hiburan, khususnya lawak, di Indonesia. "Dan mereka itu kompak banget. Bisa dikatakan mereka adalah grup yang tidak pernah bubar," tutur Isa.

Menurut Isa, saat pelawak zaman sekarang banyak yang jatuh pada lawakan *slapstick* untuk memancing tawa penonton, Warkop sejak dibentuk pada 1973 konsisten tidak pernah melakukan lawakan fisik yang kadang merendahkan martabat manusia itu.

"Lawakan Warkop adalah lawakan-lawakan intelek. Lelucon-leluconnya berkarakter dan tidak pernah mengatai-ngatai atau menyakiti orang. Di film memang mereka terlihat *slapstick*, tetapi sebenarnya lawakan-lawakan me-

Dok. Project Pop

reka tidak pernah *slapstick*," imbuh Melky Balipa Emil, 27 tahun. Melky adalah anggota Bajaj yang lain.

Warkop Jadi Inspirator

Baik Project Pop maupun Bajaj mengakui, dalam beberapa hal Warkop menjadi inspirator mereka. Bahkan, banyak orang membanding-bandingkan mereka dengan Warkop karena ada beberapa persamaan.

Yang paling mendasar, baik Project Pop maupun Bajaj sama-sama berangkat dari grup lawak di lingkungan kampus, persis seperti awal berdirinya Warkop DKI, yang berasal dari Universitas Indonesia. "Warkop itu inspirasi. Atau tepatnya inspirator. Inspirator dalam arti kata dia sama-sama

Dok. Indro Warkop

mulai dari kalangan mahasiswa, sama seperti kami. Jadi Warkop itu mahasiswa yang melawak, atau mahasiswa yang menghibur," papar Udjo.

Project Pop adalah regenerasi dari kelompok lawak yang lebih senior, yakni P-Project. P-Project sendiri adalah perkembangan dari kelompok yang lebih tua lagi, yakni Padhyangan, yang dibentuk pada 4 Desember 1982. Mereka adalah sekumpulan anak-anak kampus yang awalnya sering bermain parodi dan kabaret pada acara-acara kampus.

Para personelnya adalah mahasiswa Fakultas Sastra Universitas Padjadjaran dan Fakultas Ilmu Sosial dan Ilmu Politik (FISIP) Universitas Katolik Parahyangan. Nama Padhyangan didapatkan dari menggabungkan nama universitas terkemuka di Kota Bandung, Jawa Barat, itu. Kita tentu masih ingat anggota mereka saat pertama kali beredar di stasiun-stasiun televisi swasta nasional periode 1990-an, seperti Iszur Mochtar, Denny Chandra, Daan Aria, Iang Dharmawan, Joehana, dan Wawan Hanura.

Dok. Dahono F

Project Pop sendiri berdiri sebagai sebuah regenerasi agar kelompok Padhyangan tetap eksis di dunia hiburan. Para personelnya adalah: Gumilar Nurochman (Gugum), Wahyu Rudi Astadi (Odie), Mochammad Fachroni (Oon), Kartika Rachel Panggabean (Tika), Djoni Permato (Udjo), Hermann Josis Mokalu (Yosi), dan Hilman Mutasi (Hilman). Hilman hanya bergabung sebentar. Seusai album pertama, dia memilih keluar, sehingga personel Project Pop tinggal berenam seperti kita kenal sekarang.

Sementara Bajaj Group terbentuk di kampus Universitas Indonusa Esa Unggul (UIEU) di Jakarta Barat. Isa berasal dari Jurusan Periklanan (Advertising), sementara Melky dan Raden Asep Saepuloh atau Aden Bajaj adalah teman sejurusan di Jurusan Penyiaran (Broadcasting).

Mereka dibentuk resmi dengan nama Bajaj untuk keperluan mengikuti acara Audisi Pelawak TPI (API) di stasiun televisi TPI, 2005 lalu. Mereka kemudian menjadi salah satu juara acara pencarian bakat tersebut.

Namun, jauh sebelum mengikuti API 2005, trio Isa-Melky-Aden sudah populer di kalangan teman-teman kampusnya. "Kami sering didaulat jadi MC di acara-acara kampus untuk memeriahkan suasana karena sudah terkenal suka *ngocol*," kata Aden.

Menjadi MC merupakan bentuk lain yang menyamakan mereka dengan Warkop DKI. Demikian juga Project Pop, yang sebagian personel atau bahkan semua pernah juga dipercaya menjadi MC.

Tidak hanya itu, kepeloporan Warkop yang merekam lawakan-lawakan dan lagu-lagu parodinya dalam kaset juga dilakukan P-Project, sebelum kemudian diteruskan Project Pop. Bedanya, jika P-Project merilis album berisi lagu-lagu parodi melulu, atau memelesetkan lagu-lagu yang sudah terkenal, Project Pop memilih membuat lagu-lagu mereka sendiri.

Di bawah bendera Musica Studios, Project Pop sudah menelurkan delapan album, yakni *Lumpia vs Bakpia*, *Tu Wa Ga Pat*, *Bli Dong Plis*, *PopOK*, *POP Circus*, *Six-A-Six*, *Top Of The POP*, dan *YOU GOT Project POP*.

Lalu, jika Warkop DKI sudah bermain dalam 34 film sepanjang kariernya, Project Pop pun mulai merintis keberuntungan di dunia layar perak itu dengan membintangi film *Laskar Pemimpi* garapan sutradara Monty Tiwa. Dalam film yang *shooting*-nya dikerjakan di Yogyakarta, Semarang, Magelang, pada Juni 2010 itu, para personel Project Pop berperan sebagai pejuang kemerdekaan RI pada masa Agresi Militer Belanda II tahun 1948-1949.

Jika Project Pop mengikuti jejak Warkop DKI di film, beda lagi dengan Bajaj. Trio ini memilih terjun ke dunia akting melalui sinetron, yang masih merajai tayangan televisi Indonesia sejak dekade lalu. Bahkan, nama mereka terangkat tinggi-tinggi saat bermain dalam sinetron *Para Pencari Tuhan* karya produser/sutradara Deddy Mizwar.

Tahun 2010, sinetron sukses yang diputar hanya selama masa bulan Ramadan ini telah memasuki tahun ke-4. Dalam sinetron komedi ini, trio Bajaj berperan sebagai tiga bekas narapidana yang terdampar di sebuah musala di sebuah kampung, dan belajar ilmu agama dan makna kehidupan dari Bang Jack, marbut musala tersebut yang diperankan oleh Deddy Mizwar sendiri.

Isa, Aden, dan Melky mengakui banyak orang yang menyamakan mereka dengan Warkop DKI. Padahal, mereka sama sekali tidak berniat untuk meniru mentah-mentah kelompok lawak paling legendaris di Indonesia setelah Srimulat itu. "Pertama-tama karena kami formatnya bertiga juga. Terus kami juga membawakan lawakan-lawakan intelek anak kuliahan. Terus kami juga sempat siaran juga di Radio ARH Global. Jadi *dikatain* makin mirip deh sama Warkop," ujar Melky.

"Awalnya pas mau membentuk Bajaj sih kami enggak pengin jadi Warkop. Justru setelah jadi, orang-orang pada bilang kami mirip Warkop. Padahal, grup lawak, kan, banyak banget. Ada Bagito, ada Patrio, tetapi orang langsung mengasosiasikan kami dengan Warkop," kata Aden.

Bahkan, sosok Isa sering disebut-sebut sebagai Dono-nya Bajaj, karena karakternya mirip Dono di Warkop DKI. "Kebetulan gue *emang* paling suka sama Dono. Di sini jadinya mirip kayak Dono. Dapat peran yang sial-sial. Dijadiin 'sansak', he-he-he," papar Isa.

Meski mengaku tak berniat mengopi Warkop, mereka bertiga mengakui, tak bisa memungkiri pengaruh Warkop tetap ada, karena mereka sangat akrab dengan lawakan Warkop DKI sejak dulu. Bahkan Aden adalah seorang kolektor kaset-kaset rekaman Warkop DKI.

"Dari kecil memang sudah suka banget. Sampai *ngoleksi* kaset-kaset Warkop. Filmnya diputar ulang juga kami akan *nonton*, karena kami *seneng banget*," ungkap Aden.

Tumbuh dengan Lawakan Warkop

Begitu juga dengan para personel Project Pop, yang tumbuh dewasa dengan lawakan-lawakan Warkop. "Kami, *mah,* dari kecil sudah nonton film Warkop. Kami *nyebutnya* film 'Dono', bukan film Warkop. Kalau yang lahir tahun-tahun 1970-an pasti akan *ngalamin* masa itu. Kalau saya sih *emang* dari SD. Saya ingat banget, waktu SD kelas 4 nonton film mereka, *Mana Tahaaan...*, kalau enggak salah judulnya," kenang Tika Panggabean.

Adegan-adegan film Warkop itu pun menempel dalam memori mereka sehingga tak jarang keluar spontan menjadi ide membanyol saat mereka tampil *live* di panggung. "Adegan saat ada lagu pembuka yang mirip lagunya Pink Panther itu sering spontan kami praktikkan di panggung," kata Tika sambil menirukan gerak mengendap-endap para personel Warkop jika lagu itu terdengar.

"Dan jangan lupa, lagu Pink Panther itu pun mereka parodikan, karena tidak persis sama dengan lagu aslinya. Itulah salah satu kecerdasan mereka," timpal Odie, personel Project Pop yang bernama asli Wahyu Rudi Astadi.

Kalau Udjo, ia masih teringat betul dengan pembagian karakter para personel Warkop yang hampir selalu sama di semua film mereka. "Kalau ditanya adegan satu per satu yang masih *inget*, susah ya, soalnya banyak sekali, kan, film mereka itu. Kami cuma ingat karakter-karakternya saja. Kalau Kasino itu pemarah, Dono itu sial, kalo Indro selalu jadi pemicunya, pemancingnya," ujar Udjo.

Sementara Tika masih terkesan dengan keahlian Warkop memelesetkan lagu populer. Salah satunya adalah lagu Chris Manusama, *Kidung*. Larik pertama lagu itu yang aslinya berbunyi "tak selamanya, mendung itu kelabu..." dipelesetkan menjadi "tak selamanya doris itu callebaut...".

Para personel Bajaj juga masih ingat lawakan-lawakan Warkop dari kaset-kaset rekaman. Salah satu yang diingat Aden adalah saat salah satu personel Warkop melemparkan tebakan, benda apa yang kecepatannya paling cepat dan lebih cepat dibanding kecepatan cahaya. "Ternyata jawabannya adalah mencret. Belum dipikirin *aja udah* keluar. Ha-ha-ha."

Sementara Isa masih terkenang-kenang film *Gengsi Dong*. Di situ diceritakan Dono adalah seorang dari kampung yang kuliah di kota besar, dan untuk mengejar gengsi, ia minta dibelikan mobil oleh ayahnya. "Pas udah minta mobil, sama *bokapnya* Dono cuma dikasih uang sejuta. Buat *bokapnya*, uang segitu udah banyak banget, he-he-he," kenang Isa.

Lalu, jika Warkop pada era 1970-1980-an saja sudah bisa membuat banyolan-banyolan cerdas seperti itu, mengapa kini pada abad ke-21 seolah-olah kreativitas grup-grup lawak di Indonesia terhenti dan tidak ada lagi kelompok yang berhasil menyamai Warkop?

"Grup-grup lawak sekarang banyak yang tidak punya pegangan. Dalam arti konsep apa yang mau mereka tampilkan. Terus ada juga faktor perubahan zaman. Era Warkop dulu, kan, apa-apa masih dikekang. Dalam kondisi dikekang ini, mereka justru harus berpikir lebih kreatif bagaimana membuat lelucon sindiran tanpa membuat yang disindir tersinggung. Nah, kini, saat kesempatan datang sebebas-bebasnya, semua malah jadi hambar. Akhirnya, banyak grup lawak yang sekadar meniru-niru lawakan grup lain," papar Isa.

Udjo dari Project Pop juga mempertanyakan mengapa tidak ada lagi grup lawak yang sukses menampilkan *stand-up comedy* seperti Warkop. "Sebenarnya Warkop itu adalah perintis lawakan model *stand-up comedian.* Itu yang masih kami tunggu-tunggu sampai sekarang, apa ada lagi yang bisa jadi *stand-up comedian* seperti (Warkop) itu lagi. *So far,* yang saya lihat malah bapak-bapak Srimulat itu sudah mulai lebih siap sebagai *stand-up comedian.* Jadi, satu orang *bawain* 10 menit dulu, baru ada *temennya* datang 1-2 orang, terus baru masuk ke cerita (seperti model cerita Srimulat standar)," papar Udjo.

Dari kiri ke kanan: Dono, Tarzan, Indro, dan Kasino.

Ketawa di Atas Tangis

Kenangan buat Warkop

Mohamad Sobary

Pemerintah Orde Baru yang kuat—dengan warna kepemimpinan militer yang menonjol—membuat rakyat lebih merasa takut daripada menaruh hormat. Angkatan Bersenjata—waktu itu polisi ada di dalamnya—memperoleh peran sangat penting untuk melancarkan kepemimpinan sang jenderal yang menjadi presiden selama satu orde tanpa suksesi, kecuali dalam angan-angan yang diungkapkan dengan rasa takut. Tidak berlebihan bahwa pada saat itu berangan-angan saja rakyat takut. Ini karena manajemen—lebih khusus gaya kepemimpinan—telah memilih satu sikap: kekuasaan terpusat di satu tangan. Keputusan dan semua perintah harus dilaksanakan tanpa bertanya. Mereka yang tidak sejalan dengan pemerintah disapu dengan kekerasan yang kejam.

Semua jenis saluran kekuasaan—juga dalam birokrasi sipil—warna militernya menonjol. Partai penguasa—yang selalu menang karena dimenangkan—memancarkan suatu aura yang juga menakutkan. Presiden menakutkan. Gubernur, dan semua panglima komando daerah militer (kodam), sampai ke bintara pembina desa (babinsa), kepolisian daerah (polda), kepolisian resor (polres), kepolisian sektor (polsek), jarang tersenyum. Semua menebarkan suasana takut dan mereka sadar akan posisi psikologis itu.

Ketakutan rakyat itu dikapitalisasi di dalam politik sebagai suatu cara menegakkan wibawa (?). Organisasi pemuda dan mahasiswa yang berada di bawah sayap partai—waktu itu Golongan—pun tampil di mata publik seperti penguasa, dan dalam tingkat tertentu mereka sudah menakutkan bagi pemuda lain.

Seperti kaum birokrat, seperti pejabat militer dan kepolisian, mereka membangun suatu keyakinan tak tergoyahkan, bahwa pemerintah itu benar. Para pemuda pun ibaratnya bersujud di depan penguasa demi keyakinan itu.

Patut dicatat bahwa penguasa dan seluruh jajaran dalam orde ini naik ke panggung politik karena berhasil membunuh Partai Komunis Indonesia (PKI), yang dianggap antiagama. Tapi, setelah kekuasaan berlanjut, mereka pun membenci agama dan kelompok orang beragama dengan memompakan kemutlakan kebenaran Pancasila.

Maka, jangan lupa, Pancasila dinaikkan ke tingkat sakti. Lalu ada hari kesaktian Pancasila. Kemudian Pancasila dinobatkan sebagai satu-satunya asas berorganisasi dengan cara lebih dari sekadar fanatik sehingga kita merasa bahwa cara Orde Baru "memuja" dan melindungi Pancasila sama kejamnya dengan rezim Pemerintah Uni Soviet menyucikan komunisme. Kaum muda yang begitu yakin pemerintah benar, dan Pancasila sakti, telah membuat diri mereka menjadi suatu golongan kaum muda yang merasa tak perlu lagi berpikir.

Maka, NKK/BKK alias Normalisasi Kehidupan Kampus/Badan Koordinasi Kemahasiswaan, yang gagasan dasar dan pelaksanaannya ada di tangan Menteri Pendidikan dan Kebudayaan yang begitu keras meyakini kebenaran sikap politiknya dan politik pemerintah yang didukungnya, telah membuat kaum muda dan mahasiswa, hampir secara menyeluruh, menjadi generasi muda yang harus bersedia *nguntal*—menelan begitu saja—pil dungu yang mematikan nalar kritis mereka. Pemerintah secara resmi didukung kaum birokrat, kaum militer dan polisi, kekuatan politik, dan oleh kaum muda yang dibius oleh pesona kedudukan. Mereka ini pendukung Orde Baru sejak awal. Kemudian muncul pula secara mengejutkan sekitar tahun 1990-

an "organisasi kaum cendekiawan", yang juga terpesona pada kekuasaan dan lupa peran kritis kecendekiawanannya yang bersedia menjadi pembela pemerintah.

Sejak akhir 1970-an kondisi politik terasa begitu mencekam seluruh negeri. Mungkin terutama di kampus-kampus, di kalangan mereka orientasi politiknya masih waras, dan merasa bertanggung jawab akan nasib kehidupan bangsa di masa depan. Mereka pun sebenarnya tak tahu benar harus berbuat apa karena setiap gerakan—sekecil apa pun—sudah ketahuan intel. Dan intel itu juga ada di kampus—di tingkat universitas, di fakultas, di jurusan—dan juga di asrama mahasiswa. Hidup memang menakutkan. Mungkin pada dasarnya pemerintah sendiri takut karena mengidap suatu "*rasa risi*" atas segenap tindakan politik yang diambil sebelum-sebelumnya.

Maka, jika diperhatikan, pemerintah juga takut kepada drama, terutama drama Rendra. Pemerintah takut kepada media. Pemerintah gemetar kepada Islam, maka Islam harus dibunuh dengan banyak cara dan fitnah keji, tanpa alasan. Pemerintah pada hakikatnya juga takut kepada mahasiswa. Pers kampus yang menjadi saluran kreativitas anak-anak pun diberedel lewat rektornya yang militeristik dan menjadikan kampus begitu "mesum" secara politik. Dan dengan sikap loyal yang "Pancasilais" terhadap pemerintah—tapi terasa begitu menjijikkan bagi nalar politik yang sehat—di kampus UI dipasang tulisan Kampus Perjuangan Orde Baru, setelah rektor militeristik tadi dinaikkan menjadi Menteri P dan K.

Dalam keadaan tak terlalu tahu apa yang harus dilakukan itu, sekelompok mahasiswa—yang sudah punya bakat "ugal-ugalan" sejak awal—bergabung dalam sebuah radio: namanya Prambors Rasisonia di mana mereka memperoleh apa yang dengan bangga kita sebut kebebasan ekspresi yang memadai.

Kelompok itu terdiri atas Kasino, Dono, Nanu, Badil, dan Indro. Di fakultas mereka, yaitu Fakultas Ilmu-ilmu Sosial UI, di kampus Rawamangun—yang dengan kurang ajar disebut Fakultas Iseng-Iseng oleh mereka yang mengira disiplin keilmuan mereka lebih bagus—kelompok musik-musikan sudah terbentuk, hampir tak sengaja. Mula-mula disebut Pancaran Sinar Petromaks. Kasino, "anak" Administrasi, Dono atau Wahjoe Sardono, "anak" Sosiologi, dan Nanu, "anak" Komunikasi Massa, serta beberapa nama anggota aktif yang sering *jreng-jreng* di kafe atau di ruang Senat Mahasiswa. Sedangkan Rudy Badil anak antropologi FS UI.

Teman kita Indro, "anak" Pancasila, bergabung sesudah Warkop dibentuk. Nama Warkop menjadi mapan sekali dan selama bertahun-tahun menempati papan teratas dalam kategori *the best* lelucon. Ini karena mereka anak-anak kampus. Waktu itu kelompok pelawak yang lain rata-rata agak kurang terpelajar dan langsung "suram" menghadapi Warkop yang beken. Semua orang—juga tentara—menonton mereka dan merasa terhibur. Mereka ini yang membikin tangis. Dan Warkop membikin ketawa di atas tangis tadi.

Kalau dilebih-lebihkan, kelompok Warkop ini seolah berhadapan langsung dengan pemerintah yang galak dengan memakai cara-cara humor, menyindir lembut, dan menggunakan parodi politik bukan untuk melawan, melainkan untuk mengejek, dengan cara tak langsung. Patut dicatat di sini bahwa Warkop menjadi begitu mentereng, saya kira juga karena pengaruh wibawa UI.

Kasino, Dono, Indro, dan Nanu semuanya "ugal-ugalan", sableng, dan kelihatannya tahu cara memandang hidup yang menakutkan itu dari sudut pandang yang lain: bahwa hidup di bawah rezim militeristik ini juga—ternyata—jenaka. Banyak hal yang layak ditertawakan. Banyak segi kehidupan di dalamnya yang layak diolah menjadi bahan ketawa.

Dalam acara-acara melek malam hari di sekitar Asrama Daksinapati—dari anggotanya yang segenggam itu ternyata juga ada intelnya—mahasiswa membicarakan secara serius perkembangan politik mutakhir. Tapi Dono—yang di asrama hanya dia, yang lain tinggal di rumah—tak pernah serius. Dia tak mau membikin teman-teman terbawa arus berpikir yang tak ada ujung pangkalnya. Misalnya, pernah mau mengadu domba Ali Moertopo dengan Presiden Soeharto, suatu hal yang tak mudah bagi mahasiswa. Maka, Dono pun bicara tentang intel yang salah mencatat nama mahasiswa, dan satu orang tertentu yang "dicurigai" intel, tapi orang lain yang dipanggil ke kantor militer setempat karena salah info.

Dono juga gemar mengolah berita kecil menjadi humor laris manis di tengah ketegangan kehidupan kampus yang diduduki tentara di zaman NKK/BKK-nya Pak Daoed Joesoef tadi. Anak-anak kampus yang sama sekali bukan aktivis, dan tak menampakkan diri sebagai anak politik, entah kenapa tiba-tiba ditangkap tentara dan dinaikkan ke atas truk di depan Asrama Daksinapati, siap diangkut untuk digebuki. Dono menjelaskan perkara ini seolah dia melihat sendiri seluruh kejadiannya, padahal dia juga hanya "katanya". Tapi humor ini membikin hidup kampus terasa lebih "cair". Dono bisa membuat orang ketawa di atas tangis yang begitu mencekam setelah banyak mahasiswa ditangkapi dan ditahan di penjara kampus kuning untuk membikin nyali mahasiswa rontok. Kampus lalu beku. Dan para propagandis NKK/BKK berpidato mengenai peran mahasiswa, seolah mereka tahu benar urusannya. Tak ada yang mengingatkan tentang *The Betrayal of Intellectuals* dari Julien Benda, yang begitu menggetarkan jiwa.

Kalau dalam suatu diskusi yang ruwet—biasanya penanya atau penanggap yang memang ruwet pemikirannya, karena yang bersangkutan sendiri belum begitu jelas akan arah dan isi pikirannya—tiba-tiba muncul kata revolusi kebudayaan, ini pasti akan berakhir menakutkan. Dan betul, dalam diskusi yang terjadi siang hari di kampus Salemba itu, intel langsung memelototi si mahasiswa yang "mengidap" revolusi yang dibenci pemerintah, dan besoknya yang bersangkutan dipanggil dan diinterogasi tentara selama berjam-jam, padahal anak itu hanya gagah-gagahan mengatakan revolusi kebudayaan tanpa punya agenda apa pun.

Intel kampus itu mudah ditandai anak-anak. Mereka berambut pendek dan berbaju batik. Ada juga yang menyamar agak sempurna, tapi selalu ketahuan karena ketololannya memotret, atau berkali-kali menanyakan nama seseorang—tokoh terkenal pun tak dikenalnya—dan ada yang pura-pura bertanya atau menanggapi suatu pernyataan dalam suatu seminar. Kadang kita menaruh iba, merasa *ngenes*, atau kasihan melihat kualitas intel macam itu. Militer, atau negara, mengandalkan informasi dari orang dengan kualitas *begituan*, mau akurat dari mana?

Tapi kita tahu, tentara yang galak-galak itu dalam hal tertentu memang tak membutuhkan akurasi. Yang dibutuhkan hanya orang yang kelihatannya pantas dicurigai, dan bukan orang yang memang seharusnya cukup berarti untuk dicurigai. Anak-anak marah kepada intel, tapi mengingat bahwa mereka itu hanya mencari sandang pangan buat keluarga mereka, maka kemarahan itu pupus begitu saja di dalam humor-humornya Dono.

Seperti terjadi di IAIN Yogyakarta, anak-anak pun gemar *ngerjain* intel. Anak-anak aktivis organisasi nonpemerintah (NGO) yang selalu diinteli—

misalnya anak-anak LBH Jakarta—sering melakukan disinformasi kepada intel. Dan intelnya—maklum keterbatasan gizi di masa lalunya—percaya saja. Tapi sang jenderal yang membawahkan mereka merasa gagah dan mentereng, tanpa menyadari bahwa bangunan informasinya keropos sejak di lapangan.

Khotbah Jumat di masjid tak luput dari perhatian intel. Khatib yang menyebutkan bahwa langkah-langkah Rasulullah itu revolusioner sifatnya langsung dihadang di masjid itu juga begitu salat selesai, dan harus mempertanggungjawabkan dengan gemetar makna "revolusioner" tadi. Sang jenderal tak sempat mengajarkan metafora, arti kiasan, kekayaan sejarah dan peradaban. Hal-hal yang selalu dirujuk dan dijadikan suatu kiblat pemikiran kaum terpelajar sering terlalu tinggi bagi intel.

Rasa iba dan kasihan kepada intel dengan kapasitasnya yang begitu terbatas itu dikembangkan dalam humor-humor Dono. Warkop berkembang, sebagian, karena ironi-ironi dalam kehidupan politik kita terasa begitu mencolok. Ketika mereka masih menjadikan humor sebagai corak resistensi politik mahasiswa terhadap pemerintah—artinya humor hanya berhenti sebagai humor buat mengendurkan saraf, dan melawan ketertindasan politik—sumbangan mereka dalam kehidupan kebudayaan sudah penting.

Ketika undangan demi undangan keluar kota berdatangan, dan kita mendengar berita Dono membeli mobil, kami—anak-anak Asrama Daksinapati—kaget. Dono punya mobil sekarang? Ya, mobil VW biru telur, yang dinaiki ke mana-mana dan kalau anak asrama kebetulan kehujanan di halte bus, pasti diajaknya naik mobil itu dan otomatis disuguhi humor-humor segar.

Kami tak begitu tahu cara hidup Kasino, Nanu, dan Indro karena mereka bukan anak asrama, dan tak ada ikatan batin dengan asrama. Tapi Dono, yang senang berfoto-foto, kami tahu bisa membeli kamera mahal-mahal, pernah memiliki studio foto. Dono pernah menulis novel yang gagal. Tapi film-film Warkop luar biasa laris dan ditonton publik yang punya cinta buta, dikira Warkop di film sama dengan Warkop di radio atau di panggung-panggung nonfilm. Itu sebabnya, Warkop pun kaya. Dono, Kasino, Nanu, Indro, atau Indro, Dono, Kasino, Nanu, menjadikan dunia lawak gegap-gempita.

Bukan hanya karena menawarkan humor segar, mereka juga memberi kita humor agak intelek, di level menengah, dan berani mengejek tentara yang memusuhi mahasiswa di garis depan, galak dan menciduk. Padahal, yang lebih berbahaya justru sang perumus yang tak pernah kelihatan.

Honor penampilan pertama Dono di Makassar dipakai mentraktir kawan-kawan. Tapi bagaimana menghabiskan honor yang terlalu besar setelah nama Warkop beken? Di restoran mana uang itu bisa dihabiskan? Traktiran tak menjadi isu lagi. Dono, Kasino, Nanu, Indro sudah menjadi perusahaan hiburan, dan mereka sudah menjadi bintang. Dalam citra publik, mereka ada di langit. Tapi keempat anak itu tak menjadi "gila" pujaan. Mereka bukan bintang sebagaimana citra bintang masa lalu. Mereka ini anak-anak terpelajar yang dekat dengan siapa saja. Dan sikap anak kampus pada diri mereka tak hilang semata hanya karena menjadi bintang.

Tapi sikap mereka, yang membikin "Ketawa di Atas Tangis" di awal karier kelihatannya tetap menjadi "Ketawa di Atas Tangis" ketika mereka ha-ha hi-hi... dalam film-film megah bersama gadis-gadis metropolitan dan menggambarkan aneka corak kehidupan di atas angin. Para penonton setia mereka, kelas menengah bawah dan kelas bawah dalam masyarakat itu, tetap berada dalam kelas itu, dan hidup mereka tak berubah. Ketika sebagian dari mereka masih menangis, Warkop tetap ha-ha hi-hi... memandang mereka dari jauh, dan tangis itu, siapa tahu, mungkin tak terdengar oleh mereka.

M. Sobary

Budayawan dan esais, mantan teman kampus Dono Workop

Indro Warkop dan Rudy Badil, 2010.

Dok. Indro

Surat dari Kayu Putih

Jakarta, Oktober 2010

Kepada Saudara "Sdrdl",

Kami menerima surat terbuka Anda dan memasang utuh di awal buku ini, ya karena Anda mengaku sudah sedari dulu atau "Sdrdl" mengagumi Warkop Prambors. Apalagi Anda menjelaskan sudah fanatik sejak "sedari" zamannya radio tanpa listrik tapi nyala dan berbunyi alias transistor. Ternyata Saudara "Sdrdl" sejak tahun 1973-an sudah berhobi bagus, karena doyan mendengarkan siaran malam Jumatan, menguping mendengar obrolan sekelompok mahasiswa konyol yang "main-main" dan ngobrol *ngocol* di studio Radio Prambors.

Ya dari tahun 1973-1975, mahasiswa yang tadinya tiga orang lalu menjadi kelompok lima personel dengan memasang nama Warung Kopi Prambors, berstudio di Jalan Borobudur 4, Menteng, Jakarta Pusat, tujuannya memang main-main sambil pentang bacot sembari menuturkan cerita *ngritik* menyentil kiri-kanan, termasuk *menyentol* cerita rada-rada jorok khas mahasiswa Jakarta.

Kami yang sekarang makin banyak umurnya, terkagum-kagum kalau siaran main-main Warkop itu juga memancing *sense of humor* Anda yang sedari umur 12-an tahun. Maaf lho, sepantaran usia kamu itu, dulu kami menjuluki "anak singkong" yang lebih culun dari "anak bawang". Apa bedanya singkong dan bawang? Anak singkong itu kan berbau istilah demografis "*baby boom*" alias "ledakan pertambahan penduduk". Sedangkan anak bawang apa ya artinya? Apa kaitannya dengan dongeng anak-anak *Bawang Merah dan Bawang Putih*. Kalau anak bawang, apa iya putrinya Bawang Merah dan Bawang Putih. Ah HIV-lah, "hemangnya ikke vikirin"–he he maksa ya.

Satu hal yang "mas-mas" kagumi, karena sebagai pemilik radio transistor Telesonic yang kamu kutip guraunya Kasino sebagai "adik kandungnya radio Pangeran Philips", Saudara "Sdrdl" ternyata berbakat jadi montir radio, karena tahu bedanya AM (*amplitudo modulation*) dan *frequency modulation* yang FM, serta *short wave* yang SW dan bukannya gelombang laut buyutnya tsunami.

Omong-omong ya, mas-mas kamu itu setelah membentuk Warkop, lalu melebar menjadi komedian gara-gara muncul di TVRI tahun 1978. Lalu "main-main" kami menjadi "bukan main" karena ada tawaran menjadi bintang film layar lebar. Anda kagum kan, namun kami kami lebih kagum lagi, karena kamu selama 15-an tahun ternyata merogoh kocek terus untuk menonton film Warkop. Lebih *ca'ileh* lagi, kamu ternyata mampu bikin resensi ke-34 film Warkop begitu utuh dan *ca'em*, bukan sebagai Saudara "Sdrdl" lagi, namun sebagai Haji Eddy Suhardy yang sudah menjadi wartawan senior di Grup Majalah Gramedia.

Eddy yang sudah "sedari dulu kagum" sama grup Warkop, sedari zaman lima personel hingga zamannya tinggal "orang I dan orang V", alias tersisa Rudy Badil dan Indro Warkop saja, rupanya mau terjun langsung menjadi penulis di Bagian 3 buku ini. Ajaibnya, lelaki ini memang hafal film-film Warkop mana yang spesial dan sepele. Bahkan dengan berkongkalikong dengan Denny Sakrie yang pemerhati lagu nasional–termasuk lagu-lagu Warung Kopi yang ada 12 kaset, Eddy Suhardy dan Denny Sakrie sebagai penulis pun menjadi ujung tombak untuk ulasan film Warkop, kaset Warkop, juga tindak-tanduk anak-anak Warkop dalam kenangan karya keren-keren di "zamannya Warkop *ngetop*".

Sayangnya dalam meresensi film Warkop, tim penulis terpaksa melanggar hukum dan bertindak ilegal karena harus membeli CD bajakan. Mau apa lagi, apakah harus menunggu Lebaran dan malam Minggu saja, supaya bisa menonton bebas film Warkop yang langganan dan diputar berulang-ulang di stasiun televisi swasta. Kalau kaset nyanyian Warkop, Denny mengaku itu miliknya yang sudah dikumpulkan sejak zaman jadi mahasiswa di Fakultas Ekonomi Unhas Makassar, serta sebagian lagi didapatkannya di pasar loak Jalan Surabaya, atau di Taman Puring Jakarta.

Rapat demi rapat kami lalui, duduk bersama dan tukar gagasan menjadi pekerjaan rutin. Sumbangan pemikiran dari "pemain lama" macam Johannes "Ook" Soerjoko, amat membantu kami menemukan atmosfer tahun 1970-an, 1980-an, 1990-an sampai tahun-tahun selanjutnya. Peranan besar Eddy Suhardy sedari zamannya "sedari dulu", terus terang memompa "Mas-mas Warkop" yang tersisa *duaan wae* yang tinggal kami berdua. Lepas dari itu, peranan tim riset dengan bantuan rekan Pusat Informasi *Kompas* di lantai IV Palmerah Selatan, memacu kami menyajikan langkah dan tapak-tapak Warung Kopi sedari dulu sampai zaman *ngetop* dan sampai zaman reuni barengan Eddy Suhardy, Denny Sakrie, dan kawan-kawan *Kompas* lainnya.

Keutuhan buku ini makin klop, saat BAS alias Budiarto Shambazy turun gunung dan turun tangan, tiba-tiba mengirimkan artikel "Warung 'Happening Arts' Kita" yang sarat soal pernak-pernik perkembangan musik pop tahun 1970 sampai 1980-an, tentunya mengisahkan kedekatannya dengan rekan se-almamater almarhum Dono, Kasino, dan Nanu. BAS sebagai kolumnis politik di harian *Kompas*, justru membuka kisah tindak-tanduk Dono yang rekan seperjuangannya di zaman reformasi. Kontribusi goresan BAS sengaja kami pasang di halaman pengantar, agar membuka cakrawala "politik" pemuda di zaman belasan tahun lalu, tentunya berkaitan dengan gaya senda-gurau *slengean* dan gaya *becanda* politik rekan-rekan Warkop Prambors, sampai Warkop DKI.

Kehadiran tulisan konco-konco yang sedari dulu dan sedari kemarin sudah kenal tindak-tanduk kami yang senonoh dan seronok, hingga tuturan dengan kedalaman rasa senda-gurau, mampu membuat isi buku ini kian utuh sebagai bacaan, cocok bagi sohib-sohin seangkatan "remaja tahun 1975-an", serta remaja zamannya 2010-an yang banyak bencana longsor–termasuk kompor gas meleduk melulu.

Akhir kata, bagi semua penyumbang tulisan hingga buku ini *ngepas* dibaca dan *ngocol* dicerna, kami hanya mampu bilang terima kasih. Juga terimalah salam dari "sisa Laskar" Warkop, mewakili rekan Warkop yang tidak sempat menulis dan berbagi pengalamannya dalam buku ini.

Salam takzim,

Rudy Badil dan Indro Warkop

OBROLAN MALEM JUMATAN

1. Ubai (Indro)
2. Tukinah (Nanu)
4. Bang Holil (Badil)
5. Thulo (Nanu)
7. Mustawi (Indro)
8. Mas Slamet (Dono)
10. Bruddin (Indro)
11. Bli Ketut (Kasino)

Yang gak hadir waktu itu,
-**Bang Jhony** (Nanu) -**Mas Bei** (Kasino)

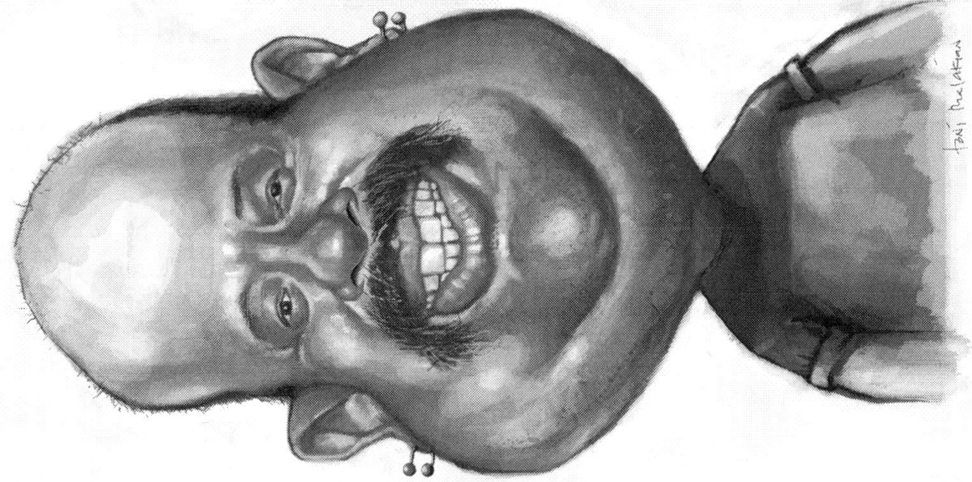

WARKOPGRAFI

1973

Badil, Nanu, dan Kasino yang akrab sejak awal Kuliah dan Satu hobi naik gunung, Bertemu Jelon (Sahlan Salehan). Perkenalannya dengan temen-temen Mapala UI, Kasino dan Nanu dikenal duet penghibur di antara Mereka.

Gabung ke Radio Prambors 'dipaksa' Temmy Lesanpura yang satu almamater dan lebih dulu 'ngejogrog' di Prambors sebagai Penyiar. Mulailah 'Obrolan Malem Jumatan' digarap. Asal-asalan tapi anehnya malah penggemarnya Membludak.

1974

Dono (Wahyu Sardono) dari Fisip UI kemudian ikutan gabung, aksinya di acara Mapala UI, Bikin Naksir Badil, Kasino dan Nanu mengajak Dono Siaran di Prambors.

Indro (Indrojoyo Kusumonegoro) didaulat Kasino, dan Nanu Bergabung kemudian. Indro diplot sebagai Keponakan Bang Holil di acara Obrolan malem jumatan.

1977

Warkop merambah ke dunia rekaman. Dari Film dan terima order acara serta MC.

Keseriusan Warkop di dunia Entertain mulai ditata dengan mengatur manajemen yang lebih Rapi. Sekretaris diusung, Kantor pun ditata. (tetep pake Prambors)

1980

Rudi Badil Jadi Wartawan Kompas
Paket kejar Tayang Obrolan Malem Jumatan
Berhenti di tahun yang Sama

22 Maret 1983

Nanu Wafat

1986

Warkop lepas dari Radio Prambors dan menjadi 'Warkop DKI' yang hingga kini Melegenda.

Rumah Indro di Kayu Putih menjadi Markas Sekretariat Warkop DKI

18 Desember 1997

Kasino Wafat

30 Desember 2001

Dono Wafat

Nanu Mulyono
- Ngocol
- Jago gitar
- Pemalu tapi Mupeng (Muka pengen)

Rudi Badil
- Blak-blakan
- cuek, Jaim
- Pinter
- Suka sama anjing (apalagi kl di sop)

Kasino
- Paling Cempreng di antara temen-temennya
- Pemalu tapi Jago Nyela
- Apa adanya, Celana dalem pun dipake Bolak-Balik, Katanya: yg penting Bukan di luarnya tapi di dalemnya.

'Dono' Wahyu Sardono
- Selalu Rapih
- Suka pake minyak Rambut Tancho Kalo ga' ada, Pake Minyak gorengan
- Ndeso tapi Sedikit ngeres

Indro
- Paling Pendiem diantara Yg lain
- Satu-satunya yang Bukan dari UI (Univ. Indonesia) lulusan Universitas Pancasila.
- Jaim & Jail
- Suka Motor sama Jeep
- Paling Parlente tapi Kadang tampang Sopet terminal

TELKOMSEL
APPZONE
mobile
advertising
4G
Mobile
Broadband
www.telkomsel.com

Ketik kode aksesnya, download lagu kerennya.
*616#
langitmusik
powered by
TELKOMSEL
www.langitmusik.com

Made in United States
Orlando, FL
05 November 2026

90230149R00173